これからの
インクルーシブ
体育・スポーツ

障害のある子どもたちも
一緒に楽しむための指導

藤田紀昭・齊藤まゆみ 編著

ぎょうせい

はじめに

　2020東京オリンピック・パラリンピックの開催が決定して以降、障害者スポーツに関する話題をいたるところで目にするようになりました。パラリンピックのレガシーについても様々な場面で語られています。一方でロンドン・パラリンピックでは障害のある人の競技強化には多大なレガシーを残したものの、普及に関しては大会前と何ら変わりないという評価があります。

　2020年以降を見据えると持続可能な障害のある人のスポーツを普及させるシステムの構築こそが大きなレガシーとなるべきだと思われます。その中で非常に大きなそして重要な役割を果たすのが学校体育における障害児の体育や課外活動であることは間違いありません。しかし、その環境はまだ十分だとはいえません。（公財）ヤマハ発動機スポーツ振興財団の調査では、学校体育に十分参加できなかった障害のあるスポーツ選手が多くいることを明らかにしています。

　障害のある児童生徒を目の前にしてどのような授業内容を提供すべきなのか、障害のない児童生徒とどのような関係性の中で授業を展開すればよいのかを悩み、よりよい授業を展開しようと苦労している教員がたくさんいます。平成28（2016）年には障害者差別解消法が施行され、公教育の場でも合理的配慮が求められています。体育もその例外ではありません。今年改訂された学習指導要領の中でも障害のある児童生徒に対する配慮に関する記載がなされています。

　このような時代と社会、学校体育や課外活動をはじめとする多くのスポーツの現場の声に応えるべく『これからのインクルーシブ体育・スポーツ』発刊を企画いたしました。本書が体育の現場で日々苦労されている先生方のヒントになり、一人でも多くの児童生徒が、身体を動かすことの楽しさを知り、永くスポーツに親しみ、人生を豊かに過ごすことのお役に立てれば幸いです。

　平成29年11月

藤田　紀昭
齊藤まゆみ

目　　　次

第 **1** 章　障害のある子どもの体育・スポーツの意義

1.1　本書の枠組みついて 2

1　障害のある人のスポーツ実施の現状／2
2　障害のある人がスポーツを始めるきっかけ／4
3　普通学校における障害児の体育の実際と本書の目的／6
4　本書の枠組みについて／7

1.2　身体を動かすことの意義について 9

1　個人にとっての意義／9
2　障害のある児童生徒にとっての意義／11
3　社会にとっての意義／12

第 **2** 章　どんな子どもたち

2.1　知的障害 16

1　知的障害児の障害特性について／16
2　知的障害児の運動特性について／22

2.2　肢体不自由 29

1　肢体不自由について／29
2　肢体不自由を引き起こす障害について／29
3　肢体不自由のある人の身体面について／31
4　肢体不自由のある人の心理面について／32
5　肢体不自由のある人の健康面について／33
6　肢体不自由のある人が使用する車いすについて／34
7　肢体不自由のある人の運動が上手にできない要因について／35
8　肢体不自由のある人が体育やスポーツを行う上での留意点／36

2.3　重症心身障害 39

1　重症心身障害／39
2　重症心身障害児の主な起因障害／42

2.4　病弱・身体虚弱　46

1　「病弱・身体虚弱」の子どもとは／46
2　病気経験者の体験談／48
3　病弱教育の意義／48
4　病弱・身体虚弱の子どもの心理（不安やストレス）／50
5　学校で行う支援の基本／51
6　病気の理解とその対応／52
7　病弱教育対象者の病状の傾向／54
8　おわりに／55

2.5　聴覚障害　56

1　障害特性／56
2　聴覚に障害をもつ子どもたちの体力特性／59

2.6　視覚障害　63

1　はじめに／63
2　見え方の理解／64
3　眼の疾患の理解／65
4　視覚に障害のある子どもの体育・スポーツの配慮／69

第3章　子どもの運動を知るためには

3.1　体力テストの工夫　72

1　体力とは／72
2　アメリカにおける体力の考え方／73
3　体力向上のねらい／74
4　障害のある子どもの体力テスト／75
5　体力テストの工夫の事例／78

3.2　アセスメントツールの活用　82

1　アセスメントとは／82
2　運動のアセスメントツール／82
3　Movement ABC／83
4　TGMD／86
5　アセスメントツールの活用事例／88

目　　次

第4章　子どもが運動を楽しむためには

4.1　知的障害 96

- 1　はじめに／96
- 2　知的障害のある子どもへの体育／97
- 3　知的障害のある子どもの生涯スポーツに向けて／102
- 4　おわりに／104

4.2　肢体不自由 106

- 1　肢体不自由児が楽しめる運動やスポーツ／106
- 2　起因疾患別の参加しやすいスポーツ／107
- 3　指導計画の作成／107
- 4　指導の工夫／109
- 5　指導上の留意点、配慮すべき点／110
- 6　事例／112

4.3　重症心身障害 116

- 1　重症心身障害児が運動を楽しむためには／116
- 2　重症心身障害児のプール指導／117
- 3　アダプテッド・スポーツ／118
- 4　ともに楽しむレクリエーション・スポーツ／120
- 5　ともに楽しむための工夫／121

4.4　病弱・身体虚弱 123

- 1　慢性疾患のある子ども向けの身体活動／123
- 2　制限ではなく「できること」を模索する／123
- 3　慢性疾患のある子どものできることを増やす運動づくり／126
- 4　慢性疾患のある子どもの身体活動を支援する上で必要な配慮と対応／129
- 5　慢性疾患のある子どもが実践できるスポーツ活動／130

4.5　聴覚障害 133

- 1　はじめに／133
- 2　基本的な配慮／133
- 3　実際の授業では／136
- 4　おわりに／141

4.6 視覚障害 144

   1   視覚に障害のある子どもの運動／144
   2   安全への配慮／144
   3   視覚障害者スポーツ／146

第5章 インクルーシブ体育

インクルーシブ体育 154

   1   「インクルーシブ体育」とは何か／154
   2   通常のクラスの中にいる「障害のある子ども」の現状／156
   3   小学校・中学校における「障害のある児童生徒」の指導／156
   4   「インクルーシブ体育」に取り組む／162
   5   インクルーシブ体育の授業実践／171

第6章 障害児の体育の歩みと今後の展望

6.1 戦前から昭和期における障害児の体育 178

   1   知的障害特別支援学校の体育・スポーツ／178
   2   肢体不自由特別支援学校の体育・スポーツ／179
   3   病・虚弱特別支援学校の体育・スポーツ／180
   4   聴覚障害特別支援学校の体育・スポーツ／180
   5   視覚障害特別支援学校の体育・スポーツ／181

6.2 特殊教育から特別支援教育、そしてインクルーシブ教育へ ... 184

6.3 インクルーシブ体育の課題 187

編者・執筆者一覧

第1章
障害のある子どもの体育・スポーツの意義

1.1 本書の枠組みについて

1 障害のある人のスポーツ実施の現状

　パラリンピックの成功なくして、2020東京オリンピック・パラリンピックの成功はないと言われています。内閣府が行った東京オリンピック・パラリンピックに関する世論調査において、オリンピック・パラリンピック開催で期待される効果として上位にあげられたのは１位「障害者への理解の向上（44.4％）」、２位「スポーツ（障害者スポーツを含む）の振興」（39.2％）、３位「空港・鉄道・道路などの交通インフラの利便性向上」（38.5％）、４位「バリアフリーの導入など、すべての人に優しい街づくりの促進」（38.4％）、５位「観光客の増加」（37.7％）でした（図１）。

　このように国民の多くは2020東京オリンピック・パラリンピックにおいて経済の活性化やメダルの獲得よりも障害者への理解の向上やスポーツ（障害者スポーツを含む）の振興、バリアフリー化された優しい街づくりの促進を期待していることがわかります。障害のあるなしにかかわらず、やりたいときにやりたいスポーツを実施できるような環境が作られれば、それこそ持続可能なオリンピック・パラリンピックのレガシー（遺産）ということができるでしょう。

　翻って現在の障害児者のスポーツ実施状況（図２）をみると、７歳から19歳で週１回以上スポーツを実施しているのは31.5％、20歳以上では19.2％です。一方、障害のない人の数字は40.4％で、障害のある20歳以上の人の約倍の割合となっています。

　さらに、スポーツを行っていない人の割合は20歳以上の障害者で60.2％、障害のない人の場合は22.6％です。障害者のスポーツ実施率は障害のない人に比べ低く、スポーツを実施していない人の割合は非常に高いのが現状です。障害者のスポーツ実施率を上げることこそが多くの国民の期待にもあるように「スポーツ（障害者スポーツを含む）の振興」をすることであり、パラリンピックのレガシーだといえます。障害者のスポーツ実施率を上げる鍵の１つは学校教育の中で障害児にいかに運動、スポーツ経験を保障し、その楽しさを体験させるかということです。とりわけ先天的障害者や年少時に障害を負った人にとっては重要なことといえます。

第1章　障害のある子どもの体育・スポーツの意義

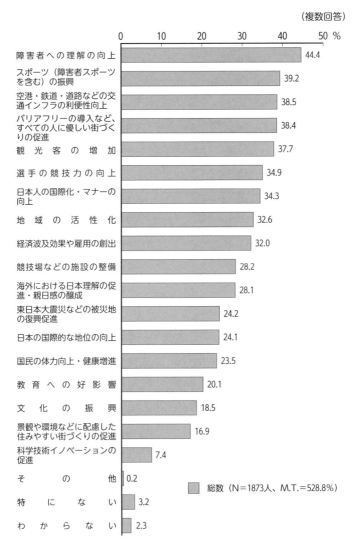

図1　東京オリンピック・パラリンピック開催で期待される効果（内閣府、2015）

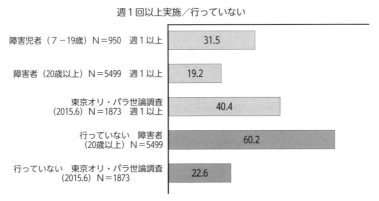

図2　障害者のスポーツの実施状況
＊（公財）笹川スポーツ財団「地域における障害者スポーツ普及促進事業（障害者のスポーツ参加促進に関する調査研究）報告書」（平成28年3月）より筆者作成

2 障害のある人がスポーツを始めるきっかけ

　(公財)ヤマハ発動機スポーツ振興財団の調査ではジャパン・パラ競技大会の陸上競技と水泳に出場した選手のうち小学校、中学校、高等学校と特別支援学校に通った人の割合は視覚障害者は（小）8.3％→（中）38.5％→（高）55.3％、聴覚障害者は（小）20.0％→（中）20.0％→（高）30.0％、肢体不自由者は（小）4.0％→（中）6.7％→（高）14.1％、知的障害者は（小）2.4％→（中）18.1％→（高）85.5％という結果でした（表1）。

表1　特別支援学校へ通った人の割合

	小学部	中学部	高等部
全　　体	4.7	16.5	55.3
視覚障害（n＝71）	8.3	38.5	55.3
聴覚障害（n＝10）	20.0	20.0	30.0
肢体不自由（n＝90）	4.0	6.7	14.1
知的障害（n＝85）	2.4	18.1	85.5

　競技開始時期に関しては視覚障害者では小学校期（17.6％）、中学校期（41.2％）、聴覚障害者では小学校期が60％と最も多い結果となりました。肢体不自由者は小学校期が26.7％と最も多かったのですが、各年齢期に分散する傾向がみられました。知的障害者は学齢期前が20.0％、小学校期28.3％、中学校期23.5％でした。

　また、学校体育の参加についての質問で、ほぼ参加したと答えた人の割合は視覚障害者で（小）83.3％→（中）76.9％→（高73.3）％、聴覚障害者で（小）90.0％＞（中）100.0％→（高）80.0％、肢体不自由者で（小）70.0％→（中）61.7％→（高）59.4％、知的障害者で（小）66.3％→（中）71.1％→（高）86.7％でした（図3）。

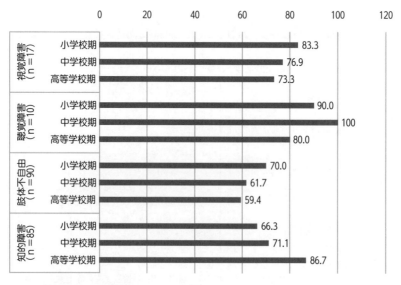

図3　学校体育にほぼ参加した人の割合

第1章　障害のある子どもの体育・スポーツの意義

(1)　視覚障害者

　視覚障害者の場合、上述の数字からみると特別支援学校に通う割合が多くなる中学校期から競技を始める人が多いことがわかります。その結果、スポーツを始めた最も強いきっかけでは学校の授業やクラブが最も多く、スポーツを始めるに際して最も影響を受けた人としては学校関係者や先輩・後輩をあげる人が多くなっていると思われます。低年齢のころは一般学校で統合教育を受け、年齢が進むにつれ視力などの悪化により特別支援学校に通うようになり、そこで専門的に陸上競技や水泳などの指導を受けるようになる人が多いのではないでしょうか。視覚障害のある生徒とない生徒が混在している場合、危険回避などの理由から視覚障害のある生徒が十分な運動やスポーツ活動ができていないことが考えられます。学校関係においてスポーツを始めるきっかけが多い視覚障害者の場合、学校での運動、スポーツ経験をどう保障するかが課題といえます。特別支援学校においてはもちろんですが、普通学校、とりわけ小中学校など若年期の運動やスポーツ機会の保障が重要といえます。

(2)　聴覚障害者

　上述の結果からは聴覚障害者の多くが小学校期にスポーツを始めていることがわかります。きっかけとしては家族の勧めが多く、影響を受けた人としては父母、学校関係者、友人が多くあげられています。また、通った学校は普通学校がほとんどで特別支援学校に通った人は小・中・高とも30％以下と少ない結果となっています。身体状況も運動やスポーツを実施するのにほとんど制限はなく、幼少期から特別なスポーツ環境を整えなくても障害のない人とほぼ同じようにしてスポーツにアクセスできていると考えられます。

(3)　肢体不自由者

　肢体不自由者のスポーツを始めたきっかけについてみてみると他の障害と比べて学校の授業や部活動とする人が少なく、医療関係者や福祉関係者の勧めがやや多いのが特徴といえます。また、スポーツを始めるのに影響を与えた人は多様です。先天的に障害のある人は学校や家族の影響を受けることが多く、後天的に障害を負った人は医療関係者や福祉関係者の勧めでスポーツを始める場合が多いことがわかります（表2）。

　この調査では肢体不自由者の多くは普通学校に通っており、小・中・高と進むにつれて体育の授業に「ほぼ参加した人」の割合は下がっていることがわかります。学校期の運動経験が生涯スポーツに影響を与えることを考えると視覚障害者の場合と同様に学校でいかに運動やスポーツの機会を保障するかが重要だといえます。

(4)　知的障害者

　知的障害者のスポーツ開始年齢をみると小学校期までに約半数が、中学校期までに約7割がスポーツを始めており、比較的若い時期にスポーツを開始していることがわかります。スポーツを始めたきっかけも学校の授業やクラブあるいは家族の勧めが多くなっています。大半が先天的な障害であること、身体活動への制限は比較的少ないことからより早くスポーツを始めることが可能となっているようです。小・中・高と進むにつれて特別支

援学校に進む人が多くなり、その結果、体育にほぼすべて参加している人の割合も高くなっていますが、普通学校や普通学級での体育では障害のない子どもと一緒に授業を受けることが多く、配慮が必要なことが多いのが現状です。

表2　障害種別×競技を始めるにあたって最も影響を受けた人物

	医師	コメディカル	福祉職員等	父母	兄弟姉妹	配偶者	学校関係者	先輩・後輩	友人	トップ選手	監督・コーチ	その他	無回答
全　体 (n=218)	0.9	5.5	1.4	18.3	5.0	2.3	11.0	4.1	9.6	8.3	12.4	5.5	15.6
視覚障害 (n=17)	0	5.9	0	5.9	17.6	5.9	17.6	11.8	5.9	5.9	5.9	0	17.6
聴覚障害 (n=10)	0	0	10.0	20.0	0	0	20.0	0	20.0	10.0	0	10.0	10.0
肢体不自由 (n=90)	1.1	12.2	1.1	10.0	2.2	3.3	2.2	4.4	13.3	13.3	13.3	10.0	13.3
知的障害 (n=85)	1.2	0	1.2	27.1	7.1	1.2	17.6	2.4	7.1	4.7	11.8	2.4	16.5

　以上の調査結果から就学期に体育やスポーツを十分に経験しておくことがその後のスポーツの実施に少なからず影響しており、学校での体育、スポーツ経験の有無、またその内容や質がスポーツの実施率に影響していることが推察されます。

3　普通学校における障害児の体育の実際と本書の目的

　平成18(2006)年から平成21(2009)年にかけて学校におけるアダプテッド・スポーツ教育の実施状況に関する全国規模の調査が行われました（山崎ら、2009）。その結果によれば、普通学校に通う障害のある生徒は体育の授業や運動会などスポーツ関連行事にその状況に応じて、障害児のみで行ったり、障害のない生徒とともに参加したりしていますが、多くの場合、障害のない生徒とともに行っていました。また、運動会など、スポーツ関連行事の参加形態に関しては一部の学校で見学のみというところもありました。

　体育授業の内容では障害児学級のみで行われる種目としては比較的少人数でできるものが多く、通常学級では多人数で行われるボールゲーム（バレーボール、バスケットボールなど）も実施されていました。しかし、学年が進行するにつれてこうしたチームスポーツを一緒に行うことに困難が生まれやすいことが示唆されています。こうした状況下では健常児が障害を理解する手段や、障害児に対する個別的配慮が健常児の体育を構成する上でヒントとなるなど、インクルーシブ体育の意義は認識されてはいます。しかしながら、障害のある子どもを、障害のない子どもが多くを占める体育授業に参加させることで授業内容が豊かになり質も高まると考えている教員は少なく、健常児の運動量確保に困難を感じていたり、すべての子どもが満足する授業を成立させることは難しいと感じている教員が

第1章　障害のある子どもの体育・スポーツの意義

多いのが事実のようです。

　また、障害児の体育指導にあたってはアダプテッド・スポーツに関する知識が必要であるとする担当者が多い一方でそれらに関する情報などが入手しにくい状況であり、教員個人の工夫により授業を乗り切っている姿が浮き彫りになりました。

　本書はこうした状況を打開し、障害のある子どもの体育に携わっている人に体育の授業の場で必要とされている情報を提供し、障害のない子どもにとっても障害のある子どもにとっても充実した体育の授業を行うことが大きな目的です。障害のある子どものスポーツ嫌いやスポーツの未実施の原因が学校期の体育にあるとすれば不幸なことです。卒業後の長い人生をスポーツとともに生きていき、充実した健康的で生きがいのある毎日を過ごすための基礎となるような体育の授業であることを望んでいます。

4　本書の枠組みについて

　本書は障害のある子どもたちのいる体育の授業に携わっている人に必要な情報を提供することが目的で、6章で構成されています。

　「第1章（本章）　障害のある子どもの体育・スポーツの意義」では本書の目的や意義をお伝えするとともに、障害のある子どもたちが身体を動かすことの意義について述べています。人間にとって運動やスポーツがいかに重要か、それは障害のある子どもにとっても同じであることが述べられています。そのことは私たちの住む社会にとっても重要です。そこで、障害のある子どもに加えて、その指導にあたる体育教員に必要な専門性と実践力についても説明しています。そして、障害のある子どもたちに運動やスポーツを指導すること、障害のない子どもたちと一緒に指導することが共生社会の実現に寄与することが述べられています。

　「第2章　どんな子どもたち」では知的障害、肢体不自由、重症心身障害、病弱・身体虚弱、聴覚障害、視覚障害の6種類の障害について、特徴や原因や種類について難解な医学用語を羅列することなく、できるだけ平易な言葉でわかりやすく説明しています。また、それぞれの障害のある子どもに運動やスポーツを指導する際や生活指導上必要な留意点や注意点について述べられています。障害のある子どもを指導する際に必要な基本的情報であり、皆さんが体育の授業などに携わるときの不安を軽減するのに役立つ情報です。

　「第3章　子どもの運動を知るためには」では多様性が特徴の障害児の運動や体力を知るための方法について説明しています。体育は運動やスポーツを手段として体力の向上や技術の習得、各種発達の促進など目的的に実施しなくてはいけません。その目的が達成できたかどうかを知るには様々な客観的指標あるいはQOL（Quality of life）を測るときに使われるような主観的な指標が必要となります。体力テストもその1つです。しかしながら障害児にこれらを用いる場合、健常児と全く同じ方法や基準では使用できないことがままあります。この章では障害のある子どもの体力指標などについて述べています。また、元々ある指標を障害児用に修正したものの事例も紹介しています。

7

「第4章　子どもが運動を楽しむためには」では知的障害、肢体不自由、重症心身障害、病弱・身体虚弱、聴覚障害、視覚障害の6種類の障害について各障害のある子どもたちの体育指導の方法について基本的な指導の考え方を述べるとともに、具体的な事例をあげながらわかりやすく説明しています。各事例は体育の授業で行われたものであり、障害児のいる体育授業の参考となるはずです。実際に実施するときには本章で紹介されているものを全く同じ内容と方法で行うことは難しいでしょう。読者の皆さんが指導する子どもたちの状況に合わせてアレンジしたり発展させたりすることが必要となります。基本的な考え方を理解した上で、様々な場面で生かしていただければと思います。この章では障害ごとに体育実施場面でのＱ＆Ａを載せてありますからこちらも参考にしてください。

「第5章　インクルーシブ体育」ではインクルーシブ体育の概念や考え方、平成29(2017)年改訂の学習指導要領への対応、および通常のクラスにおける体育の授業での障害のある子どもへの対応と工夫について述べられています。障害のある子どもへの配慮に関しては授業場面の設定、意図すべきこと、特定された困難とそれに対する配慮事項が述べられています。同時に、障害のない子どもへの配慮についても説明しています。本章でもＱ＆Ａが掲載されています。合わせてご覧いただき、インクルーシブ体育の実践に役立てていただければ幸いです。

「第6章　障害児の体育の歩みと今後の展望」では学校教育における障害児体育のこれまでを振り返るとともに平成32(2020)年そしてその後の障害者スポーツの振興について述べています。

　平成28(2016)年には障害者差別解消法が施行されました。公教育の場でも合理的配慮が求められています。体育も例外ではありません。どのような配慮をするべきか、どこまで配慮するのが合理的なのかは今後の議論を待たなくてはなりませんが、配慮をしないことは許されません。こうした法律に対処することはもちろんですが、何より障害のある子どもたち一人ひとりが授業の中でほかの子どもたち同様に尊重され、身体を動かすことの楽しさを実感し、将来にわたって運動やスポーツを楽しむ術を身に付けることができるよう指導者は配慮と工夫をすべきでしょう。本書が障害のある子どもを含む子どもたちの笑顔があふれ出る楽しい体育のお役に立てば幸いです。

〈参考文献〉
- 内閣府「東京オリンピック・パラリンピックに関する世論調査」2015年8月
  http://survey.gov-online.go.jp/h27/h27-tokyo/2-3.html
- （公財）笹川スポーツ財団『地域における障害者スポーツ普及促進事業（障害者のスポーツ参加促進に関する調査研究）報告書』2016年3月
- 藤田紀昭『障害者スポーツの環境と可能性』創文企画、2013
- （公財）ヤマハ発動機スポーツ振興財団『2015(平成27)年度　障害者スポーツ選手発掘・育成システムのモデル構築に向けた基礎的調査研究報告書』2016年3月
- 山崎昌廣『学校におけるアダプテッド・スポーツ教育の実施状況に関する調査研究　研究成果報告書』2009

第1章　障害のある子どもの体育・スポーツの意義

1.2 身体を動かすことの 意義について

1 個人にとっての意義

　身体を動かすこと、運動は人間にとってどのような意味をもっているのでしょうか。私たちが生活の中で行う様々な行動は、身体の動き、つまり運動によって成り立っています。それらには、生存のための動き、遊びやスポーツなど楽しみのための動き、フィットネスやジョギングなど健康の維持増進のための動き、表現、会話、手話などのコミュニケーションのための動きもあるでしょう。そして動くことそのものが目的である場合と、何かの目的を達成するための手段としての動きという見方もあります。このような運動を行うためには、体力や技能、精神力など様々な能力が必要であり、それらを高めることが生きるために必要不可欠だといえます。生存のための動きは、成長とともに自然に身に付きますが、そのほかは学習しなければ獲得できない動きです。例えば「泳ぐ」に着目すると、人間は生まれながらに泳げるというわけではありません。水中での合理的な動きを獲得し、呼吸を確保しつつ移動をするという合目的な運動を行うために、工夫して練習することが必要です。

　それでは、身体を動かすことの意義を、個人に着目して考えましょう。科学的に証明されている意義や効果については、障害の有無にかかわらず同じであることから、身体的、精神的、社会的な側面からみていきましょう。まず身体的には「運動能力や運動技能の向上」を促し「健康や体力の維持増進」があります。また、疾病の予防や改善、リハビリテーションとしての役割もあります。意図的に身体を動かすことは、より健康的な状態を作り、高まった体力が人としての活動を支えます。特に、10歳までの子どもにとっては、他者との遊びや身体活動をとおして、身体の動かし方を獲得し脳の発達を促すという心身の発達と密接な関連をもっています。ここでいう体力は、猪飼が示す体力の分類（図1）にあるように、身体的要素だけでなく精神的要素として、意志や判断、精神的なストレスに対する抵抗力も含む概念です。

　精神的には、運動やスポーツを行うことで、それぞれの運動やスポーツがもつ独自の身体感覚や快感を体験することができます。それは、動きの中で、まさにその瞬間にのみ体験できる「感覚」です。ふわっと身体が浮く感じ、ボールを芯で捉えた際のインパクト感、シュートの花道がみえる感覚など、運動独自の、そして個々に異なる「快」体験であり、いわゆるスポーツ（sport）のもつ意味を示すものです。もちろん、運動技能を獲得していくことで満たされる達成感や満足感、競争の中で生じる悲喜こもごもの感情などもあります。スポーツには、身体を動かすことそのものが目的であるものだけではなく、競

9

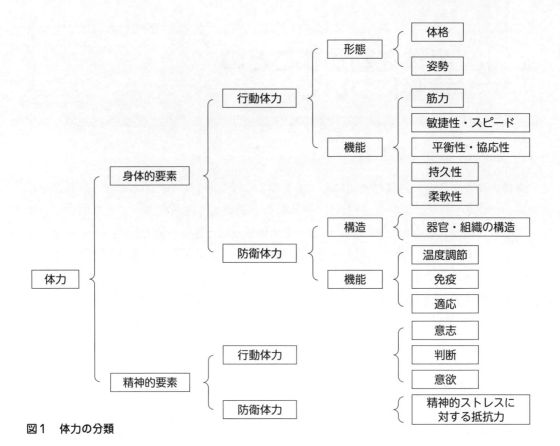

図1　体力の分類

技として行うスポーツ、生きがいとして行うスポーツもありますが、いずれもスポーツを行うことで得られる爽快感、達成感を得ることや積極的に取り組む姿勢を涵養することが期待されます。そして社会的には、運動をすること、スポーツをすることがすでに社会との接点であり、ともに活動する仲間を作る契機となります。身体を使うことによって得られる仲間との共振や共感を得る経験や競争的なかかわり、成功体験をとおして培われる自己肯定感、スポーツで身に付けた自信や体力は行動範囲を広げることにもつながります。

運動で得られる独自の感覚

2　障害のある児童生徒にとっての意義

　子どもたちは様々な運動様式を身体の発達段階にあわせた適切な時期に学ぶことで身に付け、体力や運動技能を向上させていきます。しかし、障害のある子どもの場合、発達の過程で生じる欲求と現実との間に生じる内的矛盾を乗り越える時期に停滞が起こりやすいと言われています。4歳半の発達の節、9・10歳の発達の壁がそれにあたりますが、乗り越えるにあたって特別な指導や援助が必要であることや、そもそも新しい欲求が生じないなどが背景にあるとされています。そこで、障害のある子どもたちの運動・スポーツに携わる場合、発達的視点に立った運動発達や認知の発達パターンについても知っておく必要があります。障害別の具体的な内容については第2章以降で扱いますので、そちらをご覧ください。障害のある子どもたちに必要なことは、障害に起因して生じる「学びの阻害」による弊害を最小限にとどめ、運動学習を促すために、発達の系統性、順序性を考慮した運動をアダプテッドの視点で実施することです。学齢期であれば、自立活動や体育の授業がその核になるでしょう。学習指導要領からみる体育は、児童生徒の技能、認識や情意、社会性といった幅広い内容領域にかかわる知識、技能を習得していくことによって自らの身体を形成していくことを支援する教科という位置付けがあります。

　体育の授業には上記のような位置付けがあるものの、どうすればよいでしょうか。図2に特別支援教育制度での体育教員に必要な専門性と実践力について示しました。四角で囲まれているのが必要となる専門性、矢印は実践力を表しています。例えば、児童生徒が体育を行う上で困難が生じているという特別な教育ニーズがある場合、それを理解するためには、その児童生徒の障害についても知っておく必要があります。つまり障害に関する専門性を有していることも必要です。その上で、体育を行う上で必要な個別のアダプテーションを施しつつ、インクルーシブ体育としての課題や場の設定を考える必要があります。しかし多くの場合、特別な教育ニーズを把握せず、ただ同じ場に放り込む（ダンピング）、形式だけのインクルーシブ体育になっていないでしょうか。これまでの知見から、適切な配慮・工夫が施された体育に参加することで、障害のある児童生徒にも「アダプテッドの視点」が育まれ、自己選択・自己決定ができるようになることが確認されています。一方で、「体育は見学」という状況もみられます。障害を理由とする見学は、当事者の意識にかかわらず「やりたいという欲求、できるという自信」が封じ込められます。その結果「諦め」の感情が生じたり「できない自分を正当化するための理由探し」につながります。このように体育を行う児童生徒たちにも「アダプテッドの視点」が必要ですが、もちろん指導にあたる教員には必要不可欠です。

　それでは、どのような体育を目指せばよいのでしょうか。運動課題と場に着目してみていきましょう。体育の授業では、定められた目標にあわせて課題、内容を設定していきます。障害がある場合、課題によっては「そのままでできる」「一部変更・工夫すればできる」「大幅に変更すればできる」「できない」ことがあります。また、できる場合でも一人

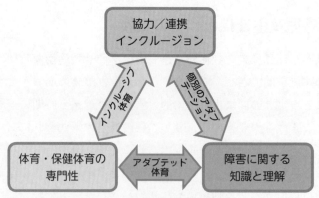

図2　保健体育教師に必要な専門性と実践力

でできる課題、複数人であれば（協力すれば）できる課題、専門的な支援があればできる課題があり、運動形態と個人のニーズに応じて課題をアダプトしていきます。つまり特別支援対象の児童生徒が解決すべき課題がクラス全体の課題と同じ場合もあれば、一部異なる、大きく異なる、全く別課題ということが想定できます。しかし「個別のニーズに対応した、わかる・できる・楽しいためのアダプテッド」であれば、1単位時間内であっても多様な形態での活動が可能です。同様に場の一致を考えてみましょう。課題の設定にあわせて最も適切だと考えられる活動の場を設定していきます。つまり、そのままでできる課題であれば、障害があっても特別なニーズがないということですから、アダプテッドは必要ありません。同じ場で同じ課題に取り組めばよいのです。児童生徒にとっても、障害があるから「特別なこと」を必ずしも必要とするわけではなく、ニーズがあるからアダプテッドがあるのだということを体験的に理解させる機会になります。このような学びは、障害のある児童生徒を、障害があるからという理由で見学や（合理的ではない）別課題として扱っている体育では生じません。運動をすることの意義は、自らの身体を知り、必要最小限の配慮や工夫で活動できることに気付くこと、さらに自己に必要な支援方法を運動することをとおして学び、自ら支援者に伝える技量を身に付けることでしょう。そうすることで、卒業後に自ら運動に親しむための基礎、つまり生涯スポーツの基礎を培うことができるのです。そのためにも積極的に身体を動かすことで、生活の質（QOL：Quality of life）、日常生活行動（ADL：Activity of daily life）、健康や体力を維持向上させることが大切です。そこには「アダプテッドの視点」でできることの選択肢を増やすことが大切です。

3　社会にとっての意義

　スポーツ基本法（平成23(2011)年公布・施行）に基づき、文部科学省では第2期スポーツ基本計画を示しました。そこでは、スポーツのもつ力で「共生社会」へと社会を変えることを目指していることが明記されています。共生社会とは、障害の有無にかかわらず多様な個人がそれぞれの能力を発揮しつつ、自立してともに社会に参加し、支えあう社会の有り様です。

第1章　障害のある子どもの体育・スポーツの意義

　学校教育においてはインクルージョン、インクルーシブ体育、そしてスポーツにおけるインクルージョンがあります。スポーツにおけるインクルージョンと社会を考える場合、統合という視点でみていくとわかりやすいと思います。かつて聾学校（当時の名称）の生徒は高体連主催の競技会に出場できない時代がありました。それは、学校教育法で聾学校は高等学校とは異なる位置付けがなされていたことが理由だとされ、1980年頃までは聾学校の生徒は、優秀な成績を残しても上位の大会に進めませんでした。例えば、野球の県大会で優勝した福井聾学校が県代表になれず、準優勝のチームが上位の大会に進んだという事例や、陸上競技で上位入賞した聾学校の生徒がやはり県大会以上に進めなかったという事例があります。しかしこれらが契機となり、参加への門戸を開くべきだという議論が湧き、社会の人々の意識とルールが変わりました。このように、スポーツにおいて、自らが体現することで、できるということを示しながら権利を獲得していくことが必要でした。しかし、スポーツをするということがあたり前の権利として認められる社会への第一歩であったに違いありません。現在では競技会での統合も進んでいます。例えば、かすみがうらマラソンは兼国際盲人マラソンとなっており、フルマラソンには、一般の部、盲人の部（Ｂ１、Ｂ２、Ｂ３）、車いすの部とそれぞれに門戸が開かれており、Ｂ１クラスは伴走者とともに同じコースを走ります。また、陸上競技の日本選手権には、パラリンピック種目の100mと1500mがプログラムの中に組み込まれています。同様に、全米オープンテニスなどのグランドスラム大会でも車いすテニスの部が同時開催されています。さらに、公益社団法人日本トライアスロン連合のように、IOC加盟競技団体とIPC加盟競技団体が同じ傘下である例もみられるようになりました。

　別の視点でみれば、例えば障害のある人も障害のない人も同じスポーツに参加する姿を想定してみましょう。ボッチャのようなユニバーサルデザインのスポーツであれば、障害の有無にかかわらず、相互に人格と個性を尊重しあいながらスポーツを楽しむ、競う、支えあう場面が生まれます。手を使う投球が難しい場合は補助具、補助者とともに狙った場所に投球を行うことができる、というアダプテッドの視点を示しています。

ランナーとガイドランナー

車いすテニス

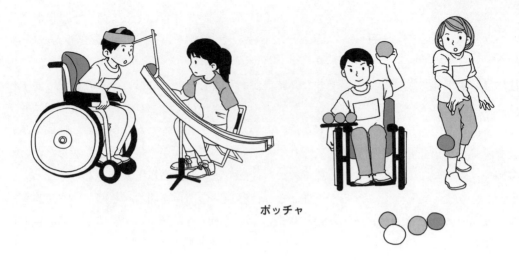

ボッチャ

　パラリンピックのような競技性の高いスポーツは、自分とは関係ないと思っている人もいるでしょう。しかし、競技性の高いスポーツのために開発された用具や技術が一般化することによって、障害のある人の動きや日常生活をよりよくするという好循環も期待できます。例えば、軽量化された車いすは操作性や可搬性に優れており、身体を動かすことへのアクセシビリティが高まることが期待できます。また、障害者スポーツに特化された特殊なものとして外国製品に頼っていたスポーツ器具、ニーズに応じて手作りで対応していたスポーツ用具などが国内でも開発され、市販化されるようになると、スポーツライフの選択肢が広がります。その結果、障害のある人の社会参加を促進し、スポーツをとおした共生社会の創造へとつながることでしょう。

〈参考文献〉
- 猪飼道夫『運動生理学入門』杏林書院、1969より著者作図

第2章
どんな子どもたち

2.1 知的障害

1 知的障害児の障害特性について

(1) はじめに

　知的障害は、ある意味みえづらい障害だといえます。例えば、杖をついていたり、車いすを利用していたりすれば、何かしらの支援や配慮が必要だとみてわかります。しかし、知的障害の場合はそれ自体が身体的な特徴を示す疾患ではないので、電車で隣の席に座っていても気が付かないこともあるでしょう。ゆえに、誤解や無理解が生じる怖さや難しさがあるため、正しく理解し、適切な支援をしていくための視点が必要です。また特性としてゆっくり学ぶということがありますので、スローラーナーであるということを受け止め、ただ「教える」だけでなく「待つ」ということも重要です。

　人は生涯にわたって発達していく存在ですから、知的障害があるから発達しないというのは間違いで、学びは緩やかではあっても確実に積み上がっていきます。小さな学びだとしても、0.1は0ではありません。あきらめず、丁寧に支援を行っていくことで、様々なことができるようになっていきます。

(2) 知的障害とは

　さて、知的障害者の諸問題としては、社会参加、教育、健康問題、用語の使用など、その問題は多岐にわたります。はじめに定義をみると、国内における知的障害とは、精神遅滞とも表記される知的発達の障害です。かつては精神薄弱（mental deficiency）とも呼ばれていました。「精神薄弱」とは、まだ障害の実態が十分に理解されていなかった古い時代の偏った見方に基づいて生み出された用語です。そこで、平成6（1994）年4月1日の「精神薄弱の用語の整理のための関係法令の一部を改正する法律」の施行により、法律上「精神薄弱」という用語は廃止され、「知的障害」に改められました。この知的障害という用語について、厚生労働省は、以下のような定義をしています（表）。

表　厚生労働省における知的障害の定義

　知的機能の障害が発達期（おおむね18歳まで）にあらわれ、日常生活に支障が生じているため、何らかの特別の援助を必要とする状態にあるもの。

　なお、知的障害であるかどうかの判断基準は、以下による。

　次の(a)および(b)のいずれにも該当するものを知的障害とする。

(a)　「知的機能の障害」について（知的機能）

　標準化された知能検査（ウェクスラー式知能検査やビネー式知能検査によるものなど）によって

測定された結果、知能指数がおおむね70までのもの。

⒝ 「日常生活能力」について（適応機能）

日常生活能力（自立機能、運動機能、意思交換、探索操作、移動、生活文化、職業など）の到達水準が総合的に同年齢の日常生活能力水準（別記１）のa，b，c，dに該当するもの。

※別記１は省略し、厚生労働省の定義を一部修正

　ここでは、知能検査の結果である「知的機能」と日常生活における困難さである「適応機能」の両面から評価が行われています。

　知能水準における分類は、「軽度知的障害（知能指数51 〜 70）」「中度知的障害（知能指数36 〜 50）」「重度知的障害（知能指数21 〜 35）」「最重度知的障害（知能指数20以下）」とされています。しかしながら、程度判定においては、日常生活能力の程度が優先されるため、例えば知能水準が51から70程度であっても、日常生活能力が低ければ中度知的障害と認められることがあります。

　また知能指数についても、知能検査で算出された数値が同様であっても、その人がもっている言語の理解力や社会性、表現力など、その能力は個によって様々な違いがあります。よって、身辺自立の程度や運動能力、作業能力など、様々な適応機能の側面から評価が必要となります。そして、その結果を総合的に判断し、障害の有無や程度が決められます。

⑶　知的障害の原因

　知的障害は、大きく２つのタイプがあると言われています。１つは、「生理型」です。これは、特に疾病などがなくても知能水準が知的障害の範囲内にある場合を指します。例えば、正規分布曲線においてIQの平均を100とした場合、それよりも２標準偏差分だけ下方にあるIQ70以下を知的障害とすると、人口の約2.5％が相当することになります。この群の知的障害の程度は軽度のものが多く、社会参加にあたって不適応が生じることはありますが、必ずしも医療の対象とはならないケースがあります。また、このような子どもたちは、通常の学級や特別支援教室などに通学していることが多く、特に普通学級の場合には授業に追いつくことが難しいため、個別の支援が必要になります。

　２つ目は、「病理型」です。これは病的遺伝、染色体異常、胎生期の異常、周生期の異常、後天性の異常が含まれます。病的遺伝には先天性代謝異常があり、重度の知的障害やけいれん、脳波異常がみられることがあります。染色体異常は、例えばダウン症候群のように身体的な特徴を有するものもあります。

　そして、上記の２つに加え、環境を含めた「心理的・社会的要因」という観点が知的障害を理解し、支援を考えていくには重要な視点になります。これは、教育や養育環境などが知的障害の要因になるという点で様々な議論がなされていますが、生理的要因や病理的要因が環境に二次的な影響を受けるという点では、環境と本人の特性との間に障害が生じると考えられるからです。

(4) 知的障害によって生じる困難さについて
① 言語の発達について

知的障害によって生じる困難さの1つに、言語の理解があげられます。言語の記憶の容量が少ない場合は、一度にたくさんの指示を覚えることができないといったことがありますし、言葉から物事を想起したり、意味を理解したりすることにもつまずきが生じます。

例えば、体育のフラッグフットボールの授業で「フラッグを取って」と指導者が指示をしたところ、ボールを持っている相手のフラッグではなく、自分の一番近くにいた味方のフラッグを取ってしまうということがありました。これは「(相手の)フラッグを取って」という言葉の含みが理解できず、字義どおりに行動してしまったということが考えられます（図1）。また、競技そのもののルールの理解が難しい場合や、攻守の切り替えに戸惑うといったこともあります。そして、言語の発達は行動の調整にも関連してくるので、衝動性や注意の転動性などにも影響をすることがあります。

図1　言語の具体性について

② 空間の認知について

体育はグラウンドや体育館などフィールドが教室よりも大きなところで活動を行うため、場所や並び方などの指示をする場面が多くなりがちです。その際、「あっち」「こっち」や「ちょっと」といった抽象的な言葉は理解が難しいため、「右に3歩」や「○○の後ろ」「あと○○分」というように、具体的な指示をした方がわかりやすいです。

また知的障害がある子どもたちの中には、多動性や衝動性を示すケースがあります。特に狭い教室よりも体育館などの広い空間になると自分がどこにいればよいかがわかりづらいため、動きも落ち着かなくなることがあります。このような場合には、地面に平面のマーカーを置いただけではフィードバックが弱いことがあるので、巧技台などを使って身体的なフィードバックをより明確にした方が、本人の自

写真1　立体的なフィードバック

発的な理解を促すことにつながり、結果として落ち着いて活動に参加できることもあります（写真1）。

空間の把握についてバレーボールの指導を例にあげると、相手コートのどこをねらうのかがわかるように、コーンに番号を貼る（写真2-1）といったことや3色のゼッケンを使用することで対角の仲間やポジションなど、空間の概念を視覚化する（写真2-2）ことが支援の手立てになります。また、左右の理解が曖昧なこともあるので、言葉の指示だ

第2章　どんな子どもたち

けで空間の理解を促すのではなく、マーカーなどの視覚的な支援を交えて指示を伝えていくことで、どこに立てばよいかを示していくという支援も有効です。

写真2－1　サーブやスパイク練習でねらう場所をコーンの番号で示す

写真2－2　ポジションごとに色のゼッケンで、対角の相手を理解する

③　情動の調整について

　誰しも環境を把握できず、状況の理解が難しいと気持ちが不安定になりがちです。知的障害がある子どもたちは、そのようなときに自分から支援を求めることができずに「泣いてしまう」「その場で動かなくなってしまう」「場にそぐわない大声を出してしまう」「言葉より先に手が出てしまう」などの行動や表現力、語彙などのつまずきから「適切な言葉で自分の気持ちが伝えられない」といったことがあります。これは、本人がどうすればよいのかがわからず、パニックに陥ってしまっているサインとも読み取れます。このような場合には、絶対に大きな声で叱るようなことはせず、場所を変えることでクールダウンをしたり、文字が読み書きできる場合には、状況を明文化することで気持ちを整理したりと、まずは支援者が本人の気持ちを受け止め、冷静に対応していくことが求められます。

　また、競争などの勝ち負けにこだわることもあります。あるいは、嫌いなことに対してはっきりと拒否を示すことがあるかもしれません。学齢期になると自分ができないことも少しずつわかってくるので、自信がない場合はやらないことで失敗を避けるようなことも出てきます。そして自分の感情自体を理解し、適切に表現できていないこともあるので、「嬉しい」「悲しい」「怒っている」など、本人の気持ちに寄り添って、支援者が本人の気持ちを言語化していくことも場面によっては必要です。

　このような特性を踏まえた上で、表情や仕草、まなざしといった日頃の行動の様子からノンバーバルな情報をしっかりと受け取め、声なき声の通訳者として、子どもの心の叫び

に耳を傾けていくことが大切になります。

④ 想像力の困難さと経験に基づく理解について

知的障害の子どもたちは、物事を予測し、先を見通して行動することが得意ではありません。ゆえに、抽象的なものを理解することや経験がないことに新しく取り組む場面では、活動そのものに取り組めないことや、流れにそって取り組むことが難しいことがあります。そこで、「やり方がわからない」「どうすればよいか不安がある」というようなときは、無理強いしたり急がせたりすることはせず、まずは活動の理解を促し、本人の気持ちが切り替わるのを待つことが大切です。その際、活動の見通しが

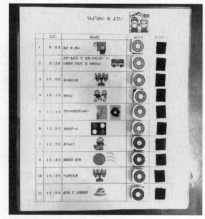

写真3　スケジュールボード

もてるよう写真カードなどでやり方を示したり、スケジュールボード（写真3）を活用したりすることで、流れに見通しがもてるようにします。

活動の理解のつまずきを例にあげると、転がしドッヂボールの場面では、ボールを避けることが学習のねらいであるにもかかわらず、どうしても自分からボールを取りにいってしまうことで、すぐにアウトになってしまう子がいました。このようなケースでは、その子にとって「ボールは取るもの」であり、「ボールを避けるという経験がほとんどなかった」ことや「これまでの自分のルールを修正し、新たなルールを受け入れる」といったことが、つまずきの背景として考えられます。ですから、ルールに従わないことを叱ったりその場でボールを避ける練習をしたりしても、本人にしてみれば「自分は一生懸命やっているのに、なぜ違うことを求められるのだろう？」という学習の混乱につながります。

また、活動の理解の難しさは、課題の達成の理解にもつながります。何ができたか本人がわからない状況で褒められたとしても、なかなか成功体験にはつながりません。そこで、他者評価のみで活動の達成を評価するのではなく、自己評価として本人が課題の達成を理解できる環境づくりが必要になります。そのためには、教材がわかりやすく、できたことのフィードバックが本人に対して明確であることが求められます。

(5) 知的障害と他の疾患

知的障害の子どもたちには、発達障害を併せ有するケースがあります。一般的な発達障害の認識としては、発達障害者支援法（平成16(2004)年12月）の第2条において「自閉症、アスペルガー症候群、その他の広汎性発達障害、学習障害、注意欠陥多動性障害その他これに類する脳機能の障害であってその症状が通常低年齢において発現するものとして政令で定めるものをいう」とあるように、上記の名称が広く知られてきているかと思います。発達障害の代表的なものは、自閉症や注意欠陥多動性障害などがあります。

自閉症（自閉スペクトラム症＝ASD）は、社会性やコミュニケーション、想像力の問題、感覚の過敏や鈍麻などの困難さがあります。

第2章　どんな子どもたち

　注意欠陥多動性障害（注意欠如・多動症＝ADHD）は、「不注意」「多動性」「衝動性」の３つの特性があげられます。不注意は、忘れ物が多い、提出期限が守れない、片付けや整理整頓が苦手、気が散りやすく集中の時間が短いといった症状があります。多動性は、離席や多弁など、落ち着きがなく動き回っているような症状があります。衝動性は、順番を守れないといった行動の抑制や情緒の安定に難があるなどがあります。これら３つの特性は、必ずしも独立したものではなく、個人によっては複合的な症状として生活上の困難さを生じさせます。

　このような発達障害の詳細については他の専門書を参照していただき、本稿では知的障害と他の疾患として「てんかん」と「ダウン症候群」について、その特徴と配慮点を簡潔に述べていきます。

　てんかんは、脳の瞬間的な過剰放電により、発作が起こる疾患です。発作は全体発作と部分発作があり、意識を失うような大きな発作から、発見が難しいような小発作まで個人の疾患によって違いがあります。てんかんに対する配慮として、学校行事や運動などに制限が出るケースがあるので、必ず発作の状況や対応については事前に確認しておくことが大切です。特に水泳の場合は、水中で発作が起こると命にかかわる危険性があるので、細心の注意が必要です。

　ダウン症候群の子どもについては、知的障害だけでなく、心臓疾患や筋力、筋緊張や体力低下への配慮、首の環軸椎への配慮があります。医師からマット運動の禁止などの運動制限を受けている場合もあるので、運動を行う際には、必ず健康状態と運動制限の有無について確認する必要があります。

(6)　知的障害のある子どもの動機付け

　知的障害のある子どもたちの動機付けの特性として、学習の成功体験に対する期待感が少ないことや失敗への不安が大きいといったことがあります。これは、定型発達の子どもたちよりも学習の成功体験が少ないことが大きな影響を及ぼしているといえるでしょう。

　学習を継続的に行っていくための行動を促進するには、自己決定と有能感が重要になりますが、この有能感についてHarter（1979）は、内発的に動機付けられることが有能感を育てることを指摘しています。すなわち、自分で決めた活動に対して、「できた」という達成感が次の学習への意欲につながるといえます。しかしながら、結果に対する自信だけでなく、他者に認められるという外発的な要因も学習を動機付けていくには作用するといえるでしょう。

　上述したように、知的障害のある子どもたちは、学習の理解が難しいことから、成功体験を積み上げにくいという特性が考えられます。ゆえに、技能を育てることに傾倒するのではなく、本人の学習に対する努力に共感し、支援者が子どもたちとともに学習を積み上げていくことが大切です。

　学習に対する強化子を考えると、筋力トレーニングのような活動の成果が出るのに時間がかかるものは、動機付けが難しくなります。そこで、学習の積み重ねが自分で確認でき

るための手立てとして、例えば試行回数をボードに示す（写真4）ことでどれぐらい頑張ったかが視覚的に理解できるようにしたり、即自的な評価で課題の達成を本人が自覚できるようにしたりと、成功体験を明確に積み上げていく支援が必要です。

その際、記憶容量のつまずきへの配慮として、具体物を提示して「何を使って、どんな活動を行ったか」を明確に想起できるようにすることで、機械的に「○○を頑張ったね」と曖昧になりがちな評価が活動に対する具体的な評価につながり、次の活動の意欲につながっていきます。また、自分の身体の汗に触れたり、心拍数を感じたりと、運動の成果を実

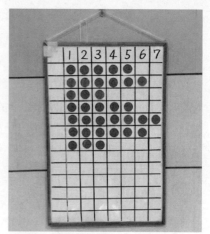

写真4　周回ボード

体験として感じられるような指導も効果的だといえます。そして、最も重要なことは本人が楽しむことです。苦しい課題を闇雲に繰り返しても、子どもに無理な努力をさせるだけで必ずしも課題の達成にはつながりません。下手をすれば、もうやりたくないと学習への意欲を潰してしまうことにもなりかねません。

特別支援教育の目指すところは、個のニーズに応じた教育です。すなわち、取りこぼさない教育だといえます。学習指導要領には発達段階に応じて目標や内容が系統的に示されていますが、これは既習内容の運動領域を広げるとともに、その後の発展性をねらっているものでもあります。ゆえに、実年齢の発達段階に即した教育内容を踏まえつつ、一人ひとりの教育的なニーズを的確に把握し、指導・実践をしていくことが成功体験を積み重ねていくことにつながるでしょう。また、そのような経験が学校教育卒業後から生涯スポーツへと発展していく基礎になります。

2　知的障害児の運動特性について

(1) 筋力や体力の問題

知的障害のある子どもたちの運動の特性として、「筋力が弱い」「手先が不器用」「動作がゆっくり（敏捷性）」「身体が柔らかい（低緊張）」「身体が硬い（過緊張）」「平均台や階段などの高い所を怖がる」「疲れやすい」「運動が好きではない」「動きに左右差がある」などがあげられます。このような特性は眼球運動や摂食、構音や発声、消化器の働き、排せつなど、運動場面に限らず様々な日常生活場面に影響します。また、肥満についても定型発達児と比較をすると割合は多くなります。

ここで注意しなければならないのは「わからない（認知的困難さ）」のか、「やらない（動機付けの困難さ）」のか、「できない（身体的・機能的な困難さ）」のかといった、ただ学習に取り組めていない理由を本人のわがままと一義的に捉えるのではなく、「本人の特性に応じた課題設定がなされているか」ということを子どもの視点から見直すことが必要

です。ランニング1つにしても、ただ走るだけの活動では参加が難しい子も、BGMがあることで参加できたり、運動量だけみればランニングは難しくても大好きなダンスなら意欲的に参加できたりするなど、本人の興味・関心に寄り添った課題から活動を広げていくことで、運動に対する楽しさを感じられるような支援につながります。また、それが運動を享受する心を育てていくことにもなります。

(2) 運動の発達について

　人間の運動は、体幹部と四肢部の運動に分かれ、さらに体幹部は、立位姿勢の獲得と移動運動に分かれます。また、運動の発達は、体幹部から肩、腕、大腿部といった大きな筋群から小さな筋群へと進み、移動するための動きの獲得は、首の座りや寝返り、膝這い、つかまり立ち、独歩などへと進んでいきます。

　知的障害のある子どもたちは、乳幼児期から言語や認知だけでなく、個人差はありますが運動の発達においても定型発達の子どもより時期が遅くなることがあります。また、乳幼児期に消失する原始反射などについても、学齢期や思春期になっても引きずっているケースもあり、意識的に身体を使う随意的な運動場面におけるつまずきの要因の1つになることがあります。

　随意運動をスムーズに行うには、あらかじめ動きのイメージをもつことが必要になります。しかしながら、知的障害があると動きのイメージを想起するところでつまずくので、自分がもっている運動パターンを適切に活用することが難しい場合があります。さらに原始反射などの問題があると、不随意的に身体が動くこともあり、余計に不器用さを生じさせることにつながります。

　私たちは、障害の有無にかかわらず、誰しも初めての運動には動きのぎこちなさが伴います。これは、手や足をどう使うか意識して身体を動かしているため、試行錯誤をしながら動きの調整をしているといえます。この段階から、例えばサッカーやバスケットボールでボールを見なくてもドリブルができたり、テニスでラケットの向きを自然と調整できたりと動きを意識しなくてもスムーズにできるようになることを運動の自動化といいますが、このような運動学習の過程においても運動パターンの蓄積が難しいことから運動技能の習得が難しくなり、一度できるようになった運動も時間が経つといつの間にかできなくなってしまうということがあります。

　そこで、子どもたちが「わかった」「できた」「やってみたい」という気持ちで活動に取り組むためには、上肢と下肢を分離・協応させて動かす必要があり、そのためには、姿勢が重要になります。この姿勢を安定させて保持するためには、カメラと三脚の関係のように、頭を支える首、そしてさらにそれを支える体幹が安定していることが必要になります。

(3) 姿勢と種々の感覚の問題について

　姿勢という言葉を聞くと、「姿勢がよい」「姿勢が悪い」といったイメージが出てきます。立位においては、背筋が真っ直ぐに伸び、身体がぶれずに立っている状態であればお

おむね「よい姿勢」とみなされるでしょうし、逆に、壁に寄りかかっていたり、猫背で身体が丸まっていたりすれば、「悪い姿勢」という評価を受けることもあるでしょう。

　座位においても、「よい姿勢」といえば、机といすに対して、足の裏をしっかりと床につけ、つま先から膝と腰の角度がおおよそ直角で、背筋が伸びた姿勢をイメージし、「悪い姿勢」といえば、いすからずり落ちて身体が斜めになっていたり、机に頬杖をついて身体を支えていたりするような状態がイメージできると思います。

　姿勢を保持するには体幹が重要であるということを述べましたが、それ以外の要素として、目の動きや筋肉の緊張、姿勢などをコントロールし、重力や加速度を感じたり、身体の水平を保ったりするバランス感覚である「前庭感覚（平衡感覚）」や筋肉や関節の動きを感じ取り、身体の位置や動きを把握することで自分の身体を動かす「固有感覚」に加え、物に触れていることを感じるセンサーとしての機能や本能的な情動のスイッチである「触覚」、外界を捉える「視覚」などの発達が重要になります。

　この種々の感覚に過敏や鈍麻があることで、認知の発達や社会的な適応に影響を及ぼすケースがあります。触覚が過敏の場合には、教材に触れたり、友達に触れられたりすることを嫌がったりします。また、触られることが嫌という気持ちは「突然触られたらどうしよう」という不安にもつながるので、集団の参加にも影響が出る場合があります。逆に、鈍麻の場合は、いろいろな所に身体をぶつけても気が付かないことや運動のフィードバックが本人に伝わりにくいといったことが起こります。

　聴覚においては、過敏だと活動で使用するBGMを嫌がって耳をふさいだり、特定の相手の声を嫌がったりします。音量だけでなく、周波数にも配慮が必要で、特にガラスを擦り合わせたり、黒板を爪でひっかいたりするような高音域が苦手なケースが多くみられます。また、泣き声や怒鳴り声などは、本能的に危機的な状況だと受け止めやすく、その結果としてパニックとなり突然飛び出したり、攻撃的な行動をとってしまったりすることがあります。

　視覚の過敏さについては、蛍光灯の光が気になったり、味覚や嗅覚が過敏だと偏食が出たり、鈍麻だと記憶に残りづらいといった、様々な影響が生活場面に出てきます。

　ここで注意すべきは、感覚面の困難さについて無理に我慢することは改善にはつながらないということです。運動会などで使われるピストルの雷管の音を嫌がる聴覚過敏の子どもがいますが、ただ耐えさせても自然に慣れるということはなく、代わりにホイッスルを使用するなど、特性に応じた配慮が必要です。また体育などで使用されているホイッスルについても、プラスチックの短筒は高い音が出るものが多く、「注目を促す」という点では確かに効果はありますが、耳を塞いで嫌がる子どもも多くみられます。そこで、ゲームの審判などでどうしても使用しなければならない場合は、代替手段として金属の長筒を使うことで音が低く柔らかくなり、嫌がる子どもも減ります。しかし、忘れていけないのは、ホイッスルを使わなくても子どもが教師へ注意を向ける関係性を構築していくことです。これは、マイクの使用も同様で、スピーカーから音が出る場所と話をする教師の場所が離

れている場合は、「先生の方を見てください」と集団に言葉かけをした際、ほとんどの子どもたちは教師へ顔を向けているにもかかわらず、数名はスピーカーの方に顔を向けることがあります。また、スピーカーのハウリング音や施設の反響音が苦手な子も多いので、音も学習環境として重要な要素として、整理していくことが支援者には求められます。

　知的障害のある子どもたちにおいては、このようなたくさんの感覚の情報が脳の中で適切に整理されないために、安定して学習に取り組むことが難しいという特性が考えられます。ゆえに、言葉やモデリングで教示するだけなく、種々の感覚情報を正しく本人にフィードバックするために環境を調整する必要が出てきます。教育現場でたまにみられる「姿勢を正してください」という指導は、不器用な子どもたちにとっては、あまり望ましくありません。定型発達児の場合は無意識的に姿勢を保つことができていますが、知的障害のある子どもたちは、姿勢を保つように注意を受けると、それ自体に集中し、他に注意が向かなくなってしまうことがあります。ゆえに体育の場面であれば、説明のときには子どもたちが座位で話を聞けるようにすることや、場合によっては壁を背にするなどのちょっとした工夫があるだけで、話を聞くことに気持ちが向きやすくなります。

　以上、五感や体性感覚などの発達の遅れや混乱が、様々な学習場面において困難さを生じさせる要因について述べてきました。バレーボールのサーブレシーブが苦手なＡ君は、飛んできたボールにいつも反応が遅れてしまい、なかなか上達することができませんでした。改善のためにサイドステップやレシーブの姿勢を作る練習をしましたが、それでもなかなか成果にはつながりません。そこで、眼球運動の検査をしてみると、目を上手に動かすことがとても苦手なことがわかりました。本人は一生懸命練習に取り組んでいたはずですが、ボールを目で追うことができず、おそらくはボールが突然目の前に現れるような感覚だったのではないかと考えます。このようなケースでは、運動技能の練習だけでなく、目の使い方といった機能的なトレーニングも必要になります。また、そのような視点からも運動のつまずきを分析していくことが大切です。

⑷　身体的な不器用さについて

　知的障害のある子どもの多くに動きのぎこちなさがみられます。この不器用さは、ときには「やる気がない」「わざとやっている」「ふざけている」といった誤解を受けたり、同級生や友達からいじめやからかいの対象になったりする可能性も考えられます。また、失敗体験も多く活動への動機付けが難しいこともあるので、まずは取り組んでいる意欲を受け止め、認めつつ、個のニーズやつまずきに応じた支援をしていくことが求められます。

　運動の特性としては、走る、跳ぶといった単純な運動よりも器用さや技術を要する協調運動の方がより困難さを示すといわれているので、課題の設定も含めて、どのような活動が有用であるかは慎重に検討していく必要があるでしょう。また、ただ大きな集団に配慮なく参加させるのではなく、課題の個別化や自尊感情に対する配慮も含め、本人の課題に適した集団の編成が必要です。

　動きのぎこちなさとして、走ることや跳ぶような場面だけでなく、例えば「ボールを投

げるときに身体がふらつき、手足が左右ごちゃごちゃの動きになってしまう子」「クロスハンドでバットやテニスラケットを握って打つ子」「正面のボールに対して左右どちらの足で蹴ればよいかがわからず、固まってしまう子」「バレーボールのスパイクを打つ際に毎回左右の手が変わってしまう子」など、様々な場面で気になる子どもをみてきました。このようなケースでは、1つは種々の感覚情報の整理の問題がありますが、ほかには利き手の発達という問題があります。

　利き手の発達は、身体の両側を協調して動かすことにつながり、様々な運動課題を解決するにはとても重要な視点になります。また、右と左といった空間概念を身に付けるためにも必要な要素です。利き手は身体の正中線を交差する動きの発達とも密接に関係していますが、正中線が明確になることで、左右対称の動きから、より高次な左右非対称の動きへと運動は洗練されていきます。

　また、自分の動きを客観視することが難しいケースもあります。例えば投運動においては、遠くに投げることができるように軽いボールを選択しがちですが、そうするとボールを投げている実感が弱いという問題が出てきます。自分のフォームをイメージすることにつまずきが生じることがあるので、このようなケースではあえて重さのあるボールを使用し、ボールを投げている実感を伴うように支援することで、自分がどんな動きをしているかの理解につながることもあります（図2）。

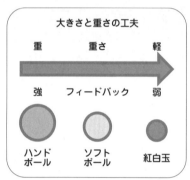

図2　重さとフィードバックの関係について

　身体的な不器用さが生じる発達障害の1つに発達性協調運動障害がありますが、知的障害の場合は、脳のダメージによる運動発達の遅れや感覚情報の整理の問題に加え、どのように運動を行うかという運動の想起や課題の理解といった問題も含まれてきます。ゆえに「○○ができない」という場面においてもどのような理由や過程でつまずいているのかを多面的に分析していくことが重要です。

(5)　**模倣とボディ・イメージ**

　模倣には、聴覚を使った音声模倣、道具を使った操作模倣、動きを真似する身体模倣があります。音声模倣は聴覚的な情報を使い、道具の操作や身体模倣は視覚的な情報を使った活動になります。この聴覚と視覚の差については、個人の情報処理の特性に応じてというケースバイケースになりますが、模倣の育ちは、他者と合わせることや身体の操作にも影響を及ぼします。身体模倣の難易度としては、両手で頭やお腹をおさえるなど、身体に接触したガイドのある動きから、「両手を同時に上げる」「前に伸ばす」といった左右対称の動き、「右手は上で、左手は前」といった左右非対称の動きの方が難しくなっていきます。また、真新しいものよりは、繰り返しているものの方が模倣は出やすくなります。

　このような動きのやり取りをしていると、「手を上に上げて」といった場面で斜めに手

が上がっていたり、模範の動きと左右が逆になっていたりする「惜しい動き」が出てきます。1つは言語指示の理解から「上」がよくわからないという認知的な要因が考えられますが、運動のつまずきとしては、利き手の発達に加え固有感覚の理解から、自分では「手を上げているつもり」といったことも考えられます。そこで、「上に上げて」というフレーズを「空に向かって手を伸ばす」というように動きを言語化し、子どもが理解できる言葉から身体の使い方を引き出す支援や手を伸ばしている状態で関節や筋に触れ「腕を伸ばすというのは、この感覚だよ」と身体的なガイダンスをしていくことが有効です。ボディ・イメージのつまずきとして自分の身体に対する実感が弱いことが要因の1つとして考えられるので、モデルを示すことで逆に混乱してしまい、色々と教えることがノイズとなって余計に動きがおかしくなっていく危険性もあります。ゆえに、指導する側は言語の指示に頼り過ぎず、ねらった動きを引き出す環境づくりが重要になっていきます。

　本人の自発的な動きは、その後のより洗練された動きへつながる大切な芽です。「違う」とすぐに修正するのではなく自発的な動きという工夫を認め、他の動きも含めてどのように動きが育っていくかをゆっくりと見守っていくことが大切です。写真5はバレーボールのレシーブの練習場面ですが、コーンの間にバーを置くことで必然的に中間位の姿勢が取れるような環境を設定しています。そのことで、余計な言語指示やモデリングをする機会が減り、結果として本人が混乱することなく、姿勢をどのように保てばよいかについて、自分の身体の感覚に気付くための手立てとなっています。

写真5　中間位を作る練習場面

(6) おわりに

　「反復練習」という言葉があります。確かに、運動学習のプロセスでは『認識』『定着』『自動化』という流れがあるので、繰り返しが必要なことはあります。しかし、これは本人に学びや気付きという成功体験があることが前提になるので、なんでもかんでも繰り返せばよいというわけではありません。

　例えば、逆上がりができない子に対して、いたずらに練習を繰り返しても意味がないことは容易に想像できると思いますが、その運動ができるために必要な技能や動機付けが何なのかを、レディネスから細かく分析できるようになると、その子の支援の道筋もみえてくるようになってきます。

　「地面を蹴る位置はどこになっているか」「腕で身体を支持できているのか」「鉄棒から身体は離れすぎていないか」など、できないという氷山の表面に目を向けるのではなく、その下に隠れている発達のつまずきの背景を適切に読み取る目をもてるようになっていくことが指導者に求められる資質の1つだと考えています。地面を蹴る位置がわからなけれ

ば、目印を設けることが必要でしょう。筋力が足りなければ、筋力を高める遊びから入る方法もあります。身体が離れてしまうのであれば、鉄棒に帯を結んで身体を補助するということも考えられます。指導者のアイデア次第で、活動はとてもわかりやすく、楽しいものになっていくはずです。あとは、そもそも本人が『やりたい』という気持ちをもてているかが重要です。もし、その気持ちが弱いときに失敗を繰り返してしまうと、どうしても身体を使った学習が嫌いになっていきます。

　障害のある子どもたちにとって、苦手なことを克服することは、とても大変なことです。言い換えれば、それができないがために、特別支援教育を必要としている子どもたちです。ですから、苦しいことを頑張らせるよりも、好きなことを伸ばしていけば、結果として苦手なこともいつか乗り越えるきっかけをみつける日がくるかもしれません。

　ゆえに私たち指導者は、子どもたちの目の前の課題からそれを克服させることを目指すだけではなく、心と身体の育ちに寄り添い、最後まで支えていける存在になっていければよいのではないかと考えています。

〈参考文献〉
- 厚生労働省「平成17年度知的障害児（者）基礎調査結果の概要」2005
  http://www.mhlw.go.jp/toukei/list/101-1c.html（アクセス日：2017年6月30日）
- Harter. S『Perceived Competence Scale for Children（manual）』university of Denver、1979
- 杉原隆『運動指導の心理学　運動とモチベーションからの接近』大修館書店、2006
- 高橋三郎、大野裕監訳『DSM-5　精神疾患の診断・統計マニュアル』医学書院、2014
- 宇佐川浩『障害児の発達臨床Ⅱ　感覚と運動の高次化による発達臨床の実際』学苑社、2007

第2章　どんな子どもたち

2.2　肢体不自由

1　肢体不自由について

　運動を行うには、どのように身体を動かしたいのかを脳で考え、脊髄や神経を通じてその指令が筋肉に伝わり、関節、骨が円滑に動くことが必要です。また、筋肉、関節などで感じ取った、「身体を動かした感じ」を神経を通じて脳に届け、上手く運動することができたかどうか判断します。そして、今と同じように身体を動かすのかそれとも修正するのかを考え、指令を出し身体が動いていく、こうしたサイクルを繰り返します。

　しかし、脳、脊髄、神経、筋肉、関節、骨のどこかに障害が起こることで、このサイクルに難しさが生じます。障害には、欠損、切断など、身体の形態の変化がみられるもの、筋緊張の亢進や不随意運動、筋力低下、関節可動域の制限、感覚麻痺といった身体の機能の変化がみられるものに分けられます。障害が起こる部位としては、上肢、下肢、体幹に分けられます。そのため、肢体不自由といっても一人ひとりの障害の状態が異なります。

　障害があることにより、食事、トイレ、移動、着替えなどといった日常生活を送る動作に支障が出てきます。またそれは、体育授業やスポーツ活動においても不都合が生じてくることになります。

2　肢体不自由を引き起こす障害について

　肢体不自由を引き起こす障害について、代表的なものを説明します。

(1)　脳性麻痺

　胎児期から生後4週間以内までの間に、脳に生じた損傷により起こります。麻痺が身体のどの部分にあるかにより、四肢麻痺（上肢、下肢ともに障害がある）、両麻痺（上肢に比べて下肢の方が障害が強い）、片麻痺（身体の左右どちらかに障害がある）に分けられます。また、分類としては、痙直型、アテトーゼ型などに分けられます。

　痙直型では、運動しようとすると、筋肉に強く力が入った状態が続きます。身体を突っ張る様子がみられ、滑らかに動作をすることが難しい場合もあります。上肢では、手指を握りこんでいたり、手のひらを上に向けることが難しい様子などがみられます。下肢では、両脚の太ももの内側がくっついてアルファベットのXのような形になっていたり、踵が浮いてつま先が地面につくような形になります。

　アテトーゼ型は、筋肉に力を入れたり抜いたりすることが変動します。また身体のある部分を動かそうとすると他の部分も意に反して身体が動く不随意運動が起こり、目的に合わせて身体全体を調整しながら動くことが難しい場合があります。粗大運動だけでなく、

29

飲み込むことや話すことといった運動にも影響があり、よだれが垂れたり、相手が上手く言葉を聞き取ることができずコミュニケーションをとりにくかったりします。

子どもによっては、痙直型とアテトーゼ型の両方の要素を伴う場合もあります。

脳性麻痺は運動面の障害だけでなく、知的障害を伴う場合も多くみられます。また、てんかん発作を伴う場合もあります。てんかん発作とは、脳の神経細胞に突然発生する電気的刺激により、手足がけいれんしたり、突っ張ったり、一瞬意識の消失が起きたりします。入浴中やプール入水時の発作は大変危険になりますので、注意が必要になります。さらに、視覚情報の「見えにくさ」や「情報処理の難しさ」を有する場合があります。目立つ運動面の障害だけでなく、一見するとわかりにくいこうした特徴を捉えて、適切な配慮を行うことが大切です。

(2) 二分脊椎

胎児期における脊髄の形成不全によって起こります。形成不全部位以下には、脳からの指令が途絶えるため、身体を動かすことができません。脊髄のどの部分に形成不全が起こるかによって可能な動きが変わります。仙骨付近の形成不全では、リハビリや補装靴を活用することで歩行ができる人もいます。また、脊髄の上の位置にいくほど、下肢が動かせないことに加え、体幹のバランスも取りにくいといった様子になります。

また、末梢からの感覚情報を脳まで伝達できないため、痛いなどといった感覚がわからない部位があります。座ったり寝たりしているときに、身体が圧迫されている箇所があっても痛みを感じないため、長時間その姿勢を取り続けてしまい、傷ができてしまう褥瘡には注意が必要です。定期的な姿勢変換が大切です。

尿意・便意を感じることができず、自分の意志でコントロールできずに失禁してしまうこともあるため、オムツを使用します。また、尿や便が溜まりすぎてしまうこともあり、適切に排尿、排便を管理していくことが必要です。

ゴム成分にアレルギー反応を示すラテックスアレルギーを有する人もいるため、例えば風船を使う活動（ふうせんバレーボールなど）では、素材を変える、手袋をつけて直接触れないようにするというように、症状に応じて適切な配慮が必要です。

脊髄の形成不全に伴い、脳脊髄液が脳室に溜まり拡大し、脳を圧迫する水頭症が起こったり、小脳や脳幹の位置を変えるキアリ奇形が起こったりすることで、その他様々な症状を伴うことがあります。

(3) 脊髄損傷

交通事故、転落事故、スポーツ事故などによる脊髄の損傷によって起こります。損傷部位以下には脳からの指令が届かないため、身体を動かすことができません。損傷部が首に近い人になればなるほど、自らの意志で動かせる部位が限られてきますし、呼吸することにも障害がみられてきます。体温調整にも障害がみられることもあり、外気温に体温が左右されるため、活動時の熱中症や冷えには注意が必要です。また、損傷部位以下の末梢からの感覚情報を脳まで伝達できません。二分脊椎と同じように褥瘡、排尿・排便障害に対

第2章　どんな子どもたち

してケアが必要です。

　事故などにより突然、障害を負うこととなるため、今までできていたことができないということから様々な葛藤が生じることがあります。こうした心理面に対する配慮も重要です。

⑷　**筋ジストロフィー**

　筋肉の細胞が壊れ、筋力低下を引き起こしていく進行性疾患です。疾患の種類にはデュシェンヌ型、ベッカー型、福山型などがあり、症状や進行速度はそれぞれの疾患により異なります。身体の成長とともに動かせる身体の部位が限られてきたり、関節拘縮や側弯が起こったり、呼吸機能や嚥下機能の低下もみられてきます。また、心臓の機能低下も起こることがあります。

　運動の実施にあたっては、過度の運動では筋肉がダメージを受けたり、また運動しなければ筋肉を使用しないことによる筋力低下を引き起こすため、適切な運動量が必要です。小さい負荷で本人が痛みを感じず、疲れが残らない程度に運動していくことが重要になります。どのような運動をどれくらい行うかについては、必要に応じて主治医からアドバイスをもらうようにしましょう。

　また、進行性疾患により、今までできていたことができなくなっていくことから様々な葛藤が生じることがあります。こうした心理面に対する配慮も重要です。

⑸　**骨形成不全症**

　骨を構成しているコラーゲンの異常によって起こります。コラーゲンの異常が大きいと、骨密度が低くなり、骨が弱く、少しの衝撃でも骨折をしやすくなります。骨折を繰り返すことで骨が変形することもあります。骨を強くするためには運動して負荷をかけていくことが必要ですが、運動量に注意しましょう。必要に応じて主治医と相談しながら運動の仕方や時間を検討していきます。運動に取り組む際は骨折することへの不安を感じやすく、また運動中は熱中して頑張ってしまうことで骨折する危険もあります。本人の様子を確認しながら安全に運動を実施できるように注意していきます。

　その他の症状の1つとして、耳の奥にある耳小骨の変化により、情報の聞き取りにくさを示す場合があります。

3　肢体不自由のある人の身体面について

　長時間同じ姿勢のままでいたり、姿勢が崩れたままでいたりすると、身体に疲れや痛みが生じてきます。また、年齢を重ねる中で、関節が固くなってしまう拘縮、関節が元の位置からずれてしまう脱臼、側弯などの変形が二次障害として生じてくることがあります。こうした疲れや痛み、二次障害によって、ますます身体を動かしにくくなり、体力の低下や活動意欲の減退につながっていくと、心身の健康に悪影響を与えます。

　これらを防ぐには、左右差がないように姿勢を整えること、長時間同じ姿勢で過ごすことがないように定期的に姿勢を変えること、そして、身体を動かし筋肉や関節の柔軟性を維持・向上させていくことが重要です。脱臼や変形などがあると、こういう動きはさせて

31

はいけないなどの運動制限が生じる場合があります。必要な情報を主治医と共有して指導していくことが大切です。

肢体不自由といっても、上肢にも下肢にも動かしにくさがあり、支えなしでは姿勢を保てない人、支えなしでも一人で座位姿勢をとれる人、上肢は動かせるが下肢が動かしにくい人、左右どちらか片方に動かしにくさが強く出る人、立位や歩行ができる人など、様々な状態を表します。

障害の程度が重くなると、トイレ、食事、着替えなどの場面で介助が必要になります。また、スポーツの場面では、指導者と一緒に動くことが必要になります。様々な場面で、指導者が本人の身体に触れながら一緒に動く機会が多くなります。その際大切なことは、動くことが心地よいと本人が感じられるようにかかわっていくことです。いきなり触れると本人はびっくりしてしまうので、身体に触れる前には声をかけましょう。また、指導者が無理に動かそうとしないことや、急に引っ張ったり押したりしないことも大切です。個々ができる動きを丁寧に把握し、本人自身で自分の身体を動かす感じを引き出しましょう。身体のどこを動かすのかを触れたり声をかけたりして、本人に意識させたり、動かす方向やタイミングを体感させていくことが必要です。

4　肢体不自由のある人の心理面について

肢体不自由があり、身体の動かしにくさがあることで、周囲の人々と比べてできないという経験を積み重ねてしまうことがあります。障害の程度が重くなるほど、身の回りのことがスムーズに行えず時間がかかるため、自分で考えて行動したり、自分で決めて行動したりする機会が少なくなります。また、見たり、聞いたり、身体を動かして物事を確かめる経験が周囲の人たちよりもたくさんできなくなります。すると他者よりもできないと感じてしまう場面が多くなります。

できないと感じたとき、向上心をもって頑張ろうとすることは大切ですが、適切な配慮がなければ失敗を繰り返すことになります。「できない→頑張る→でもできない→もっと頑張る」ことが続いてしまい、その結果、無理に身体を酷使して疲れや痛みがひどく溜まったり、ストレスが溜まったりします。自分の心身の状態がどうであるか気付いたり確かめたりする余裕もなく頑張り続けてしまうと、体調を崩してしまう危険もあります。

さらに、頑張っているけれども上手くいかないということが重なり続けることで、自分に自信がもてなくなり、何事にも受け身になりがちになってしまいます。すると、目標をもち積極的に物事に取り組もうとする意欲をもちにくくなります。身体面の動かしにくさに加えて、こうした心理的な要因も加わり、動かしにくさがますます高まってしまいます。

こうしたことからも、運動することは大切になります。身体を伸び伸び動かす中で、運動することの心地よさや爽快感を感じることで、心身の状態をよりよく整えていくことが重要だといえます。そして、適切な配慮の中で運動が「できた！」という実感を本人に感じてもらうことが大切です。

5　肢体不自由のある人の健康面について

　肢体不自由があることにより、食べること、呼吸すること、排泄することなど、健康を保つうえで欠かせない部分にも難しさが出ることがあります。

　呼吸にかかわる胸郭の筋肉が固くなったり、喉まわりに力が入り空気の通り道を狭くしてしまうと、うまく呼吸ができずに息苦しさを感じ、思うように活動に参加していけません。

　姿勢の崩れや口周りの動かしにくさがあると、食べる、飲み込むことが上手くできず、必要な栄養を取ることができないことになります。また、本来食道の方へ入るべき飲食物や唾液が気道の方へ入ってきてしまい（誤嚥）、呼吸をしにくくなることがあります。さらにこのとき、大きく息を吸って勢いをつけた咳払いができないと、誤嚥物とともに細菌が肺の中に入ってしまい肺炎となる場合があります。肺炎は、場合によっては重症化するため注意が必要です。

　排泄にも難しさがみられることがあります。側弯で背骨が変形することで、腸を圧迫し便秘になることもあります。また、腹筋の筋力低下や動かしにくさがあることで、しっかりと腹圧をかけることができないことで便秘になることもあります。トイレ場面で介助を受けることに抵抗があると、排泄することを我慢したり、水分補給を積極的に行おうとしない場合もあるため、安心してトイレで排泄できるような声掛けやかかわり方が重要になります。感覚障害がある場合は、尿や便を排泄した後のスッキリした感じがわからないので、排泄をする気持ちをもちにくく、習慣として身に付くことに時間がかかることがあります。

　このように、様々な要因で、食べること、呼吸すること、排泄することなどが上手くいかなければ、活動へ参加したり学習に集中して取り組むための土台が整わないことになります。身体の免疫力が低下することにもなり、感染症などの病気にかかり体調を崩すことになれば、さらに健康を損なうことになるので注意が必要です。当然、体育やスポーツへの参加にも影響が出てきます。

　こうした難しさに対して、医療的ケアを受けながら生活している人々がいます。経管栄養として鼻や胃にチューブをつなぎ栄養を取り込むこと、吸気・呼気のサポートのため人工呼吸器を使用すること、空気の通り道を確保し呼吸しやすくするために気管カニューレを取り付けること、気道内のたんや食物などの貯留物を吸引して取り除き呼吸しやすくすること、カテーテルを挿入し排尿を定期的に行うことなどがあります。医療的ケアを必要としているのは、障害が重度・重複している人に多くいますが、肢体不自由の程度は重いが学力的には同年齢と変わらない人、身体機能としては走ったりすることができるような人の中にも、医療的ケアを必要としている人がいます。学校生活の中での医療的ケアについては、本人、保護者、医師・看護師と連携をとりながら体制を整え、安全に実施していくことが求められます。そして、医療的ケアがある人も体育やスポーツ活動に参加し、その楽しさを味わえるように工夫していくことが大切です。

6 肢体不自由のある人が使用する車いすについて

　肢体不自由のある人は、日常生活の不便を改善するために補装具を使用します。ここでは補装具の1つである車いすについて説明していきます。

　下肢に障害があり、歩いたり走ったりすることに難しさがあれば、車いすを使用します。上肢が動かせる場合は、手動車いすを使用します。手動車いすには、日常生活用（写真1）やスポーツ用（写真2）のものがあります。スポーツ用のものはタイヤがハの字型になっており、回旋がしやすくなります。

 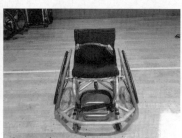

写真1　日常生活用　　　　写真2　スポーツ用

　手動車いすは使用する環境によって操作のしやすさが変わってきます。体育館では床がフラットなので操作しやすいですが、グラウンドの上では操作しにくくなります。また、直進は操作しやすいですが、カーブは操作が難しくなります。

　上肢の動きに制限が多い人はコントローラーで操作する電動車いすを使用します。電動車いすには簡易型（写真3）と大型（写真4）があります。

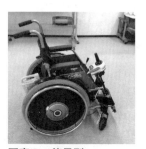 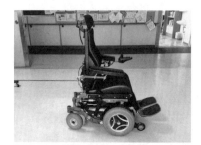

写真3　簡易型　　　　写真4　大型

　車いすを使用する際の注意点としては、タイヤの空気圧を確認することです。空気が抜けていると操作に大きな力が必要になるので、運動前にチェックをしておきましょう。また、転倒防止バー（写真5）がきちんと出ているかを確認することも重要です。後ろにひっくり返って転倒のおそれがあるので注意しましょう。転倒防止バーのない車いすの場合は、ヘルメットをかぶることなどで対応します。

写真5　転倒防止バー

第2章　どんな子どもたち

　これらの注意点は指導者がチェックするとともに、本人自身も自らチェックして安全に運動していける力を付けていくよう指導していきましょう。

　車いす上での姿勢を確認することも重要です。お尻が前にすべってしまい、その結果、背中が丸まってしまうと、上肢を動かすことや周囲を見ることが大変になります。姿勢を安定させるベルトを着けたり、車いすの座面や背もたれなどの形状を工夫していきます。座幅の広さやタイヤの位置などによっても操作のしやすさが変わります。本人・保護者、主治医、作製業者と連携しながら、本人の身体に合う操作しやすい車いすを用意していけるとよいでしょう。

　普段車いすを使用している人でも、体力の向上や二次障害の防止の視点からも、できるだけ自分が動ける範囲でしっかり身体を動かしていくことが重要です。例えば、日常生活は電動車いすで過ごしているが、身体機能として可能ならば、体育の時間は手動車いすで行ったり、立位や歩行の機会を確保していけるようにしていくことも大切です。しかし一方で、車いすの操作や立つ、歩くことに努力を強いられ精一杯となれば、その授業で身に付けさせたいより高次な動きを養うことはできません。授業の中での目的に応じて使い分けていくことが重要になります。

7　肢体不自由のある人の運動が上手にできない要因について

　肢体不自由があることで運動経験が不足しがちになり、上手に運動できないことがあるので、運動の機会を増やしていくことは重要です。しかし、だからといって、たくさん練習させたり、頑張らせることだけでは不十分です。運動が上手にできない要因を捉えて、適切な配慮をしながら指導していくことが大切になります。

　運動場面に影響を与える要因として、まずボディイメージがあります。これは、関節の曲げ伸ばしの感覚や筋肉の伸び縮みの感覚、身体の揺れや回転の感覚、皮膚感覚などを通じて、自分自身の身体が「ここにある」「このように動く」ということを、脳で認知していくことです。肢体不自由があり、運動経験の不足や、全身を使った運動ができなかったり、偏った動きを続けたりすることで、ボディイメージの発達がゆがんできます。指導者が手本の動きを見せても、本人がそのように身体を動かすイメージをもてなければ、上手く運動することができません。また、本人は手本のように上手く身体を動かせていると思っていても、実際には関節が上手く曲げ伸ばしできていないなど、本人の実感と実際の動きにギャップがみられることがあります。よりよいボディイメージを整えるためには、普段しないような姿勢をとったり全身を使った運動をすること、指導者と一緒に動く中で言語情報と合わせて正しい動きを体感させることなどが重要になります。

　また、対象との距離感や奥行き感がつかめなかったり、味方や相手との関係の中でどこに動けばよいのかわからなかったりと、空間の中で上手く運動できないことがあります。これは、ボディイメージが崩れ、空間の中での自分の身体軸が上手く作られていないことも影響しますが、視覚からの情報をうまく取り込めないということも影響しています。斜

視によって遠近感がつかみにくいこと、眼球運動の苦手さからうまくピントを合わせられないなどの入力の難しさに加え、たくさんの視覚刺激の中から必要な情報を選び取れない、情報をもとにどのように動くのか考えることに時間がかかる、見て考えながら動くというような複数のことを同時に行うことが難しいなどの情報処理の難しさがみられることがあります。こうした視覚認知の難しさは、脳性麻痺など、脳の損傷により合併することが多くみられます。配慮として、不必要な視覚情報は隠すこと、見えやすいようにコントラストをはっきりさせること、コーンなどの具体物を動きの目印として用いること、少人数から多人数というように情報量を少しずつ増やしていくこと、ゆっくりとした動きの中で動きのポイントを確認すること、動き方をいくつかのパターンで提示することなどがあります。

　このように、肢体不自由のある人が上手く運動できないことは、筋肉、関節などの固さや経験不足だけでなく様々な要因があり、さらに運動の苦手意識から仲間と一緒に運動することに自信がもてないという心理・社会的な要因も重なり生じてきます。一人ひとりの様子をみて運動が上手にできない要因を丁寧に捉え、適切な配慮をしていくことが大切です。

8　肢体不自由のある人が体育やスポーツを行う上での留意点

　体育やスポーツでは、身体を実際に動かす中で試行錯誤しながら運動の技能を身に付けたり、身に付けた技能を活かして仲間と一緒に勝敗を競い合ったりします。「身体を動かしながら学んでいく」ことになるため、肢体不自由のある人にとっては、体育やスポーツに取り組むことは難しさがあります。また、指導者が肢体不自由のある人に対して、どのように運動させたらよいのかわからないと、運動に参加できず見学となってしまう現状もあります。それでは、本人は運動の楽しさを味わうことができず、進んでスポーツに取り組もうという気持ちは生まれません。

　そこで、肢体不自由のある人でも、運動ができるということを保障していくことが重要です。そのためには、「身に付けさせたい動きを引き出せるように、本人に合った形でルールや用具を工夫すること」が大切です。本人の障害の状態をみながら、どのような工夫をすればよいかを指導者が考え、教材を準備していきます。実際に運動を実施しながらその工夫によって目的の動きを引き出せているかどうかを確認していきます。動きを引き出すことが簡単すぎたり難しすぎたりする場合は工夫の仕方を調整していきます。

　その際、運動を実施していく中で、本人自身が「こういう工夫をすれば私はスポーツができる」ということを知識として得ていけるようになることも重要です。こうした力が身に付くことで、指導者や運動の場が変わったとしても、どう工夫すれば運動に参加していけるかを周囲の人に伝えられ、運動できる環境を自ら整えることができます。

　また、「よりよく運動できるようになるために、自らの課題を捉え、自分の動きを向上させていくこと」も重要です。一般的な動きのフォームを参考にしながら、「こうすれば上手くできそうだ」という、障害の状態に応じた身体の動かし方を見付け、向上させてい

第2章　どんな子どもたち

きます。その際、動きのイメージのしにくさから、どのように動けば上手くできるのか本人が捉えられない場合もありますので、具体的な言葉がけをしたり一緒に動いたりしながらアドバイスをすることが必要です。ここで大切なのは、教員のアドバイスをもとに、本人が考えたり決めたりし、それを試していく中でできるようになることです。指導者が運動をできるようにさせるだけではなく、本人自身でいろいろと考えながら運動技能を向上させていけるように、学ばせ方を工夫していきたいものです。

　こうして身に付けてきた動きを活かし、仲間とともに運動することも欠かせません。自分の動きの出来栄えを仲間から称賛してもらったり、自分ができることを活かして仲間と協力して課題を解決したりする経験は、大きな達成感を得ることができます。この達成感が、さらに上手くなりたい、仲間とともにもっと上手くできるようになりたいという意欲を高め、どうしたら上手くできるかをより深く考えることにつながります。

　しかし、体育・スポーツ場面では、自分や他者の運動を見合う機会が多く、運動が上手い、上手くないということを他者と比較しやすくなります。特に通常学級に在籍する肢体不自由児は、他の人と同じようにできないということが多くなり、他の人に比べてできることが少なく、積極的に仲間とともに運動しようという気持ちがもちにくい場合があります。

　その際に大切なのは、障害や能力の違いを認めつつも、お互いに刺激し合える関係を作ることだと考えます。障害の状態に合ったルールや用具を用いることは、運動する上で必要な配慮ということを本人も仲間も理解することが必要です。その中で、自己の課題をみつけ、どのようにすればよりよく運動できるか考えながら練習することで、仲間と比べると時間はかかるかもしれませんが、障害があっても仲間と同じように頑張ることができます。目に見える進歩は仲間と比べると時間はかかるかもしれませんが、仲間と同じように着実に自分の動きを向上させることができます。指導者はもちろんのこと、本人も仲間もこうした部分を意識できるようになると、お互いの違いを認め合いつつ、お互いに刺激し合い努力を重ねることができると思います。これは、障害や能力にかかわらず、お互いを認め支え合いながら生きていくという共生の態度の育成にも貢献していくはずです。

　このように、障害があってもその子どもの努力や成長の過程を丁寧にみようとすることは、「知識・技能（何を知っているか、できるようになったか）」「思考・判断・表現（知っていることやできることをどのように活用していたか）」「態度（どのように学びに向かっていたか）」の各観点を評価することにもなります。「他の健常の子どもたちと同じようにできているか」という視点では、肢体不自由児はどうしても「できない」と評価されてしまいます。できるようになったことを丁寧に評価し、さらにそれを記録に残して引き継いでいくことは、習得状況を把握し学びが連続して着実に積み重なる上でも大切です。

　高校までは体育の授業がありますが、その後は自ら時間を設けないと、身体を動かす時間は少なくなってしまいます。肢体不自由があっても、卒業後に自分のできる運動やス

37

ポーツを見いだし、身体を動かす機会を自ら設け、生活を豊かにし、心身ともに健康的に過ごしていけるような力を在学中に付けることが重要です。そのためには、その場その場の指導ではなく、①体育の目標および内容の系統性を踏まえた上で、肢体不自由児が小中高の12年間を通じて、どのような運動を行い、その中でどのような力を段階的に高めていくのかといった、指導の基軸となる体育指導計画を立てること、②学びがどこまで身に付いているのか現在の習得状況を把握すること、③体育指導の系統性（指導の基軸となる体育指導計画）と子どもの実態（障害特性、現在の習得状況、残りの在学期間など）をすり合わせ、子ども一人ひとりの指導目標（何ができるようになってほしいか）を押さえること、④様々な技能レベルや身体状況の子どもたちが同じ種目を行う中で、一人ひとりの指導目標をきちんとクリアしていけるような手立てや配慮の検討や、効果的な指導の在り方を考えることの4点が重要になります。

〈参考文献〉
- 筑波大学附属桐が丘特別支援学校『肢体不自由教育の理念と実践』ジアース教育新社、2008
- 筑波大学附属桐が丘特別支援学校『肢体不自由のある子どもの教科指導Ｑ＆Ａ～「見えにくさ・とらえにくさ」をふまえた確かな実践～』ジアース教育新社、2008
- 筑波大学附属桐が丘特別支援学校『「わかる」授業のための手だて～子どもに「できた！」を実感させる指導の実際』ジアース教育新社、2011
- 筑波大学附属桐が丘特別支援学校『特別支援教育に関する教育課程の編成等についての実践研究～学習に遅れがある肢体不自由児に対する各教科の指導内容の精選・重点化、指導の工夫に関する研究～』筑波大学附属桐が丘特別支援学校研究紀要第51巻、2016
- 後藤邦夫『特別支援教育時代の体育・スポーツ』大修館書店、2016
- 白旗和也『学校にはなぜ体育の時間があるのか？～これからの学校体育への一考～』文渓堂、2013
- 日本肢体不自由児協会『肢体不自由教育No.228　～生涯にわたってスポーツを楽しむ～』2016
- 日本肢体不自由児協会『はげみ No.368　～2020東京パラリンピックムーブメント２～』2016
- リチャード・A.シュミット『運動学習とパフォーマンス～理論から実践へ』大修館書店、1994
- 小林芳文『ムーブメント教育の実践～①対象別指導事例集～』学研教育出版、1985
- ベンクト・エングストローム『からだにやさしい車椅子のすすめ～車椅子ハンドブック～』三輪書店、1994
- 山崎泰広『運命じゃない！～シーティングで変わる、障害児の未来。』藤原書店、2008
- 万歳登茂子、脳性マヒの二次障害実態調査実行委員会『成人脳性マヒ　ライフ・ノート』クリエイツかもがわ、2013
- 日本二分脊椎症協会『二分脊椎(症)の手引き～出生から自立まで～』2004
- 公益社団法人全国脊髄損傷者連合会『脊髄損傷患者のための社会参加ブックTogether』
- 田中マキ子、下元佳子『在宅ケアに活かせる褥瘡予防のためのポジショニング～やさしい動きと姿勢のつくり方』中山書店、2009
- 文部科学省初等中等教育局特別支援教育課『特別支援学校における介護職員等によるたんの吸引等（特定の者対象）研修テキスト』2012

第2章　どんな子どもたち

2.3　重症心身障害

　近年、医療技術の進歩により、事故にあったり病気にかかったりしても命を守ることができるようになりました。また、周産期医療の進歩によって出産時の死亡率も低下しました。しかし、命を守ることができ治療を終えても、後遺症が残ることがあります。脳に障害があるために身体を動かすことや、意思を伝えることが難しい子どもたちがいます。どんなに障害が重い子どもたちも、スポーツを楽しみ、より豊かに生きることができるよう支援していくことが大切です。これから重症心身障害とは、どのような障害で、どのような配慮が必要なのかを考えていきましょう。

1　重症心身障害

(1)　重症心身障害児～福祉の視点から

　重度の肢体不自由と重度の知的障害とが重複した状態を重症心身障害といいます。重症心身障害児は福祉分野からの名称です。

　障害児施設など福祉分野では、大島分類（図）が使用されています。大島分類は、身体機能と知能指数IQで評価します。重症心身障害児は区分1～4に相当します。身体機能面では、身体障害が1級もしくは2級（寝たきりもしくは座位がとれる程度）であり、知的発達面では知能指数が35以下の子どもたちです。

					IQ
21	22	23	24	25	80
20	13	14	15	16	70
19	12	7	8	9	50
18	11	6	3	4	35
17	10	5	2	1	20
走れる	歩ける	歩行障害	すわれる	寝たきり	0

身体機能

図　大島分類

　重症心身障害児の多くは、自分で移動することは難しく、車いすを介護者に押してもらって移動します。食事も自分で食べることは難しいので介護者に介助してもらいます。誤嚥（食物が気管に入ってしまうこと）を起こしやすく障害の状態によっては、きざみ食や流動食になることもあります。言語による理解や意思疎通は難しくても、笑顔で応えたり、表情で気持ちを表現したりすることができる子どもも多いです。健康面では、肺炎や気管支炎を起こしやすく、てんかん発作もあることが多く、健康管理に気を付けることが必要です。

(2)　超重症児・準超重症児～医療の視点から

　従来の重症心身障害児の概念と比較して、障害が重く、継続的に濃厚な医療や介護を必要とする子どもたちを超重症児といいます。超重症児は医療分野からの名称です。呼吸管

理、食事機能などからなり、医療と看護の必要度を点数化しています（表１）。10点以上を準超重症児、25点以上を超重症児といいます。人工呼吸器（10点）、気管切開（８点）、１時間に１回以上の頻回の吸引（８点）、経管栄養（５点）、１日６回以上の体位交換（３点）、１日３回以上の定期導尿（５点）などです。例えば、寝返りができず（体位交換：３点）、鼻からの吸引（頻回でない吸引：３点）と経管栄養（５点）が必要な場合は３＋３＋５＝11で準超重症児になります。さらに気管切開（８点）をして人工呼吸器（10点）を使用していれば11＋８＋10＝29で超重症児になります。

　日本小児科学会倫理委員会の調査（平成20(2008)年）によると、20歳未満の超重症児・準超重症児は全国で7,350人、人口１万人あたり３人程度と推測されています。

表１　超重症児（者）・準超重症児（者）の判定基準

１．運動機能：座位まで	
２．判定スコア（スコア）	
⑴　レスピレーター管理（人工呼吸器）⋯⋯⋯⋯⋯⋯⋯⋯⋯⋯	＝ 10 点
⑵　気管内挿管、気管切開⋯⋯⋯⋯⋯⋯⋯⋯⋯⋯⋯⋯⋯⋯⋯	＝ 8 点
⑶　鼻咽頭エアウェイ⋯⋯⋯⋯⋯⋯⋯⋯⋯⋯⋯⋯⋯⋯⋯⋯⋯	＝ 5 点
⑷　O_2吸入又はSpO₂90％以下⋯⋯⋯⋯⋯⋯⋯⋯⋯⋯⋯⋯	＝ 5 点
⑸　１回／時間以上の頻回の吸引⋯⋯⋯⋯⋯⋯⋯⋯⋯⋯⋯⋯	＝ 8 点
６回／日以上の頻回の吸引⋯⋯⋯⋯⋯⋯⋯⋯⋯⋯⋯⋯⋯	＝ 3 点
⑹　ネブライザー６回／日以上または継続使用⋯⋯⋯⋯⋯⋯	＝ 3 点
⑺　IVH⋯⋯⋯⋯⋯⋯⋯⋯⋯⋯⋯⋯⋯⋯⋯⋯⋯⋯⋯⋯⋯⋯⋯	＝ 10 点
⑻　経口摂取（全介助）⋯⋯⋯⋯⋯⋯⋯⋯⋯⋯⋯⋯⋯⋯⋯⋯	＝ 3 点
経管（経鼻・胃ろう含む）⋯⋯⋯⋯⋯⋯⋯⋯⋯⋯⋯⋯⋯	＝ 5 点
⑼　腸ろう・腸管栄養⋯⋯⋯⋯⋯⋯⋯⋯⋯⋯⋯⋯⋯⋯⋯⋯⋯	＝ 8 点
持続注入ポンプ使用（腸ろう・腸管栄養時）⋯⋯⋯⋯⋯	＝ 3 点
⑽　手術・服薬にても改善しない過緊張で、	
発汗による更衣と姿勢修正を３回／日以上⋯⋯⋯⋯⋯⋯	＝ 3 点
⑾　継続する透析（腹膜灌流を含む）⋯⋯⋯⋯⋯⋯⋯⋯⋯⋯	＝ 10 点
⑿　定期導尿（３回／日以上）⋯⋯⋯⋯⋯⋯⋯⋯⋯⋯⋯⋯⋯	＝ 5 点
⒀　人工肛門⋯⋯⋯⋯⋯⋯⋯⋯⋯⋯⋯⋯⋯⋯⋯⋯⋯⋯⋯⋯⋯	＝ 5 点
⒁　体位交換６回／日以上⋯⋯⋯⋯⋯⋯⋯⋯⋯⋯⋯⋯⋯⋯⋯	＝ 3 点

⑶　重度・重複障害児〜教育の視点から

　教育分野では重度・重複障害ということがあります。重度・重複障害児は、重症心身障害児だけではなく、著しく重度の知的障害児や、多動傾向等問題行動が著しく常時介護を必要とする重度の発達障害児も含まれます。特別支援学校では、子どもたちの障害に応じた指導が行われています。障害の状態が重く特に手厚い指導が必要な児童生徒を重度・重複障害児として、重度・重複学級に在籍し手厚い指導が受けられるようにしています。

第2章　どんな子どもたち

　重度・重複障害児は、各教科、道徳、外国語活動、総合的な学習の時間に替えて、障害による学習上または生活上の困難の改善・克服を目的とした指導領域である「自立活動」を主として指導をすることができます。「自立活動」には6つの区分があります（表2）。それぞれを別々に指導するのではなく、一人ひとりの障害の状態に応じて6つの区分の内容を関連付けて指導します。

表2　特別支援学校学習指導要領（自立活動）

> 目標：個々の児童又は生徒が自立を目指し、障害による学習上又は生活上の困難を主体的に改善・克服するために必要な知識、技能、態度及び習慣を養い、もって心身の調和的発達の基盤を培う。
> 内容（6つの区分）：
> ・健康の保持　・心理的な安定　・人間関係の形成　・環境の把握　・身体の動き
> ・コミュニケーション

　「健康の保持」では、体温の調節、覚醒と睡眠など健康状態の維持・改善に必要な生活のリズムを身に付けること、食事や排泄などの生活習慣の形成、衣服の調節、室温の調節や換気、感染予防のための清潔の保持など、健康な生活環境の形成を図ることを指導します。

　「心理的な安定」では、特に重度の重複障害児は「快」、「不快」の表出の状態を読み取りながら指導することが重要です。安定した健康状態を基盤にして「快」の感情を呼び起こし、その状態を継続できるように適切なかかわり方を工夫し、安定した情緒の下で生活できるように指導をします。

　「人間関係の形成」では、人に対する基本的な信頼感をもち、他者からの働きかけを受け止め、それに応ずることができるようにするなどの指導をします。

　「環境の把握」では、視覚、聴覚、触覚だけでなく、姿勢の変化や筋、関節の動きを感じ取ることも含めて感覚を活用することなどを指導します。また、感覚を総合的に活用して周囲の状況を把握することや、認知行動の手掛かりとして形や色、音の変化する様子や空間・時間などについてもわかるように指導します。

　「身体の動き」では、日常生活に必要な動作の基本となる姿勢保持や手足の運動や動作の改善などの指導をします。日常生活に必要な基本動作や移動や作業をするための能力などを指導します。

　「コミュニケーション」では、言葉だけでなく、表情や身振り、コミュニケーション装置などを用いて意思のやり取りが行えるようにするなど指導をします。

　実態を把握し、一人ひとりの障害の状態に応じた自立活動を中心とした指導を行い、自立と社会参加の力を育てる指導をしています。

　肢体不自由特別支援学校は、肢体不自由児を対象としていることから、肢体不自由を伴わない重度の知的障害児は対象ではありません（肢体不自由を伴わない重度の知的障害児は知的障害特別支援学校で教育を受けています）。肢体不自由特別支援学校の自立活動を

41

主とする課程で学ぶ児童生徒の多くは重症心身障害児です。東京都の肢体不自由特別支援学校では、肢体不自由特別支援学校に在籍する児童生徒数（小学部・中学部・高等部（※分教室は除く））の64％が自立活動を主とした課程で学んでいます（表3）。肢体不自由特別支援学校では、重症心身障害児が多いことがわかります。重症心身障害児の体育・スポーツを適切に指導することが求められます。

表3　東京都立肢体不自由特別支援学校（分教室を除く）の教育課程別在籍児童生徒数と割合（平成28年度）

	在籍人数	自立活動を主とする課程	在籍割合
小学部	888人	613人	69.0%
中学部	478人	297人	62.1%
高等部	569人	330人	58.0%
総　数	1,935人	1,240人	64.0%

2　重症心身障害児の主な起因障害

重症心身障害の原因は様々な脳障害です。出生前の原因（先天性風疹症候群・脳奇形・染色体異常など）、出生時・新生児期の原因（分娩異常・低出生体重児など）、新生児期以降（生後4週以降）の原因（事故後遺症や脳炎などの外因性障害・てんかんなどの症候性障害）に分類できます。出生前と出生時・新生児期の多くは、脳性麻痺という障害です。ここでは、主な起因障害と障害特性に応じた配慮事項について説明します。

(1)　脳性麻痺

脳性麻痺は、受胎から新生時期（生後4週）までに生じた非進行性の脳病変に基づく、姿勢と運動の障害です。脳病変が広範囲であれば、てんかん、知的障害、関節拘縮、脊柱側弯症、その他の機能障害を伴います。感覚、知覚、認知、コミュニケーション、行動などの機能障害やけいれん、二次的な骨格筋障害など数多くの重複障害があります。

脳性麻痺の原因の約20％は出生前の脳の奇形、遺伝子異常、子宮内感染です。原因の70％は周産期の早産、出生時仮死、頭蓋内出血、核黄疸です。原因の約10％が出生後の脳炎、髄膜炎、頭蓋内出血です。

発生頻度は、出生1,000人に1.0〜2.0人ほどとされていましたが、近年は、早産児や低出生体重児など、障害が発症するリスクの高い出産が増えていて、増加傾向にあり、出生1,000人に2.5人ほどとされています。また、医療の進歩により出生時体重が1,000ｇ以下の超未熟児の死亡率も低下しており、障害発生率が高く、かつ重症化してきています。

脳性麻痺には、脳の障害部位により運動特性が異なります。痙直型・アテトーゼ型・失調型・強直型などの型があり、複数の型を合わせ有する混合型もあります。

痙直型が最も多く、脳性麻痺の約70％は痙直型です。痙縮（痙直）とは、動き始めは抵抗がありますが、ある時点で急に力が抜ける麻痺です。アテトーゼ型の頻度は約20％で、不随意運動が特徴となる障害です。屈筋と伸筋の収縮が同時に不随意に起こり、ねじれる

ような動きが生じます。知的障害は伴いません。失調型は、筋緊張の低下が特徴的な障害です。脳性麻痺の約10％が失調型といわれています。強直型は、屈筋・伸筋ともに持続的に筋の収縮が続き、筋を動かすときに抵抗が続くことが特徴です。混合型は複数の型の特徴が麻痺に現れます。

　比較的軽度の脳性麻痺児は、歩いたり走ったりすることが可能であり、知的障害も軽いことが多く、重症心身障害児ではありません。重度の脳障害があり、重度の知的障害と肢体不自由がある子どもが重症心身障害児です。

　脳性麻痺は姿勢と運動の障害ですが、脳の障害であるため多くの合併症があります。主な合併症は、てんかん・知的障害・視覚および聴覚などの感覚障害・言語障害・認知障害・摂食障害・膀胱直腸障害などです。脳性麻痺児の75％にてんかんがみられます。てんかん発作の対応など様々な注意や配慮が必要です。また、脳性麻痺は、非進行性の脳病変に基づく障害ですが、成長につれて筋緊張が強まり、変形・拘縮・脱臼などの二次障害が起きてきます。特に大きな問題となるのは、関節障害、頸椎症、脊柱側弯などです。

　指導上配慮することの１つに、てんかん発作があげられます。てんかん発作には様々な種類があります。児童生徒のてんかんについて、どのような状態で起こるのか、どの程度の発作が起きるのか、発作時の対応はどうするのかなど知っておくことが大切です。光で発作を起こすなど特別な配慮が必要なケースもあります。また、痙攣が長時間続いたり繰り返し起きたりする大発作が起きることがあります。そういうときは、学校では、まず保護者と連絡を取ります（保護者と連絡を取れない場合は、主治医と連絡を取ります）。学校看護師などが医師から処方された座薬（ジアゼパムなど）を挿入します。原則として下校は保護者とともに帰宅するようにします。てんかん発作が大きな事故につながるのは、転倒で頭部を打撲したり、水中で発作が起きたり、飲食時に発作が起きたりする場合です。水中や飲食時は誤嚥や誤飲につながり生命にかかわります。

　脳性麻痺の二次障害として、脊柱側弯や股関節脱臼などがあげられます。立つことや座ることも難しい重度肢体不自由児では、股関節の脱臼があることがあります。また、麻痺している腕や足は筋肉がついておらず、骨が細いために骨折しやすいことを注意しなければなりません。少し強く力をかけただけで大腿骨を骨折することもあります。

　重症心身障害児は、自分で水を飲んだり、要求したりすることができないため、水分補給も重要です。炎天下の運動では、体温調節ができないために体調を崩すことがあります。常に指導者が児童生徒の体調を把握しながら指導にあたることが大切です。

⑵　水頭症

　水頭症は髄液の循環障害です。脳室やくも膜下腔に髄液が溜まり過ぎて、脳室が大きくなり、圧が高まり脳や神経に影響がおよび症状が現れます。発生率は1,000人に１人くらいです。先天性の水頭症の原因としては、二分脊椎、中脳水道閉塞（奇形）、胎内感染、脳室内出血などがあげられます。頭囲が大きいことが特徴です（出生前後の頭蓋内出血、髄膜炎、頭部外傷、脳腫瘍などに伴った水頭症の多くは、頭囲は正常です）。過剰髄液を

体内の別の部位に誘導することで脳圧を下げ症状を抑えることができます。最も一般的な治療法が髄液シャント術です。脳の髄液を脳室から腹腔にシャント（V-Pシャント）により流します。腹腔に導かれた髄液は、腹膜で吸収され静脈に戻ります。

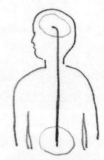

V-Pシャント

　軽度の水頭症は、軽度の知的障害を伴いますが、歩いたり走ったりすることができます。重度の水頭症は、重度の知的障害と肢体不自由を伴う重症心身障害児です。

　脳にシャントが入っていることから、シャントを保護することが必要です。シャントに力を加えたり、いじったりしてはいけません。シャントの露出は感染の危険が高いので、すぐに脳神経外科の受診をします。頭部の打撲や外傷も専門医の受診が必要です。運動制限は基本的にありませんが、頭部に衝撃を与えることは避けます。水頭症の症状（シャントトラブルなど）は体調の変化でわかります。頭痛や嘔吐、けいれん、視力の悪化、知能や運動能力・意欲の低下に気付いたときは、保護者に受診をすすめます。バルブで流用を調整するシャントもあります。磁気を使って調整するバルブを使用している場合は、日常生活では問題ありませんが、実験用の磁石など強い磁気を頭部に近付けてはいけません。水頭症では、頭部の打撲を防ぐことが大切です。座位が不安定な場合は、倒れて頭部を打撲するおそれがあるので、安全ベルトをするなど常に安全な環境を整えておくことが必要です。

(3) 事故などによる障害

　交通事故や転落などにより、頭蓋骨骨折や脳挫傷、脳内出血、急性硬膜外血腫、急性硬膜下血腫などの脳障害になった子どもがいます。命を守ることができても大きな後遺症が残ることは少なくありません。損傷の部位や程度により、身体の麻痺の状態は異なります。痙攣、意識障害などを起こすことも多く、てんかん・知的障害・言語障害・視覚および聴覚などの感覚障害・認知障害・摂食障害など多くの合併症を伴います。また、二次障害として身体の変形・拘縮が進みます。

　脊髄に障害がある場合は、筋肉や肋間筋など呼吸に関与する筋肉が麻痺することがあります。痰を出すことが困難になり肺感染症のリスクが高くなります。吸引・排痰介助や損傷部位に応じた呼吸筋の強化が必要になります。運動麻痺に加え、持続圧迫があると短時間で褥瘡が生じることがあります。頻回な体位変換、皮膚の衛生・保健、耐圧分散マットなどの使用で褥瘡の予防に努めることも大切です。関節拘縮は肩関節、股関節、足関節、手指および足指に生じやすく、他動運動（関節可動域訓練）を行い、安静時の良肢位保持に努めます。

　事故などによる後遺症は、事故以前の脳機能が残存していることもあります。表面上の障害の状態は重くとも、徐々に改善がみられることがあります。他動的な関節可動域訓練やマッサージからはじめ、座位のバランスや代償動作を獲得するための訓練を行います。意識障害により反応のなかった子どもが、意識を取り戻し、知的な障害も徐々に改善され

第2章　どんな子どもたち

る例もみられます。スポーツなどの記憶が残存するケースもみられ、障害の状態に応じた代替の工夫（アダプテッド・スポーツなど）をすることで、活動への意欲を示すことができるようになることもあります。

　病気などによる脳障害の後遺症でも、同様に病気以前の脳機能が残存していることがあります。障害の状態に応じたきめ細かい配慮をしながら、じっくり時間をかけてかかわっていくことが大切です。

　上記の疾患以外に遺伝子異常など多様な疾患があり、日本に数例の報告があるだけの特殊な疾患もあります。個々の障害について保護者や主治医と相談し、障害の重度化多様化に応じた適切な配慮が必要です。

45

2.4 病弱・身体虚弱

1 「病弱・身体虚弱」の子どもとは

(1) 「病弱・身体虚弱」の定義

「病気」とは何でしょう。熱が出たり、おなかが痛くなったりすることは誰もが経験していることでしょうし、そのような状態を「病気」と考えることと思います。広辞苑では「病気」を次のように定義しています。

> 【病気】生物の全身又は一部分に生理状態の異常をきたし、正常の機能が営めず、また諸種の苦痛を訴える現象。やまい。疾病。

では、病弱の子どもとはどんな子どもでしょう。

「病弱」とは、「病気にかかっているために体力が弱っている状態」や「身体が弱く病気にかかりやすい状態」を指す一般的な用語です。「身体虚弱」というのは「病気にかかりやすかったり、病気の回復が遅かったりする状態や、身体の発育や栄養の状態がよくない状態」を指す一般的な用語です。

学校教育法施行令第22条の3で特別支援学校（病弱）の対象としている子どもは、以下のように記載されています。

> 一　慢性の呼吸器疾患、腎臓疾患及び神経疾患、悪性新生物その他の疾患の状態が継続して医療又は生活規制を必要とする程度のもの
> 二　身体虚弱の状態が継続して生活規制を必要とする程度のもの
> 　＊「継続して」：平成15(2003)年以前は就学基準として「6か月以上治療にかかるものが対象」という規制がありましたが、平成14(2002)年4月に就学基準の改正が行われ、現在は6か月以上にならなくても継続して治療が必要であれば病弱特別支援学校の教育対象とされています。
> 　＊「医療」：病院などの医療機関での入院療養中に限定するものではなく、在宅療養や通院治療も含まれます。
> 　＊「生活規制」：健康状態の維持・改善などのため、安静、服薬、食事、運動などの諸活動について一人ひとりの病状や健康状態に応じて守らなければならない様々な事柄を指しています。生活規制には、生活上の制限のみではなく、健康回復のため、積極的に身体活動を行うことなども含まれます。

こうしたことからもわかるように、「病弱・身体虚弱」の子どもは、一時的に熱を出したり、おなかが痛かったりする状態ではなく、ある程度の期間、治療や生活規制を必要と

第2章 どんな子どもたち

する子どものことを指します。入退院を繰り返す子どももいれば、自宅で治療を継続する子どももいます。中には長い入院を余儀なくされる子どももいます。

(2) 継続的な医療や生活規制を必要とする病気

では、継続的な医療や生活規制を必要とする病気にはどんな病気があるでしょう。

長期にわたる治療が必要で医療費負担が高額になる疾病に対する公的支援の制度として「小児慢性特定疾病の医療費助成制度」があります。この事業は14疾患群で一定の対象基準が設けられています。

【小児慢性特定疾病対策の医療費助成制度の対象疾病群】

① 悪性新生物群：白血病、骨髄異形成症候群など

② 慢性腎疾患：ネフローゼ症候群、慢性糸球体腎炎など

③ 慢性呼吸器疾患：気道狭窄、気管支喘息など

④ 慢性心疾患：洞不全症候群、モビッツ2型ブロックなど

⑤ 内分泌疾患：下垂体機能低下症、下垂体性巨人症など

⑥ 膠原病：膠原病疾患、血管炎症症候群など

⑦ 糖尿病：糖尿病

⑧ 先天性代謝異常：アミノ酸代謝異常症、有機酸代謝異常症など

⑨ 血液疾患：巨赤芽球性貧血、赤芽球癆など

⑩ 免疫疾患：複合免疫不全症、免疫調節障害など

⑪ 神経・筋疾患：脊髄髄膜瘤、仙尾部奇形腫など

⑫ 慢性消化器疾患：先天性吸収不全症、微絨毛封入体病など

⑬ 染色体又は遺伝子に変化を伴う症候群：染色体又は遺伝子に変化を伴う症候群

⑭ 皮膚疾患群：眼皮膚白皮症（先天性白皮症）、先天性魚鱗癬など

この事業の給付人数は平成23年度、109,000人で、これは19歳未満の人口の200人に1人という割合になります。また、患者数の多い順は、内分泌疾患32%（34,880人）、慢性心疾患16%（17,440人）、悪性新生物群14%（15,260人）、慢性腎疾患8%（8,720人）、糖尿病7%（7,630人）となっています（平成23年度厚生労働省雇用・児童保健局母子保健課調べ）。

近年、「からだ」の病気の子どもばかりではなく、「こころ」の病気の子どもが増加しています。平成26年度の厚生労働省の患者調査によると「精神及び行動の障害」の0歳〜19歳の患者数は、226,000人で平成23年度の134,000人から大幅に増加しています。「精神及び行動の障害」で多い疾病は「神経症性障害、ストレス関連障害（32,000人）」「気分（感情）障害（16,000人）」「統合失調症（11,000人）」となっています。

こうした「からだ」や「こころ」の病気の子どもは、小・中学校に在籍していることがほとんどで、特別支援学校に籍を移している子どもは少数です。通常の学級に在籍し、病気とともに生活している子どもの「からだ」や「こころ」の状態に寄り添い、充実した学校生活が送れるよう支援していくことが必要です。

2　病気経験者の体験談

　病弱の子どもの経験談を紹介します。血友病の中学生の体験談です。血友病は、血液を固める凝固因子が生まれつき足りないために、出血したときに、血が止まるのに時間がかかる病気です。医療の進歩は目覚ましいものがありますが、現時点では、生涯にわたる治療が必要な病気です。この中学生は血友病のために小学校5年生の夏に入院して病院内にある病弱特別支援学校で勉強していましたが、中学部に入学してから「地元の中学校で勉強したい。そして高校進学を目指したい」という強い思いをもち、退院に向けて真剣に準備を進めていきます。

　「まずは自己注射ができなければいけません。6年生から少しずつ病気のことを勉強しながら練習していましたが、自分で自分に針を刺すわけですから、とても怖かったです。血管がなかなか見つからず、何度も針を刺し直したり、それでも失敗したりしてできないことが多かったです。でも目標を決めて練習を重ねることで、中1年の終わり頃には失敗も少なくなり、成功の回数の方が多くなりました。」

　　　　　　　　　　　　（支援冊子『病気の子どもの支援のために（血友病編）』）

　この中学生が必死で自分の病気について理解し、対処方法を学んでいっていることがわかります。また、学習面でも病弱特別支援学校で努力を重ね、苦手な教科も個別の授業を受けることで克服していきます。そして、

　「自己注射が3カ所できるようになり、中2年になると地元の中学校への転校に向けて、体験学習が始まりました。地元とはいっても中学校は初めての学校なので、最初はとても不安でした。でも3日間、1週間、2週間と時期を置いて日数を少しずつ長くしていきながら体験学習を繰り返すことで、不安と緊張が薄れていきました。現在病院を退院して、地元の中学校で勉強しています。」（同支援冊子）

　退院後は地元の中学校の生活を楽しみ高校に進学したとのことです。この中学生が「将来は大学に進学したいと考えています。自分と同じ病気で悩んでいる人もいると思いますが、注射をすれば普通の人と同じように生活することができます。注射を面倒だと思うこともありますが、悩むより一歩ずつ前へ踏み出して、色々なことにチャレンジしていこうと、僕は思っています。」（同支援冊子）と書いているように、病気を知り早期に治療を開始することで、ほかの子どもたちと同様の活動をすることができ、夢に向かって勉学に励むことができます。

3　病弱教育の意義

　「病気のときは治療が大事、勉強や学校のことなど忘れて治療に専念すべき」「病気の子どもに無理して勉強させなくてよい」「無理して勉強させたら、病気が悪化するかもしれない」と考える保護者や子どもが大勢います。病気の急性期（熱が高かったり、痛みが強い場合）には安静が大事な場合もありますが、前述したような長期にわたる療養が必要な

第2章　どんな子どもたち

場合、日々、成長発達する子どもには病状に応じた発達を保障する教育が必要です。

　文部科学省の平成14年の「就学指導資料」では、「適切な教育を行うことは、病弱児の学習の空白や学習の遅れを補完するだけでなく、病弱児の生活を充実させ、心理的な安定を促すとともに、心身の成長や発達に好ましい影響を与えることである。病弱教育は、病気自体を治すものではないが、情緒の安定や意欲を向上させることにより治療効果が高まったり、健康状態の回復・改善等を促したりすることに有効に働くものとして取り組まれてきている。」と病気の子どもに対する教育の意義を示しています。

　以下に示すのは、平成6年に文部省の「病気療養児の教育に関する調査研究協力者会議」がまとめた「病気療養児の教育について」です。これは、長期の入院時だけではなく、通常の学級に在籍する病気の子どもにも通ずるものです。

○病気療養児の教育の意義

　病気療養児は、長期、短期、頻回の入院等による学習空白によって、学習に遅れが生じたり、回復後においては学業不振となることも多く、病気療養児に対する教育は、このような学習の遅れなどを補完し、学力を補償する上で、もとより重要な意義を有するものであるが、その他に、一般に次のような点についての意義があると考えられていることに留意する必要がある。

(1) 積極性・自主性・社会性の涵養

　病気療養児は、長期にわたる療養経験から、積極性、自主性、社会性が乏しくなりやすい等の傾向も見られる。このような傾向を防ぎ、健全な成長を促す上でも、病気療養児の教育は重要である。

(2) 心理的安定への寄与

　病気療養児は、病気への不安や家族、友人と離れた孤独感などから、心理的に不安定な状態に陥り易く、健康回復への意欲を減退させている場合が多い。病気療養児に対して教育を行うことは、このような児童生徒に生きがいを与え、心理的な安定をもたらし、健康回復への意欲を育てることにつながると考えられる。

(3) 病気に対する自己管理能力

　病気療養児の教育は、病気の状態等に配慮しつつ、病気を改善・克服するための知識、技能、態度及び習慣や意欲を培い、病気に対する自己管理能力を育てていくことに有用なものである。

(4) 治療上の効果等

　医師、看護婦等の医療関係者の中には、経験的に、学校教育を受けている病気療養児の方が、治療上の効果があがり、退院後の適応もよく、また、再発の頻度も少なく、病気療養児の教育が、健康の回復やその後の生活に大きく寄与することを指摘する者も多い。また、教育の実施は、病気療養児の療養生活環境の質（QOL（クオリティ・オブ・ライフ））の向上にも資するものである。

　継続的な治療や、生活規制を必要とする子どもたちに限られた条件や環境の中でも、その子どもの発達に応じた教育を行っていくことは、教師としての大事な使命であることを心に刻みたいと思います。

4 病弱・身体虚弱の子どもの心理（不安やストレス）

　病弱・身体虚弱の子どもは、体調が悪くてつらい思いをするだけでなく、様々な不安を抱えています。以下、3つの側面からみていきます。

⑴ 「病気」に対する不安

○「病気」に対する不安

　まず、自分の「病気」に対する不安が一番大きくのしかかります。「どうしてこんなに身体がだるいのだろう？」「お医者さんは血が止まりにくい病気って言ったけど、血が止まらなかったらどうなっちゃうんだろう？」「治るのかなぁ？」「なんで私だけこんな病気になっちゃったんだろう？」など、医師が病気について丁寧に説明してくれても、次から次へと不安が押し寄せてきます。なかには「自分が悪い子だったから、病気になってしまったのかな？」など自尊感情まで傷つけてしまう子どももいます。

○身体的な変化に関する不安

　治療によって髪の毛が抜けたり、手術の痕が残ったり、顔がむくんだりすることがあります。容姿に対してデリケートな思いをもつ思春期の子どもにとっては、大きな不安です。また、体力の低下や運動機能の変化によって今までできていたことができなくなることがあります。「このまま、何にもできなくなるのではないか」という不安をもつ子どももいます。

○薬や治療に関する不安

　検査や治療のために痛い思いをしたり、見たこともない大きな機械を見たりして、苦痛に感じる子どもがいます。飲んでいる薬で副作用が出たり、トイレに行くたびに蓄尿しなければならないなど、病気の回復のために必要なこととわかっていても受け入れられない気持ちになります。

○入退院に対する不安

　入院は「家族と自分だけが離れて暮らさなければならない」「好きなことができない」「どんな人と同じ部屋で生活するのか」「いつになったら家に帰れるのか」など大きなストレスになります。退院は喜びでいっぱいですが、一方で「家に帰ってお医者さんや看護師さんがいないところでまた具合が悪くなったらどうしよう」などの不安を抱える場合もあります。

⑵ 「学校」に関する不安

　治療や体調不良のために学校を休むことが多くなり、勉強についていけなくなるのではないかということが最大の心配事です。また、運動会や社会科見学など自分が参加できなかった学校行事について、クラスでの話題についていけなかったり、自分がいない間に友達関係が変わったりするのではないかということも大きな不安です。治療の時期によっては、単位の取得や進路選択に影響が出ることもあります。

　しかし、「学校」に対する不安は、学校全体や担任の先生の配慮や支援で多くを軽減できます。「5　学校で行う支援の基本」で学校での対応の基本について詳しく述べますので、参考にして軽減を図ってください。

第2章　どんな子どもたち

(3)　「家族」に関する心配

　子どもが病気になったことで家族の状況も一変します。病気の子どもの通院や入院で家族の負担も大きくなります。特に母親は身体的にも精神的にも大変な思いをしていることが多くなります。ある程度の年齢になると、子どももそうした家族の状況がわかり、「自分のせいで、家族みんなが我慢している」「弟や妹に寂しい思いをさせている」などと考え、かえって「いい子にふるまってしまう」こともあります。さみしさのあまり、わがままにふるまう子どもや親に心配や迷惑をかけないようにと無理に明るくふるまう子どもなど、子どもの気持ちの表し方は様々です。子どもの行動の中にある本当の気持ちに気付くことが重要です。

5　学校で行う支援の基本

　このような「病弱・身体虚弱」の子どもたちに対して、学校はどのように支援したらよいでしょう。病気になったことで、徐々に「4　病弱・身体虚弱の子どもの心理（不安やストレス）」で示したような不安やストレスでいっぱいになってしまった子どもが「自信と自己肯定感」を取り戻すことが「病弱・身体虚弱」教育の最終目標です。では、「自信や自己肯定感」を取り戻すためにどんなことが必要でしょうか。

(1)　病気について理解し、自己管理能力を付ける

　自分の病気について理解し、自己管理能力を付けることが大事です。その子どもの病状や発達段階、年齢によって病気についてどこまで知らせるかは異なります。医者や保護者の意見を踏まえて、学校で取り組むべきことを明らかにして児童生徒の自己管理能力の育成を支援していきます。学校では自己管理のための環境を整える必要がある場合があります。糖尿病の子どもの血糖測定やインスリン注射を行う場所の設定、安静が必要な場合の場所の用意などです。児童生徒が「自分はこういう病気だから、こんな治療、服薬、食事などが必要だ。」と理解し、実践できるよう励まし、支援していきます。

(2)　学力をきちんと付ける

　児童生徒は体調が悪かったり、通院や入院のために学校を欠席したりしたことで、教科の一部の分野が未学習になってしまうことがあります。その部分を学ばなかったことで、新しい分野の学習を難しく感じたり、理解できなくなったりしてしまいます。こうしたことが原因で学校生活に不適応を起こしたり不登校になったりすることもあります。そうならないためにも、教科の系統性を踏まえ、その子どもの学習状況を的確に把握し、個別の指導計画を作成して学力を付け、自信をもって学習していけるように指導を行っていく必要があります。

(3)　友達関係を育てる

　心を安定させたり、悩みを抱え込んだりしないためにはまわりとの人間関係が重要です。子どもたちは、しばらく学校を欠席していたことで友達が離れてしまったりしていないか、不安でいっぱいになります。そうなる前に、子どもの状況に応じて保護者と連携し

51

ながらまわりの子どもの理解を促したり、クラスの中で活躍できる場を設定したりする必要があります。

⑷　その他

　病名や服薬している薬の名前などは個人情報です。クラスの子どもや保護者に病気を説明するかどうかは、病気の子どもの保護者の考えに基づいて行わなければなりません。安易に病名や病状を伝えることがないように十分注意することが必要です。

6　病気の理解とその対応

　通常の学級に在籍する病弱・身体虚弱の子どもの病気で比較的多い病気について説明します。

⑴　アレルギー疾患

　アレルギーとは、本来人間の身体にとって有益な反応である免疫反応が、逆に身体にとって好ましくない反応を引き起こしてしまう疾患です。人間の身体には、ウイルスや細菌など異物が入ってきたときに体内に「抗体」が作られ、異物をやっつけようとする「免疫」という仕組みが備わっています。この「免疫」の仕組みが異物以外の食べ物や花粉などに反応してしまい攻撃を過剰に行ってしまうのが「アレルギー」です。「アレルギー」には食物アレルギー、喘息、花粉によるアレルギー性鼻炎、アトピー性皮膚炎などがあります。平成23（2011）年の厚生労働省「リウマチ・アレルギー対策委員会報告書」では、「わが国全人口の約2人に1人が何らかのアレルギー疾患に罹患しており、急速に増加している」とあります。

　特にアレルギー疾患の中でも気管支喘息や食物アレルギー・アナフィラキシーなどは緊急の対応を要する疾患です。日本学校保健会と文部科学省が「学校のアレルギー疾患に対する取り組みガイドライン」（平成20（2008）年3月）を発行してすべての学校での取り組みを呼びかけています。

【アレルギー疾患に対する取り組みのポイント】
　　○各疾患の特徴をよく知ること
　　○個々の児童生徒の症状などの特徴を理解すること
　　○症状が急速に変化しうることを理解し、日頃から緊急時の対応への準備を行っておくこと

【食物アレルギーへの対応の基本】
　　1．食物アレルギーの児童・生徒をしっかり把握する
　　　　「学校生活管理指導表（アレルギー疾患用）」の活用
　　2．給食での対応を検討する
　　3．ア　食物アレルギーによる症状への対応を決めておく
　　　　イ　アナフィラキシーの緊急対応を決めておく
　　　　ウ　即時型アレルギーに対する薬を学校に携帯してくる際の対応を決めておく

エ　自己注射器の携帯希望への対応を決めておく

【気管支喘息への対応の基本】

　気管支喘息は「発作を起こさないようにする予防」と「発作が起きてしまったときに重症にならないようにする対処や治療」に分けて理解することが重要です。

　1．気管支喘息の児童・生徒をしっかり把握する

　　「学校生活管理指導表（アレルギー疾患用）」の活用

　2．発作を起こさないようにする予防

　　• 環境整備（アレルゲンの回避・除去）・長期管理薬の使用・運動療法

　3．発作が起きたときに重症にならないようにする対処や治療

　　• 安静・理学療法（腹式呼吸、排痰）・急性発作治療薬の吸入、内服

　　• 重篤な場合は救急搬送、一次救命措置

⑵　糖尿病

　糖尿病とは、血糖をコントロールしているインスリンが何らかの原因により、分泌されなかったり、量が少なかったり、働きが悪かったりすることにより起こる病気です。このことにより、ブドウ糖がうまくエネルギーとして使われず、身体はエネルギー不足になります。その一方、細胞内にうまく取り込まれず、血中にだぶついてしまったブドウ糖が、様々な組織にくっついてその組織を傷つけてしまい、様々な合併症（神経障害、網膜症、腎症など）を引き起こしてしまいます。糖尿病は一度罹ったら一生上手に付き合わなければならない疾患です。1型糖尿病と2型糖尿病があり、治療もそれぞれ違います。

【治療法】

インスリン療法：健康な人と同じインスリン分泌にするために、病気の状態に応じて血糖値を測定し、血糖値に応じてインスリンを自己注射します。

食事療法：血糖値のコントロールのための療法ですが、成長期の児童生徒にとっては成長発達に必要な栄養素を過不足なく摂取することが重要です。

運動療法：糖尿病の児童生徒にとっては、重要な治療法です。常に身体を動かすことにより、インスリンが効きやすい身体になります。ちょっと心拍数が上がり、少し汗ばむくらいの運動を週2〜3回行うとよいとされています。

【特別な対応が必要なとき】

低血糖：インスリンや糖尿病の薬を使っている場合、血糖値が下がりすぎてしまうことがあります。誘因は、通常より多い運動、食事量の不足、食事時間の遅れ、インスリンの過剰注射です。運動後は、夜間や翌朝などに低血糖が起こることがあるので注意が必要です。低血糖が起きたときにはその血糖値によって対応が異なります。血糖値が40mg／dL以下の場合は意識障害やけいれんを起こすことがあり、救急搬送など緊急対応が必要です。

⑶　こころの病気

　「こころの病気」は1つの病気を指す呼称ではなく、精神症状を伴う様々な病気を総称し

た言葉です。うつ病、強迫性障害、統合失調症など「こころの病気」に含まれる疾患は多岐にわたります。近年大人だけではなく、子どもも「こころの病気」が増加傾向にあります。「こころの病気」は精神疾患という言葉からもわかるように病気です。「脳の病気」ですので、早期に発見し、「脳の機能」が改善されれば、症状が改善される可能性も高くなります。

【「こころの病気」の症状】

　子どもの「こころの病気」の症状は同じうつ病でも現れ方が大人とは異なります。大人のうつ病は抑うつや意欲・興味の低下が主な症状ですが、子どもの場合はイライラや自己否定などの感情の不調、腹痛や頭痛などの身体症状、暴力や自暴自棄などの行動として現れることがあります。

【「こころの病気」の診断】

　「こころの病気」は「からだの病気」と違い血液検査や画像診断など目に見えるもので診断できるわけではありません。「操作性診断」といって、患者の共通の訴えを言語化して診断基準を作成し、この基準を満たす場合に「○○症」「○○病」と診断します。診断基準にはWHOによる国際疾病分類のICD－10やアメリカ精神医学会による診断基準DSM－5などがあります。

【「こころの病気」への対応】

１．カウンセリングマインド

　「こころの病気」の子どもは自分でもどうしていいかわからないイライラ感や焦燥感にかられています。そうした子どもには受容・共感・支持、保証・認める、ほめるなど子どもの心に寄り添った対応が必要です。

２．安全感と安心感の形成

　「こころの病気」の子どもは教員やクラスの仲間からの反応に非常に敏感です。不安から被害妄想になってパニックを引き起こすこともあります。そうした場合は一人で静かに過ごせる場所や安全と感じられる場所を用意したり、心のよりどころとなる人を配置したりすることが重要です。

7　病弱教育対象者の病状の傾向

　病弱・身体虚弱教育の対象者は医療の進歩とともに変化しています。最近の病弱教育対象者の病状の傾向について述べます。

⑴　白血病や悪性リンパ腫、脳腫瘍などの小児がん

　近年になって化学療法などの医療技術が著しく進歩し、入院期間が短期化しています。また治癒率も向上し、今では７割が治癒するようになりました。入退院を繰り返して治癒していきますので、地元の学校での適切な対応が必要です。

⑵　腎炎、ネフローゼ症候群などの腎臓疾患

　近年、学校の健康診断で尿検査が実施されるようになり、早期発見・早期治療が実現しています。腎臓疾患の治療では、塩分やたんぱく質の摂取制限、運動制限などの生活規制

第 2 章　どんな子どもたち

が病状の改善に重要な意味をもっていますが、食事や運動の制限に伴い、欲求不満や、情緒の不安定をもたらすことが多くあり、適切な対応が求められます。

⑶　筋ジストロフィー

　筋ジストロフィーは筋肉細胞が壊れていく病気で、細胞の数が減って全身の筋肉が萎縮し、筋力が低下する病気です。四肢だけではなく、全身の筋肉に影響が及ぶためいろいろな内臓疾患を伴います。徐々に運動機能が低下していくため今までできていたことができなくなり、自己肯定感が低下していくことがあります。特別支援学校に転校したり、専門の医療機関に入院したりすることが多かったのですが、最近は、通常の学級に在籍し、支援や配慮を受けながら学校生活を送る児童生徒も増えています。

⑷　気管支喘息

　患者数は増加傾向にありますが、治療法などの医療技術の進歩により入院する子どもは減ってきました。病状が悪化したときのみ短期間入院し、病状が改善すれば家庭に戻るというケースが増えています。

⑸　心身症、神経症などの行動障害

　心身症とは、身体に疾患として症状が現れるものの、疾患の原因に心理社会的要因が関与していて、身体疾患としての治療のみでは改善できないものを指します。気管支喘息や、起立性調節障害などの診断がつくことがありますが、その症状への治療だけでは改善せず、児童生徒の「こころ」の治療をすることで改善される場合があります。近年、増加傾向にあります。身体の不調の原因だけでなく、本人の訴えに耳を傾け、取り巻く環境や人間関係、親子関係などの改善をしていくことが必要です。

8　おわりに

　病弱・身体虚弱の子どもたちの教育で何より大切なことは、連携です。病気についての正確な知識を得るためにも、病気の情報の取扱いを的確に行うためにも、医療関係者・保護者・福祉関係者など子どもを取り巻く関係機関と十分に連携して進めなければなりません。また、学校内でも管理職・学級担任をはじめ、養護教諭・特別支援教育コーディネーターなどが中心となり、全教職員で共通理解を図っていく必要があります。子どもを取り巻くすべての人の連携で病弱・身体虚弱の子どもたちの健やかな成長発達が実現します。

〈引用・参考文献〉
- 文部科学省「病気療養児の教育について（通知）」1994年12月21日
- 文部科学省「就学指導資料」2002
- 文部科学省初等中等教育局特別支援教育課『教育支援資料』2013年10月
- 厚生労働省『平成26年度患者調査』2014年10月
- 総務省『人口推計』2014年10月
- 厚生労働省『小児慢性特定疾患児等疾患対策の基本資料』
- 全国特別支援学校病弱教育校長会編著『病気の子どものガイドブック』ジアース教育新社、2012
- 全国特別支援学校病弱教育校長会編　支援冊子『病気の子供の理解のために』
- 大塚玲『教員を目指すための特別支援教育入門』萌文書林、2015

2.5 聴覚障害

1　障害特性

(1)　聴覚障害とは
　何らかの原因のため音や話し言葉が聞こえない、もしくは聞こえにくい障害を「聴覚障害」といいます。「聴覚障害」のことを「聾（ろう）」とか「難聴」ということもあります。
　聴覚障害は聴き取りが困難であるだけではなく、得られる情報が制限されたり、言語獲得に支障があったり、コミュニケーションがうまくいかないなど、二次的な障害ももち合わせています。一見外からはわかりにくい障害ですが、生活環境や学習環境を含むあらゆる場面において、適切な配慮が必要になります。

(2)　耳の構造と障害の種類
　耳は外耳、中耳、内耳の3つの部分からなります（図1）。

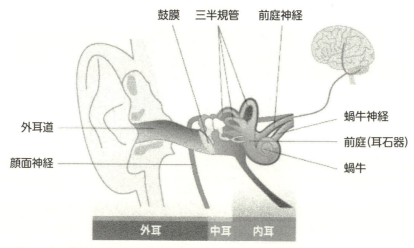

図1　耳の構造

　音や音声は空気の振動となって外耳から入り、鼓膜にあたります。鼓膜が振動すると鼓膜にくっついている耳小骨が一緒に振動し、さらにその奥の内耳に伝わっていきます。内耳の中には蝸牛といわれる部分があり、ここには神経細胞が並んでいます。この神経細胞は振動を電気信号に変換し、大脳に伝えます。音の振動が信号となり大脳に届くことにより、私たちは音を認識することができます。
　「聴覚障害」は耳の構造のどこの部位に問題があるかによって「伝音性難聴」「感音性難聴」「混合性難聴」に分けられます。
　「伝音性難聴」は音を伝える外耳や中耳の働きに問題が生じる難聴です。原因は奇形や

中耳炎による影響などがあります。手術によって治せることもあり、補聴器の利用で聞こえの改善が望めます。

「感音性難聴」は音を感じる内耳や神経の働きに問題が生じる難聴です。原因は遺伝性のものや母親が妊娠中にかかった風疹などの影響、新生児期の高熱などが考えられます。音が小さく聞こえるだけでなく、音の大きさや高さの弁別が難しく、一部が聞こえなかったり、ゆがんだり、ひずんだりします。このため補聴器を利用してもはっきり聞き取れるようにはならず、また手術で治すことはできません。

「混合性難聴」は「伝音性難聴」と「感音性難聴」の両方の聞こえにくさがある難聴です。

近年、人工内耳の装用が増加しています。手術後の経過がよければ電話での会話ができるほど聴力が改善される一方で、個人差があり、うまく効果が表れないこともあります。

図2　話し言葉の聞こえ方

(3) **聴覚障害児の聞こえ**

障害の種類にかかわらず、「全く聞こえない」という聴覚障害児はいません。どの子どもにも程度の差はあるにしても「聴力」が残っています。一人ひとりの聞こえの状態を知るためには聴力検査をし、「どの程度聞こえているのか」「どんなふうに聞こえているのか」を知る必要があります。

○聴力検査

年齢や場所、目的によって使われる検査はいろいろありますが、教育現場では、主に補聴器の調整や聞こえの状態の把握をして日々の保育や学習指導に生かすことを目的に検査を行います。定期的な検査に加え、必要に応じて検査をします。乳幼児は聞こえたことを検査者に示すことが困難なため、特別な検査

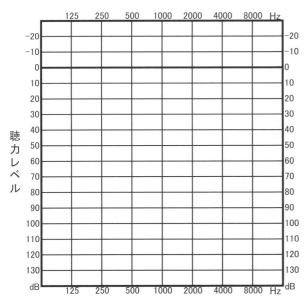

図3　オージオグラム

方法が工夫されています。

　一般的な聴力検査はオージオメーターという装置を使って125Hzから8000Hzまでの各周波数での最小可聴閾値を測定します。測定値はオージオグラムといわれる用紙に記入します。

　オージオグラムの横軸は周波数です。周波数とは音の高低を表しています。数字が小さいほど低い音、大きいほど高い音です。単位はHz（ヘルツ）です。

　縦軸は聴力レベルといわれる音の大きさのことで、数字が大きくなるほど音が大きくなります。単位はdB（デシベル）です。0dBは音がないということではなく、健聴者が聞こえる最も小さい音の大きさのことです。普通の会話の大きさは50〜70dBくらいだと言われています。

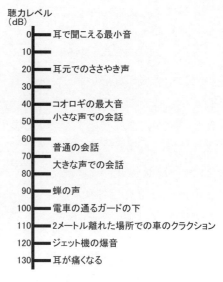

図4　いろいろな音の大きさ

○聴力レベル

　聞こえの障害のレベルを聴力レベルといいます。聴力レベルによって、重度難聴、高度難聴、中等度難聴、軽度難聴に分けられますがそれぞれの定義に統一された基準はありません。聴力レベルが高くても、状況によっては聞こえにくかったり、聞き間違いをしたりすることがあります。また同じような聴力レベルであっても、聞こえ方の個人差があります。

⑷　**聴覚障害児の保育、教育**

　新生児スクリーニングによって生後まもない段階で聴覚障害が発見されることが多くなりました。家族が子どもの障害を受け入れ、愛情をもって育てていけるように早い段階でのサポートが重要です。現在はインターネットから情報を収集することができますが、たくさんの情報の中から最適な選択ができるように、サポート体制の整っている病院や施設、特別支援学校（聾学校）に行き、専門家と相談したり、同じ障害をもつ子どもの保護者と話をしたり、大きくなった聴覚障害児の様子を実際に知ることが大切です。家庭環境や障害の程度、コミュニケーション手段、将来の進路など様々な条件を考慮しつつ、保育、教育の場を選択することになります。

⑸　**コミュニケーション手段と指導法**

　聴覚障害児教育の現場ではコミュニケーション手段および指導法は統一されていません。聴覚障害児の90％が聞こえる親から生まれるため、聴覚を活用し音声言語でのやり取りができるようになることが目標となっていた時代もありました。現在は指文字や手話が多くの現場で取り入れられ、コミュニケーション力の獲得や日本語の習得、基礎学力の定着のため、個々に応じた指導を行っています。

2 聴覚に障害をもつ子どもたちの体力特性

⑴ はじめに

　文部科学省で取りまとめている新体力テストの結果と聾学校（聴覚に障害をもつ子どもたちが通う特別支援学校）の子どもたちの新体力テストの結果を比較することで、聴覚に障害をもつ子どもの体力特性の傾向をつかむことができます。

　文部科学省のホームページで閲覧できる新体力テストの結果は無作為に抽出された学校（普通学級）をまとめたものです。聾学校の子どもたちと比較する際は、聴覚に障害をもつ子どもたちの結果をまとめる必要がありますが、聾学校に通う子どもたちの人数は年々減少傾向にあり、正確な統計の把握が難しくなってきています。筆者の勤務するＴ聾学校は全国から子どもたちが集まるため、聾学校の中でも児童数・生徒数は多い方だといえます。そこで１つの例として、ここでは下の表でＴ校の統計資料（平成22(2010)年）と文部科学省の統計資料（平成22(2010)年）を比較し、聴覚に障害をもつ子どもたちの体力特性の傾向をつかんでもらいたいと思います。

表　2010新体力テスト人数（Ｔ校：全国）

	標本数（人）			
	Ｔ校男	全国男	Ｔ校女	全国女
6歳	6	1,030	6	1,034
7歳	6	1,047	5	1,044
8歳	5	1,077	6	1,074
9歳	4	1,075	8	1,063
10歳	4	1,080	9	1,046
11歳	6	1,069	5	1,043
12歳	8	1,311	6	1,287
13歳	9	1,302	5	1,310
14歳	7	1,293	10	1,294
15歳	11	1,159	15	1,128
16歳	11	1,178	13	1,171
17歳	11	1,152	14	1,136
18歳	3	578	5	541
19歳	4	560	2	499

⑵ 形態（身長・体重）について

　身長、体重などの形態に関しては、全体的にみて健聴児とＴ校の生徒の間で大きな差はみられないことがわかります（図５）。

　最近は、食事内容の欧米化により全国的に身長が高くなる傾向がありますが、聾学校の生徒も同じような傾向にあることがわかります。このように、健聴児と聴障児の食事内容に差はないことから、形態の差がないことが推察されます。

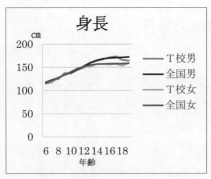
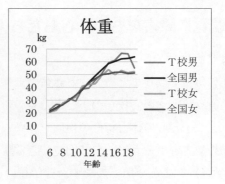

図5　身長・体重の比較（T校：全国）

(3) 体力・運動能力について

　まず新体力テストの合計得点の比較をしました（図6）。T校男子は6歳～19歳のすべての年齢で全国平均よりも低い値でした。一方、T校女子（下線）は7歳、8歳、9歳、15歳、17歳で全国平均と同じか上回る結果となりました。女子よりも男子の方に得点が低い学年が多いのは、女子と男子の遊びの内容の違いにより、外遊びが多い男子で差が大きくなるのではないかと思われます。

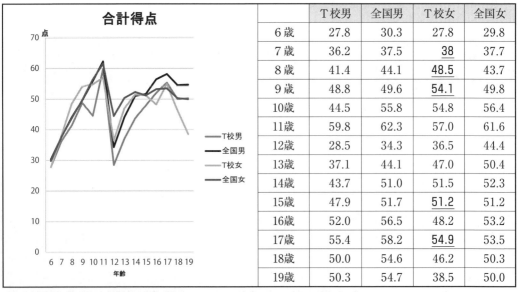

	T校男	全国男	T校女	全国女
6歳	27.8	30.3	27.8	29.8
7歳	36.2	37.5	38	37.7
8歳	41.4	44.1	48.5	43.7
9歳	48.8	49.6	54.1	49.8
10歳	44.5	55.8	54.8	56.4
11歳	59.8	62.3	57.0	61.6
12歳	28.5	34.3	36.5	44.4
13歳	37.1	44.1	47.0	50.4
14歳	43.7	51.0	51.5	52.3
15歳	47.9	51.7	51.2	51.2
16歳	52.0	56.5	48.2	53.2
17歳	55.4	58.2	54.9	53.5
18歳	50.0	54.6	46.2	50.3
19歳	50.3	54.7	38.5	50.0

図6　新体力テストの合計得点の比較（T校：全国）

　体力・運動能力の得点の差は、運動実施頻度との関係が考えられます。文部科学省の報告では、運動実施日が週3日以上の者は週3日以下の者に比べ、明らかに得点が高い傾向が認められています。
　では、聴覚に障害をもつ子どもたちの日々の運動実施頻度についてはどうでしょうか。
① 聾学校の幼児、児童生徒は言葉の指導や教科指導に多くの時間を必要とするため、学習時間が長くなり、外遊びの時間が短くなる。

② 県内に1校～数校しかない聾学校へ通学するため、通学時間が長くなり、放課後に外遊びをしたり地域のスポーツ教室に通う機会も少なくなる。
③ 自宅付近で子どもたちだけで遊ばせることに対する事故などの心配から、外遊びや運動をする機会が少ない。

などがあげられます。さらに体育の授業中では、

① 運動場面や体育の授業の中で、説明や指示をする時間がどうしても長くなり、運動時間の確保が難しい。
② 体力・運動能力に個人差が大きいため一斉指導が難しく、個別指導が増えるため全体的な運動量が少なくなる。

ことがあげられ、聴覚に障害のある子どもたちは、健聴児に比べ運動実施頻度が少なくなったり、運動実施時間が短くなったりすることが考えられます。

次に新体力テストの項目ごとの傾向をみていきたいと思います（図7）。健聴児に比べ、敏捷性を評価する反復横跳び、全身持久力を評価する持久走（男1500m・女1000m）、投球能力による巧緻性や瞬発力を評価するボール投げについては、T校の男女ともに全国平均に近いか、超えている年齢が多くあることがわかります。

一方、スピードを評価する50m走、筋力・筋持久力を評価する上体起こし、柔軟性を評価する長座体前屈では、男女ともに全国平均に比べて低い値を示しました。また、立ち幅跳びは男子の全学年と女子の高学年で低い値を示しました。日頃の授業でも全体的に関節の硬い子が多いという印象があります。

以上のことより、聴覚に障害をもつ子どもたちへ体育指導を行う場合、運動頻度や運動時間を確保しつつ、筋肉、筋持久力、柔軟性を改善し、全体的な体力の向上を図る必要性があることがわかります。また、複数の動きをまとめて行う巧緻性の向上も考慮しなければなりません。

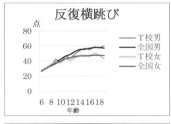
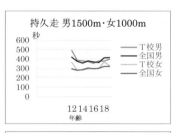
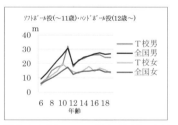
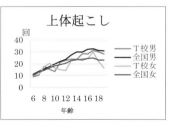
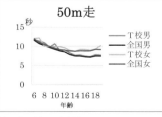
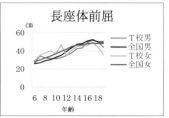

図7　新体力テストの項目ごとの傾向（T校：全国）

⑷　聾学校の体育の授業を工夫することで、体力・運動能力の向上を図る

　聾学校の児童生徒に対しては、小学校の高学年頃から中学、高校にかけて、部活動や地域のスポーツ教室などへ継続的に参加することが、体力・運動能力の向上に結び付くのではないかと考えます。最近、聴覚に障害をもちながら、プロ野球で活躍する選手やラグビーの強豪大学で活躍する選手、陸上競技でインターハイに出場する選手などの情報が増えたことを大変嬉しく思います。高い専門的な知識をもつ指導者と巡り合えたこともあるかとは思いますが、選手個々の努力に敬意を表したいと思います。

　しかしこのような有名選手たちの出身校をみると、聾学校でないことも多く、また、聾学校に在籍していても、部活がないので地域のスポーツクラブに幼少期から加入していたり、部活があっても部員が少なく近隣の高校と合同練習を頻繁に行う環境（逆に聾学校に指導者がいて近隣の高校生が集まってくる）にあることが多いようです。

　一般の学校で、健聴者と同じ環境の中で活動してきたこのような選手たちの活躍を考えると、聾学校の中でも、運動内容、方法を工夫することで、聴覚に障害をもつ子どもたちの体力・運動能力の向上は可能ではないかと考えます。

〈引用・参考文献〉
- 我妻敏博『難聴児の言葉の学習・子育て・難聴理解』田研出版、2013
- 木島照夫、菅原仙子、岡野敦子『難聴児はどんなことで困るのか？』難聴児支援教材研究会、2013
- 関東地区聾教育研究会『ろう教育はじめの一歩─その理論と実践─』聾教育研究会、2000
- 『きこえない・きこえにくい子どもの豊かな学校生活』聴覚障害児とともに歩む会、2003
- 一般社団法人日本耳鼻咽喉科学会
- 岡本三郎『聴覚障害児童生徒の体力特性（修士論文）』1994
- 文部科学省『平成22年度 体力・運動能力調査』2011
- 文部科学省『子どもの体力向上のための取組ハンドブック』2012
- 渡邊明志、岡本三郎、荒川郁朗、苦瓜道代『12歳〜17歳における聴覚障害児の発育と体力・運動能力』筑波大学附属聴覚特別支援学校紀要（第34巻）、2012
- 岡本三郎、荒川郁朗、渡邊明志、伊藤僚幸『体育科教育の国際交流活動（聴覚障害3）』聾教育研究会、2012

2.6 視覚障害

1　はじめに

　視覚に障害がある子ども特有の性格や考え方や感じ方があるわけではありません。友達とすぐに仲良くなれる子、一人でいるのが好きな子、何でも自分でやろうとチャレンジする子、心配性の子、楽天的な子などそれぞれ違います。廊下を歩いてくる教員の足音で誰だかわかる子どもも中にはいますが、視覚障害のある子どもが全員、音に敏感というわけでもありません。空気の流れを肌で感じて壁との距離や空間認知できる子どももいれば、方向音痴で体育館の出入り口がわからずにぐるぐる廻ってしまう子どももいます。家庭環境や教育環境によって培われてきた一人ひとりの個性や能力の理解とその子どもに応じた指導方法の選択は視覚の障害の有無にかかわらず大切ですが、視覚に障害のある子どもに対してはより細やかな配慮やサポートが必要となります。

　視覚に障害のある子どもがどのような見え方でどのようなサポートが必要なのか指導者だけではなく一緒に学ぶまわりの子どもたちも理解する必要があります。そのためにはまず本人が自分の障害や見え方、気を付ける点についてしっかりと理解していなければなりません。そして、周囲の人に自己アピールや援助依頼ができるような指導が必要になります。「できること」なのに視覚障害を言い訳にしてやらなかったり、失敗を恐れて「できない」と最初からあきらめてしまうことがないように留意して指導します。スモールステップで成功体験を積み重ね自己肯定感を培います。また、周囲の人が「思いやり」や「合理的配慮」のつもりでその人の活動の機会を奪ってしまうこともあります。一例を紹介しますが普通高校に進学した全盲の生徒が宿泊学習のときに「危ない、無理だろう」と学校側の判断により登山をさせてもらえませんでした。生徒自身も学校が「無理」と判断しているのだから「みんなと一緒に登山をしたい！」という自分の思いを強く主張できなかったと言っていました。普通校に通学している場合、体育の場面においてもよくみられる光景かもしれません。

　さて、日常生活の中で私たちが視覚から得ている情報にはどのようなものがあるでしょうか？　光、色、形、位置関係の把握など行動する上で非常に重要な情報ばかりです。運動やスポーツをする場合は時間も加わります。小学生のときに誰もが一度は経験し熱中したことのあるドッヂボールの場合を考えてみましょう。ボールを投げた相手がどのくらい離れた場所、どの角度から、どのくらいのスピードで投げて、自分の身体のどの位置に届くのかを視覚から瞬時に情報を得てボールをかわしたりキャッチしたりします。視覚に障害がある場合にドッヂボールをしようとすると様々な情報が欠如してしまい困難である

上、危険です。私たちが何気なく得ている情報の80％が視覚による情報だと言われています。学校生活で楽しいはずの体育の時間や昼休みの遊びの時間が視覚に障害がある子どもにとって苦痛の時間にならないようにするためにはどうしたらよいでしょう？　まずは見え方と眼疾患の理解が大切です。その上でどのような配慮が必要か考えてみたいと思います。

2　見え方の理解

テレビドラマで登場する視覚障害者は全く見えない人物像として描かれることがほとんどですが、実際には「視覚に障害のある子ども」といっても全員が「全く見えない」わけではありません。「見えにくい子ども」の方がたくさんいます。視力だけではなく視野が狭いなど、一人ひとり見え方が違うため留意点も異なります。対象とする子どもがどのような見え方なのかをしっかりと理解することが大切です。

視覚に障害があっても特別支援学校に通う基準に満たない場合は通常校に設けられている特別支援学級や通常学級に在籍し通級指導を受けたりします。インクルーシブ教育の推進に伴い、基準を満たしている子どもであっても通常校に在籍するケースが増えています。

> ○視覚に障害のある児童生徒が特別支援学校に通う基準
>
> 　両眼の視力がおおむね0.3未満のもの又は視力以外の視機能障害が高度のもののうち、拡大鏡等の使用によっても通常の文字、図形等の視覚による認識が不可能又は著しく困難な程度のもの
> 　　　　　　　　　＊学校教育法施行令第22条の3（特別支援学校の対象とする障害の程度）

視覚障害は見える程度によって「盲」と「弱視（ロービジョン）」に分けられます。学習上、点字を使用している場合でも視力がある場合があります。学校などで行われている一般的なランドルト環の視力検査（アルファベットのCのような形の指標の開いている方向を答える）では5ｍ離れた位置から一番上の指標がわかると視力が0.1となります。わからないときは距離を変えて測ります。4ｍでわかれば0.08、3ｍでわかれば0.06、1ｍでわかれば0.02、50㎝でわかれば0.01となります。0.01よりも低い視力の表し方には次の4つがあります。

○「盲」

　①指数弁（しすうべん）：眼の前に出した指の数がわかります。（50㎝で0.01と同じ）

　②手動弁（しゅどうべん）：眼の前で手のひらを動かしてその動きがわかります。

　③光覚弁（こうかくべん）：ペンライトなどの光を感じることができます。

　④全　盲（ぜんもう）：まったく光を感じることができません。

○「弱視」

眼鏡やコンタクトレンズをかけて矯正された両眼の視力の和が0.3未満の場合を弱視といいます。ルーペや拡大読書器、タブレットなどの視覚補助具を用いて視覚による学習や日常生活の行動ができる状態です。視力が低いだけではなく次のような見えにくさが複数あったりします。

① 視野障害

視野狭窄：中心部分しか見えません。トイレットペーパーの芯の穴からのぞいているような感じです。足下が見えにくく、小さな段差につまずいたりします。転がってきたボールが足下までくると見失ったりします。中心部の視力は1.0を保有している人もいるので遠くのものが見えるため視覚障害をなかなか理解してもらえないことがあります。

視野欠損：視野の一部が欠けていて見えません。視野の下半分しか見えなかったり、斑だったりします。

中心暗点：視野の真ん中がぼんやりとしか見えません。ボールを見ようとすると逆に見えなくなります。

② 光覚障害

夜　　盲：明るさが不足すると全く見えなくなります。明るい場所から暗い場所に入ったときや、夜間の歩行はできなくなったりします。

羞　　明：強い光に敏感でまぶしく感じて見えなくなります。

③ 色覚障害

一定の色や物の境界線がわかりづらいことがあります。全く色を判別できない人もいます。

④ 視界不明瞭・不安定

混　　濁：視界が混濁して霧がかかったような状態。曇りガラスをとおして見ているような感じです。

眼球震盪：眼球が常に揺れているような状態が続き視界が安定しません。見ている紙を常に左右に揺らしているような感じです。

3　眼の疾患の理解

　安全に楽しく体育やスポーツをさせるためにはその子どもがどのような眼疾患なのか？　眼疾患の原因となる疾患は何なのか？　ということを理解しておくことが非常に大切です。眼の疾患や原因によって運動する上での注意点が異なるからです。また、現在の見え方が先天的なのか後天的なものなのかということも様々な運動経験があるかないかという点において影響があります。先天的に視覚に障害がある場合は自発的に走・跳・投の基本運動を全力で行う機会が制限されてしまい、模倣遊びの経験量も少ないと思われます。誰もが小さいときにする身体を使った遊び、小川を跳び越えたり、木の上によじ登り飛び降りたり、塀の上を歩いたりといった体験やその機会が少ないケースが多いです。そのため運動機能の発達が晴眼（視覚に障害のない人）の幼児より遅れてしまいます。また中途障害の場合は子ども自身が視覚障害の受容ができていない場合があり、一人で走ったりすることに恐怖感を抱いている場合もあります。運動機能の発達を促すためにはまわりにいる大人が過保護にならず適切なサポートをして運動の機会を準備し、意図的に与える必要

があります。

1985年度から2015年度まで筑波大学附属視覚特別支援学校に在籍していた幼稚部から高等部専攻科までの児童生徒の眼疾患の主なものを学校要覧から抜粋し、10年毎に下の表にまとめてみました。在籍数は1985年度249名、1995年度224名、2005年度179名、2015年度186名です。1994年度から定員数が減員したため在籍数は減っており、最近は190名前後で推移しています。

表　児童生徒の眼疾患

診断名＼年度	1985年	1995年	2005年	2015年
①先天緑内障・牛眼	27	20	16	11
②白子眼	10	7	1	1
③強度近視	8	4	4	1
④小眼球	13	13	5	9
⑤ピータース奇形	＊	＊	＊	7
⑥ぶどう膜炎	4	1	4	4
⑦先天無虹彩	3	0	7	5
⑧先天白内障（無水晶体）	26	27	7	11
⑨網膜色素変性症	19	17	13	21
⑩レーベル先天黒内障	＊	＊	16	9
⑪未熟児網膜症	32	25	21	19
⑫第１次硝子体過形成遺残	3	11	12	6
⑬網膜黄斑変性症	10	2	5	8
⑭網膜芽細胞腫	18	22	14	18
⑮レーベル遺伝性視神経症	＊	＊	4	2
⑯その他の視神経萎縮	23	15	14	14

＊は記載がないため不明

それぞれの眼疾患の症状と視覚障害の進行を防ぎ、保有している視覚を最大限に活用するために指導上の配慮すべき点をあげてみます。

①　先天緑内障・牛眼（ぎゅうがん）

眼科に行ったとき、診察前にいくつか検査を行いますがその中に眼に空気をあてる眼圧検査があります。ボールで例えるとボールが眼球、ボールの中の空気が房水です。房水は眼の中で血液の代わりとなって栄養を運んでいます。何らかの原因で房水の産出と排出の調整がうまくなされず眼圧が高くなってしまう病気です。眼圧が高いままだとその圧力によって視神経が萎縮してしまい視力や視野に障害を起こします。先天緑内障の場合は早期発見、早期手術で眼圧のコントロールができれば0.1以上の視力が確保されますが0.1未満の場合は手術後も眼圧が40mmHg程度で続く場合があります。眼圧を下げる点眼薬を使っている場合でも眼圧が高い場合は眼の痛みや頭痛、吐き気などを訴えることがあります。その日の眼圧の状況も考慮して倒立などをさせないようにしたり見学させたりします。

66

第2章 どんな子どもたち

乳児期に高眼圧の場合は角膜が拡張し牛の目のように眼球全体が大きくなってしまいます（牛眼）。その場合は眼球が顔よりも飛び出ているので運動中にボールが眼にあたった場合や人とぶつかった場合に眼球破裂の危険性があります。眼球破裂を防ぐために日常生活では保護用眼鏡をかけたり、運動をする場合はアイシェードを必ず着用させます。

② 白子眼

白子症（アルビノ）はメラニン色素を作る遺伝子が働いていないことが原因で発症します。肌が白く、毛髪が白色か金色で目の色は青、緑、茶色です。視力が出る黄斑部分が働かないため弱視となります。また眼が揺れる眼振があります。羞明があるので遮光眼鏡をかけます。遮光眼鏡はまぶしさの要因となる紫外線、青色光線を効果的にカットしてくれるものです。体育館での授業の場合も窓から差し込む太陽光がまぶしい場合は暗幕を閉め電灯をつけて対応します。外での活動のときは羞明以外にも日焼けに気を付ける必要があり、長袖・長ズボンを着用させます。日焼け止めクリームを塗り、帽子はつばのあるものや襟首までカバーできるUVカットのものがおすすめです。以前、夏季学校でキャップをかぶっていた生徒が両耳だけ日焼けをし、赤くただれてやけどの状態になってしまいました。話を聞く場合や順番を待つ場合はできるだけ日陰で待機させます。水泳指導のときはラッシュガードやトレンカを着用させます。日焼けは皮膚ガンの危険性があることを子ども自身に認識させます。

③④⑪ 強度近視・小眼球・未熟児網膜症

網膜剥離の合併症の危険性があります。特に視力を保有している子どもは日常生活から体育・スポーツに至るまで注意が必要です。

【子ども自身が注意すべきこと】
- 眼を強くこすったり、指で眼を押すようなことはしない
- 眼をギューッとつぶったり強い光を急に見ない
- 何かにぶつかったり転倒しないように慎重に行動する

【教師が注意すべきこと】
- 眼を打撲しないように激しい運動は控えさせる
- 網膜剥離の初期症状（飛蚊症、視野狭窄など）がないか気にかける

⑤ ピータース奇形

先天性で角膜混濁があります。緑内障を合併していたり、眼だけではなく心疾患を合併していることがあるので激しい運動をさせる場合は注意が必要です。

⑥ ぶどう膜炎

ぶどう膜炎の原因はサルコイドーシス、原田病、ベーチェット病といった全身の免疫異常のため眼の炎症だけでなく全身に様々な症状が現れるので管理が必要です。再発と寛解を繰り返します。

⑦ 先天無虹彩

生まれつき虹彩が欠損しているので羞明があります。遮光眼鏡や虹彩つきコンタクトレ

ンズを使い、まぶしさを軽減します。

⑧　先天白内障（無水晶体）

　生まれつき水晶体が混濁する疾患です。遺伝性が3割あります。母親が妊娠中に風疹に
かかった場合などは心疾患などの合併症もあります。加齢性白内障とは違い手術をしたから
といって完全に視力が回復するわけではありませんが、出生後、早期に手術をすることによ
り視力を獲得できることもあります。緑内障や網膜剥離の合併症の危険性があります。

⑨　網膜色素変性症

　桿体錐体ジストロフィーともいいます。遺伝性の疾患です。網膜が徐々に変性して見えな
くなっていきます。小さいときに発症して急激に視力低下が起きる場合や年齢が進んでも
視力低下しないものなどいろいろな型があります。視野狭窄、夜盲、中心暗点、羞明など
の症状があります。

⑩　レーベル先天黒内障

　眼球自体には異常が認められないにもかかわらず重度の視力障害があります。明るい光
を見ても瞳孔が小さくならないため羞明があります。室内でも遮光眼鏡が欠かせません。

⑪　未熟児網膜症

　最近は周産期医療の進歩に伴い1,000g未満の超低出生体重児の生育率が向上し、重症
網膜症の子どもが増えています。網膜剥離の危険性があります。

⑫　第1次硝子体過形成遺残

　眼球の中の硝子体とそこに含まれる血管が本来は発達の途中で消えるはずが残ってしま
う病気です。片眼だけに起こることが多いです。網膜剥離、白内障、緑内障の合併症の危
険性があります。

⑬　網膜黄斑変性症

　網膜の黄斑部付近が変性するので網膜剥離の心配はありません。中心暗点があり目標を
見ようと視線を向けると見えなくなってしまうので、視線をずらして中央の目標が見える
ようにする偏心視の状態になります。いつも左を向いていたり天井を向いていたり見方は
それぞれ違います。

⑭　網膜芽細胞腫

　網膜に発生する悪性腫瘍です。乳幼児に発生するので発見が遅くなることがあります。
遺伝子の異常なので治療が終了してかなりの年数が経ってから骨肉腫や別の悪性腫瘍を引
き起こす可能性があります。特に思春期には再発の危険性が高く、進行も早いので手遅れ
になる場合があります。頭痛を訴えたり、鼻血が出たり、膝や脚に痛みがあるなどの症状
が頻繁にあるような場合は精密検査をするようにすすめます。

⑮　レーベル遺伝性視神経症

　ミトコンドリア遺伝をする病気で母系遺伝です。思春期の若い男性が両眼の急激な視力
低下を生じ、次第に視神経の萎縮が起こります。普通中学在学中はサッカー部や野球部に
所属していたというような、なぜか運動神経の優れた人が多いです。非常に疲れやすい体

質です。体育の時間に頑張りすぎて次の授業は保健室で休むということがよくあります。自分の体調を考えて自己管理ができるように指導することが必要です。

⑯　その他の視神経萎縮

　小児の脳腫瘍の大半が頭蓋咽頭腫であり、術後は下垂体の機能が低下して様々なホルモンの不足による症状が出ます。低身長、尿崩症、頭痛、発熱、疲れやすい、ストレス発散が難しいなど日常生活、学校生活が困難な症状が多くみられ配慮が必要です。頭痛が起こり保健室で休んでいても頭痛が治れば次の時間の体育は普通にできたりします。ずる休みと勘違いされる場合があるので全教科の教員が共通認識をもつ必要があります。まわりの子どもたちにも理解してもらわないと友達関係がぎくしゃくすることが起こり得ます。

　上記以外で数は少ないですがスティーブンス・ジョンソン症候群やマルファン症候群などを原疾患とする場合は視覚以外の配慮も大変重要な場合があります。本人の病状など医療との連携を綿密に行う必要があります。

4　視覚に障害のある子どもの体育・スポーツの配慮

　野球、バスケットボール、バレーボール、サッカー、卓球などは動いているボールあるいは空中を飛んでくるボールに対して運動するので視覚に障害のある子どもにとってはとても難しいスポーツです。ゲームの全体像を理解することが難しかったり眼にボールがあたったり他のプレイヤーとぶつかる危険性があります。その困難や危険性をなるべく排除しなければいけません。見えない・見えにくい子どもが障害を気にせず楽しく運動するためには視覚以外の感覚を活用する必要があります。

　最も多いのは聴覚です。ボールが空中を飛んでいると顔面にぶつかったりして危険なのでボールを転がす運動にルールを変更します。その上、ボールの中に鈴などを入れて転がるとわかるように工夫します。

　次に触覚です。コートのラインの下に凧紐などの細い紐を入れて手や足で触ったときにラインがわかるようにします。自分がどこにいるのか自分自身で位置を把握することが可能になります。運動時だけでなく授業がはじまる整列のときにも活用できます。見ることができない視覚障害者にとって「百聞は一見にしかず」ではなく「百聞は一触にしかず」と言われ、触って確かめることをとても大切にしています。三点倒立を練習する場合、隣にいる人であっても細かいところまで見て学ぶことはできないので言葉で説明をして実際に三点倒立の形まで作るように補助をします。また、三点倒立の形の見本を指導者がやって触らせてみせることが重要です。ハンドボール投げなどはどの方向にどれくらい飛んだのか見てフィードバックできないので言葉で情報を補います。

　見えにくい子どもに対してはボールのサイズを大きくしたりボールの色を判別しやすいものに変えたりします。一般のバレーボールは赤・緑・白や青・黄・白などカラフルですが盲学校では真っ白のボールを使用しています。ブラインドテニスなどは顔にあたってもケガ

をしないようにスポンジの柔らかい素材のボールを使っています。色は黒と黄色があり見やすいボールを選びます。

以前、大学生に教育実習の事前オリエンテーションを指導した際にバスケットボールを題材として指導案を作成させ模擬授業を行ってもらいました。対象クラスの中に視覚に障害のある生徒が一人いるという設定で指導案を考えてもらいました。模擬授業では視覚に障害のある生徒役には実際にアイシェードという全く光を通さないゴーグルをつけてもらい体験してもらいました。「ドリブルの技術を身に付けさせる」と

ブラインドテニスボールと音源

いうテーマだったので人とぶつかることはありませんでしたが、必ずそばにサポートをする人が必要でした。サポーター役はほとんど自分の運動ができません。普通校で学んでいる子どもの場合、友達関係の構築を考えると大人がそばにくっついている状態は極力避けたいのですが体育の時間は安全面やほかの子どもの負担を考慮してティーム・ティーチングで行った方がよいでしょう。

コラム　こんなときどうする？

弱視のA君が新体力テストの中の反復横とびがうまくできません。どのように対処すればよいでしょうか。

反復横とびは床に引かれたラインテープを目で確認しないといけないので視覚に障害のある子どもには実施が困難です。
① 弱視の子どもの場合は床とラインテープのコントラストをはっきりさせ、本人の見やすい色にしてみるといいかもしれません。
② 全盲の子どもの場合はロープを張ってラインの場所に印をつけ手で触りながらガイドにします。
③ 全国の視覚特別支援学校では敏捷性を測定する代替項目として「バーピーテスト」を実施しています。

〈参考文献〉
- 五十嵐信敬『視覚障害幼児の発達と指導』コレール社、1993
- 三井記念病院・眼科部『新・こんな眼にあったら―最新眼科治療―』人間と歴史社、1997
- 香川邦生、千田耕基『小・中学校における視力の弱い子どもの学習支援　通常の学級を担当される先生方のために』教育出版、2009

第3章
子どもの運動を知るためには

3.1 体力テストの工夫

1 体力とは

　体力は、人が生きていく上で必要とされる総合的な力であり、脳・神経、骨格、筋、感覚器、循環器、消化器、呼吸器のような内臓などの身体的な要素と意思、判断、意欲などの精神的な要素が含まれています。また、身体的能力、精神的能力は、それぞれ行動体力と防衛体力に分類されています。猪飼(1969)は、体力の構造を以下のように示しています（図1）。また、運動能力とは、体力の要素を総合的に発揮して活動する能力です。したがって、運動能力と体力は密接な関係にあります。

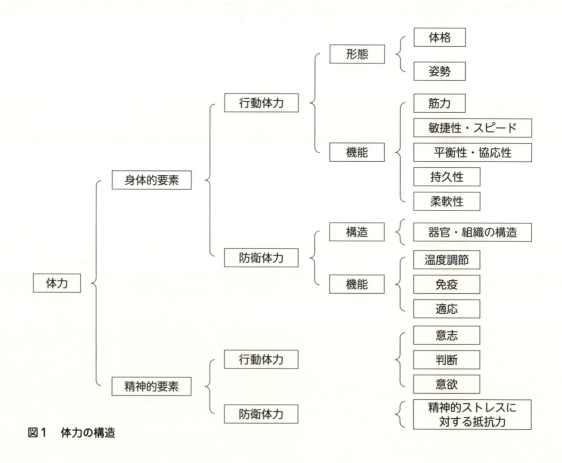

図1　体力の構造

第3章　子どもの運動を知るためには

　体力は人間のすべての活動の基礎となり、子どもにとっては、健全な成長と発達を支え、健康的で充実した生活を送るために、大変重要な役割を負っています。そのため、意図的に運動をすることは、運動能力や運動技能の向上を促し、体力の向上につながります。同時に、ストレス耐性や免疫力など、心や身体を守るための防衛体力を高め、より健康な状態を作ります。

　運動発達に視点をあてた場合、幼児期から小学校低学年にかけて、外遊びや、他児との運動遊びをとおして、基本的な身体の動かし方を習得し、脳の発達を促していくなど、身体を動かすことと体力が密接に関連しています。身体の回旋、捻転、片足立ちなど「姿勢制御」、走る、歩く、跳ぶなど「移動運動」、ボールを投げる、捕る、蹴るなど「操作運動」などの基本的な運動能力は、小学校低学年までに習得され、運動遊びや体育・スポーツ活動をとおして習熟し、スポーツ・ダンスなどの専門的な運動技能として発展していきます。特に、5歳から7歳にかけて子どもたちの運動能力には、飛躍的な発達がみられます。子どもは成長に伴って走り、跳び、登り、投げ、振り、様々なことに挑んでいきます。自転車に乗る、泳ぐ、あるいはスキーなども行うでしょうし、ダンスを習い複雑なステップを習得する子どももいるでしょう。これらの活動を楽しみ満足するには、洗練されたリズム感覚やバランス、協調運動などの能力が要求されます。これらの技能は集団活動にも関係し、習得した技能を活用しながらほかの子どもと集団で遊ぶことによって役割の交代、協力、指示に従うなどの社会性を学んでいきます。また、ゲームをする中でルールを守ることや勝ち負けを意識することを学びます。このように、身体を動かすことは、身体能力を向上させるだけでなく、認知や対人関係・社会性向上の基礎となります。したがって、身体を動かすことによって養われる体力は、人間の活動の源であり、病気への抵抗力を高めるなどの健康維持のほか、意欲や気力の充実に大きくかかわっており、人間の発達や成長を支える基本的な要素です。

2　アメリカにおける体力の考え方

　日本の体育はこれまで、たくましい身体を作ることを主な目的としてきましたが、子どもたちの運動経験の乏しさに起因する、心と身体の不調和や発達の不十分さに対応する必要が出てきたため、これまでの体力づくりに身体への気付きや調整、仲間との交流を主なねらいとした「身体ほぐしの運動」が加わりました。このような子どもの心と身体に対する危機感や社会からの学校体育に対する要望は、「健やかな身体の育成」という方針によって体育科の目標や内容の論議が進められています。このような流れは日本だけのことではなく、欧米でも健康を意識した体力について考えられてきています。中井ら（2005）はアメリカにおける体力プログラムの変遷について以下のように述べています。

　「アメリカの体育でも、体力の維持向上は学校体育の重要な目標であり、これまでにも体力づくりのプログラムが数多く開発されてきた。しかし、深刻さを増す健康・体力問題には無力なものであったことや、身体活動と健康に関する新しい科学的知見が急速に蓄積

されてきたことなどから、1980年代以降、体力づくりプログラムの在り方が大きく変化し、子どもたちが生涯にわたって健康的で活動的なライフスタイルを形成し維持するための教育として、ライフスタイル教育やフィットネス教育、ウェルネス教育などのカリキュラム・モデルが数多く開発されるようになっている。健康に焦点を向け、学習者の動機付けを重視し、生涯にわたる自立的で効果的な運動実践のための知識と技術の養成を目指しているところにその特徴がある。」そして、中井ら（2005）は新しいフィットネス教育として「HELP原理」のフィットネス教育について次のように紹介しています。

「Fitness for lifeなど学校向けのプログラム開発に貢献したCorbinらの示した新しいフィットネス教育の理念や教育内容は、全米でも広く支持を受け、多くのカリキュラム論やフィットネス教育論に紹介されるようになっている。Corbinが示した新しいフィットネス・プログラムの原則は「HELP原理」と呼ばれ、「健康のための：Health」、「すべての人に役立つ：Everyone」、「生涯にわたって：Lifetime」、「個人に応じた：Personal」がその主要なコンセプトであり、健康、生涯にわたる活発な身体活動、個に応じた身体活動の内容など、これまでの「体力づくり」が指導者による一方的な身体の鍛錬をイメージさせたのに対し、自立的なフィットネス活動の実践者を育成する内容という大きな差異がある。」

従来の体力づくりとHELP原理のフィットネス教育の違いを表1にまとめました。このような考え方は、障害のある子どもたちの体力づくりにも参考になると思われます。

表1　従来の体力づくりとHELP原理のフィットネス教育

従来の体力づくり	HELP原理のフィットネス教育
スポーツ技能関連体力の重視	健康の維持増進のために（IIealth）
体力の高い子どもへの注目	すべての人のために（Everyone）
現在の体力を高める	生涯にわたる活動（Lifetime）
みんな一律の運動プログラム	個々の実態に応じた運動プログラム（Personal）

3　体力向上のねらい

子どもに求められる身体的要素の体力は、「パフォーマンス関連の体力」と「健康関連の体力」の2つがあると考えられます。また、精神的要素の体力の向上は、意志、意欲、精神的ストレスに対する抵抗力や協力、公平などの社会性、対人関係などによい影響を与えます。したがって、体力テストをとおして運動能力だけではなく、精神面も含めた総合的な「生きる力」を推し測ることができます。

(1)　パフォーマンス関連の体力

パフォーマンス関連の体力とは、バランス、協応性、敏捷性、スピード、パワーなどを要素とし、運動パフォーマンスの基礎となる身体的能力を指しています。求められる運動をするための体力については、子どもによって個人差があり、明確に水準を示すことは難しいものの、様々な取り組みによって、運動にかかわる身体の機能を高め、体力テストの平均値をより一層高めていくことが必要となります。平成10(1998)年から実施されている

「新体力テスト」で測定できるのは、身体的要素のうち、筋力、筋持久力、スピード、全身持久力、瞬発力、柔軟性、巧緻性、敏捷性など、パフォーマンス関連の体力です。

(2)　健康関連の体力

　健康に関連する体力とは、日常生活を健康に送ることができ、病気にならないようにするための体力のことです。具体的には、日常生活に必要とされる最低限の筋力、筋持久力、全身持久力、関節の柔軟性、身体組成を指しています。これらの体力要素は、防衛体力のような疾病や精神的ストレスに対する抵抗力も関係しており、今日の子どもたちの健康課題である肥満傾向など、生活習慣病につながる要因を防ぐことにも関連します。そのため、健康な状態で生活できる基礎的・基本的な体力を高めることが重要となります。健康関連の体力は、肢体不自由、知的障害、発達障害など、運動面の困難さがある子どもにとって、大切な体力の指標ともなります。

4　障害のある子どもの体力テスト

　体力テストによる評価によって、対象とする子どもの体力や運動能力のゴール（目標）をどこに定めるかも大切な視点です。障害のある子どもの場合「より速く（Citius）、より高く（Altius）、より強く（Fortius）」というオリンピックのモットーをそのままあてはめることが適切ではないこともあります。例えば、障害のある子どもに対して、「新体力テスト」の評価を点数化し、障害のない子どもと比較して、どのくらいの段階にいるかを判断することには、あまり意味がなかったり、具体的な指導の改善や工夫に結び付かないかもしれません。

　視覚障害、知的障害、肢体不自由、発達性協調運動障害など、何らかの運動遂行上の困難さがあり、障害の程度も内容も異なる子どもたちに対して体力に関する種々のテストを効果的に活用するためには、個々の実態に応じた検査やテストを選択し、個別のニーズを判断して今後の指導・支援の方針を立てる必要があります。

　図2は、障害のある子どもの体力・運動能力の領域と各種テストとの対応関係を示しています。運動能力の領域は、上位から順に、種目別の運動技能、基本的運動能力、運動発達段階、身体の構造と機能から構成されます。階層的に構成された運動能力の4つの領域に対応して、現状で比較的実施しやすいと思われるテストが示されています。

(1)　種目別の運動技能

　種目別の運動技能を測定するテストは「競技種目ごとに実施される実技テスト」です。例えば、バスケットボールのシュートやドリブルのテスト、50m走や走り幅跳びの記録などであり、各競技種目別の「スキルテスト」として活用されています。特別支援学校や特別支援学級の体育授業では、競技別、あるいは単元ごとに設定できますので、実態に応じたテスト内容を工夫してください。また、通常学級に在籍する障害のある児童生徒では、実態に応じたテストの内容や方法を工夫したり、テスト実施上の合理的配慮の提供が必要となります。

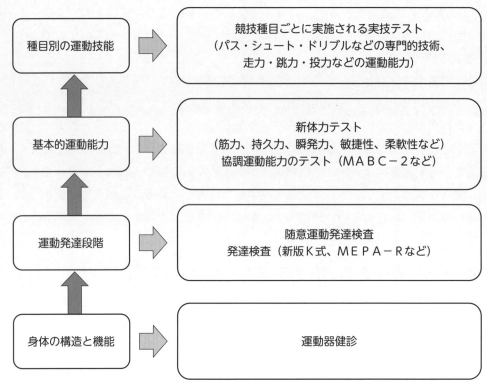

図２　障害のある子どもの体力・運動能力の領域と各種テスト

(2) 基本的運動能力

　現在、学校において体力・基本的運動能力を測定する指標として用いられているのが平成10(1998)年より始まり、現在も行われている「新体力テスト」です。「新体力テスト」の結果を有効活用するために、文部科学省から『子どもの体力向上のための取組ハンドブック』が出版されています。「第４章「新体力テスト」のよりよい活用のために」では、「６歳の小学１年生から11歳の小学６年生までと12歳の中学１年生から19歳までは、それぞれ共通の項目別得点表を用いるので、体力・運動能力の発達を継続的に観察・評価することが可能である」ことが述べられています。

　また、児童生徒自身が主体的に体力・運動能力の向上を目指し、PDCAサイクルを実践することができるようにするため、「項目別得点表」によって以下の３つの役割が果たせるようにしています。

① 　８項目の実技テストは異なった測定値が得られるが、体力・運動能力を10点満点の「ものさし（尺度）」に変換することにより、相対的に示すことができ、８項目の実技テスト結果を合計することが可能となる。

② 　体力・運動能力のバランスを評価することができ、８角形のレーダーチャートで確認することができる。

③ 　体力・運動能力の向上のための目標をわかりやすく示すことができる。例えば、項目

ごとの得点を1点上げるためにはあとどれくらい必要かがわかり、目標を簡単に設定することができる。具体的な目標が児童生徒の体力向上につながる動機付けとなり、児童生徒は体力・運動能力向上のために何が必要なのかを主体的に考えるようになる。

このように、「項目別得点表」を活用することにより、「体力・運動能力のバランスの評価」や「項目別得点による測定値の目標の設定」ができ、児童生徒自身が主体的に体力・運動能力の向上を目指し、PDCAサイクルを実践することができます。

「項目別得点表」は基本的に障害のない子どもを対象とした評価得点であるため、活用には注意が必要でしょう。障害のある児童生徒では、障害の内容や程度によって、3つの役割のうち②、③の体力、運動能力のバランスを知り、具体的な目標を設定できる子どももいるでしょうし、発達段階が低い、肢体不自由があるなどによって「項目別得点表」の使用が困難な子どももいます。その場合は、事例の項で紹介するような「新体力テスト」のアレンジが必要かもしれませんし、運動の発達段階を知るための「随意運動発達検査」や協調運動能力の測定が必要な場合もあると思われます。

また、基本的運動能力の実態把握には、毎年学校で実施されている「新体力テスト」のような体力・運動能力の測定以外に協調運動能力の測定が必要だと思われます。協調運動能力の測定には「協調運動に関するチェックリスト」「神経学的ソフトサイン」「指模倣テスト」「Movement Assessment Battery for Children - Second Edition（MABC-2）」「MABCチェックリスト」などがあります。詳細は「3.2 アセスメントツールの活用」を参照してください。

⑶　運動発達段階

定型発達の場合、基本的運動能力はおおよそ、6歳～7歳までに習得されます。しかし、知的障害や脳性麻痺などがあり、運動面の発達が遅れている子どもの場合は、新体力テストの測定値が低くなることが予想されますし、現在の運動の発達段階を把握することが重要になります。

「随意運動発達検査」は、運動パターンを幼児に模倣させる手続きによって、随意運動の発達段階を知ることができます。高次運動機能の発達に視点をおいた一種の神経心理学的検査です。手指、顔面・口腔、躯幹・上下肢の各領域について、意図的に身体部位を操作する運動機能の発達状態を調べることができます。課題ごとに健常児の90％が通過する基準年齢が示されていますので、課題の可否によって、定型発達からの差が把握できます。運動の発達段階の実態把握には、「随意運動発達検査」以外に、「新版K式発達検査」「ムーブメント教育・療法プログラムアセスメント（MEPA-R）」などがあります。

⑷　身体の構造と機能

学校保健安全法施行規則の一部改正により、平成28年度からの学校健康診断において『「四肢の状態」を必須項目として加えるとともに、四肢の状態を検査する際には、四肢の形態及び発育並びに運動器の機能の状態に注意することを規定する』ことが通知されました。例示されたチェック項目は「背骨が曲がっている」「腰を曲げたり、反らしたりする

と痛みがある」「上肢に痛みや動きの悪いところがある」「膝に痛みや動きの悪いところがある」「片脚立ちが５秒以上できない」「しゃがみ込みができない」とされており、具体的な疾患としては脊椎では脊柱側弯症、脊椎分離症、上肢では野球肘、野球肩、股関節・下肢ではPerthes病、大腿骨頭すべり症、発育性股関節形成不全（先天性股関節脱臼）、Osgood‐Schlatter病があげられています。ここでの運動器検診は内科健診の一部として学校医が行うもので、事後措置として専門医受診を勧められた児童生徒が整形外科医を受診します。その際には、「隠れた運動器疾患」を有する児童生徒のほか、治療の対象でない運動器機能不全であるものも数多く含まれているかと思われます。治療の対象でない運動器不全の児童生徒に対しても運動習慣の奨励やストレッチの指導など運動器の専門家としての指導が期待されています。肢体不自由のある子どもでは運動器健診の対象とならない子どももいるかもしれませんが、運動器の障害がある場合は、運動器健診とは別に個別の実態把握が必要だと思われます。また、運動器のチェック項目の中で「片脚立ちが５秒以上できない」「しゃがみ込みができない」などの項目は、運動の発達段階が低い、あるいは協調運動の困難さが背景にあることも考えられます。

5　体力テストの工夫の事例

　障害のある子どもの体力テストは、障害の内容や程度に大きな差があり、個別性が強いため、障害のない子どもの平均値やほかの児童生徒の記録と比較することに、あまり意味がないことがあります。それよりも、その子自身の体力・運動能力のバランスや記録の変容に重要な意味があります。すなわち、個人間差ではなく個人内差が大切だと思われます。また、得意な運動能力と苦手な運動能力の差に注目したり、肥満問題など、身体組成と全身持久力の関係などに着目する必要がある子もいると思われます。

(1)　重度・重複障害児の運動技能テスト

　知的障害や肢体不自由のある子どもでは、運動技能のパフォーマンスがなかなか伸びな

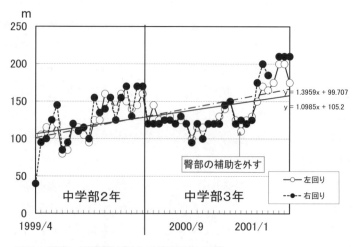

図３　重度・重複障害児の５分間走の記録

第3章　子どもの運動を知るためには

いように感じたり、調子の波が大きく、技能が習得されているのかの判断に迷うことがあります。短期的にはわかりにくい運動技能の習得・習熟度ですが、長期的な視点に立つと着実に伸びていることがわかることもありますので、記録の継続、引き継ぎ、見直しをしていくことが大切です。

　特に、重度・重複障害のある子どもの場合は、日によって運動パフォーマンスに波があり、記録がなかなか伸びていかないように感じる子どももいます。図3は重度・重複障害のある脳性麻痺の中学部の生徒が毎週の体育授業で実施した時間走（5分間走）の記録です。歩行器を使用して実施し、2000年度の後半に臀部の補助を外すようになったことが記録されています。毎時間の測定距離が異なり、1か月～2か月の短期的な記録からは、走力が伸びたかどうかは判断が難しいと思われますが、2年間の記録をつけてみると走力が明らかに伸びていることがわかります。

　また、障害には進行性の場合もあり、時間の経過とともに記録が落ちることもあります。その際は、いかに現在の体力が維持できるかが大切な課題となります。

⑵　肢体不自由児の特別支援教育版新体力テスト

　小中学校では学年の初めに全校で「新体力テスト」を実施します。そのため、障害のある児童生徒が通常学級に在籍している場合も他の子どもと一緒に「新体力テスト」を受けなければなりません。この事例は、小学校の通常学級に在籍する四肢体幹機能障害のある痙直型脳性麻痺児の「新体力テスト」を実施するにあたって、保護者、学級担任から相談された結果、特別支援教育版新体力テストを考案し、実施した3年間の記録です。子どもの実態は、手足と体幹に麻痺があり、立位、歩行は自力では困難であり、日常的には車いすを使用していますが、車いす操作も難しいため実用性がありません。医療的な機能訓練では、歩行器で歩く練習をしています。

　表2に特別支援教育版新体力テストの内容を示してあります。「握力」はバネ式の握力計では5kg以下の場合、誤差が大きく、正しく測定できなかったため、水を入れたペットボトルを片手で握って把持できる重さを測定しました。3年生には、握力計を用いて測定することができるようになりました。「上体起こし」は背中の緊張もあるため、起こした高さではなく持続時間を測定値としました。「長座体前屈」は姿勢を維持できるように後ろから腰を補助して実施しました。「反復横とび」は1分間に車いすで2m離れた2本の線を何回越えるかを測定しました。「20mシャトルラン」は車いすで5分間走を行いました。「50m走」は歩行器を用いて5m走る時間を測定しました。3年生には歩行能力が向上したため50mを歩行器で歩くことができました。「立ち幅跳び」は歩行器を用いて一歩だけ思い切り蹴って進んだ距離を測定しました。「ソフトボール投げ」は、ソフトボールを握れなかったためテニスボールを用い、歩行器で立位をとって投げました。2年生からはソフトボールが握れるようになったため、ソフトボール投げを行いました。表3は、事例児の1年生から3年生までの結果です。握力、5分間走、50m走、ソフトボール投げ、反復横とびなど筋力、スピード、パワー、瞬発力に関する体力は伸びていることがわかり

ます。逆に、長座体前屈のような柔軟性は低くなっています。このことから、２年間で身体も大きくなり、たくましく育ってきているものの、一方で筋の緊張が強くなり、股関節や膝の関節が固くなってきていることが推察されました。そのため、日常的なストレッチを実施する必要があることがわかりました。

表２　肢体不自由児の特別支援教育版新体力テスト

体力テスト項目	特別支援教育版
握力	水を入れたペットボトルを持ち上げる。
上体起こし	頭を上げていられる時間を測定する。
長座体前屈	姿勢を維持できるように後ろから腰を補助して実施する。
反復横とび	１分間に車いすで２ｍ離れた２本の線を何回越えるか測定する。
20ｍシャトルラン	車いすで５分間走を行う。
50ｍ走	歩行器を用いて５ｍ走る時間を測定する。
立ち幅跳び	歩行器を用いて一歩だけ思い切って蹴って進んだ距離を測定する。
ソフトボール投げ	歩行器で立位をとってテニスボールを投げる。

表３　特別支援教育版新体力テストの結果（小１～小３）

体力テスト項目	１年生	２年生	３年生
握力	右　1.1kg 左　1.2kg	右　1.5kg 左　5.0kg	右　５kg（握力計） 左　６kg（握力計）
上体起こし	23秒		30秒
長座体前屈	32cm	16cm	18cm
反復横とび	1.25回		12回
５分間走	10m 8 cm		120m
50ｍ走	22秒8（５ｍ走）		100秒（50m走）
立ち幅跳び		35cm	26cm
ソフトボール投げ	0.3m（テニスボール）	1 m（ソフトボール）	2.1m（ソフトボール）

⑶　知的障害特別支援学級（小学校）における随意運動発達検査

　知的障害のある児童の体育において個別の指導計画を作成するために、運動面の発達段階を把握しておくことは、重要であると思われます。個々の実態に応じた課題の設定や、グループ分けの根拠として使用するために小学校の知的障害特別支援学級において随意運動発達検査を実施した結果を図４に示します。

　躯幹・上下肢の随意運動における３種類の下位検査において、90％の健常児が通過する課題として設定されている最高点は、ａテスト（片足で跳ぶ）４：９歳、ｂテスト（片足で立つ）５：５歳、ｃテスト（縄跳び型）５：０歳となっています。

　今回の検査において３つの課題すべてで最高点を得た、すなわち、６歳以上の運動の発達段階にあると思われる児童は６歳０名／１名、７歳０名／３名、８歳３名／６名、９歳０名／５名、10歳３名／４名、11歳５名／９名、12歳５名／７名、計35名中16名でした。６歳以下の項目がある児童は19名と予想より多くみられました。随意運動発達検査は検査対象が

2歳0か月〜6歳11か月ですので、6歳以上の発達段階にあると思われる児童の当該年齢における運動発達段階まではわかりませんでしたが、最高点を得ている児童の中にも、明らかに運動面の課題がある児童もいましたので、運動発達が遅れている、あるいは協調運動が苦手な児童は19名より多いことが推察されました。下位検査の中ではbテストの片足立ち（開眼あるいは閉眼）の達成率が低く、35名中18名が達成できず、バランス能力の苦手さが多くみられることがわかりました。知的障害（MR）、ダウン症（DS）、自閉スペクトラム症（ASD）などの障害による特性はみられず、同じ障害種でも、運動発達の段階は個人によって異なること、障害種よりも知能指数（IQ）との相関が高いことがわかりました。

　これらのことから、新体力テストの記録と比較しながら、運動発達段階の低い子どもには、基本的運動能力の育成を優先した課題を設定していくことの必要性が示されました。

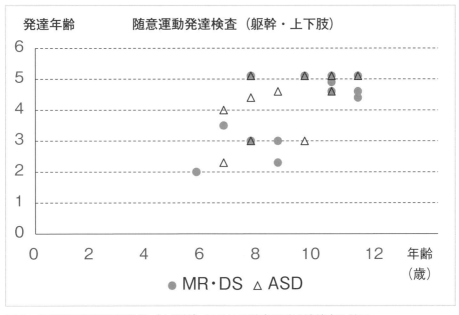

図4　知的障害特別支援学級（小学校）における随意運動発達検査の結果

〈引用・参考文献〉
- 猪飼道夫『運動生理学入門』杏林書院、1969、p.144
- 文部科学省資料『子どもの体力向上のための取組ハンドブック』2012、p.145
  http://www.mext.go.jp/a_menu/sports/kodomo/zencyo/1321132.htm
- 中井隆司、井谷惠子、飯田貴子、北田和美「フィットネス教育プログラム「HELP」の授業モデル開発に関する研究」『奈良教育大学紀要』（第54巻1号）2005、pp.155－164

3.2 アセスメントツールの活用

1 アセスメントとは

　よい体育実践、とりわけ障害のある児童生徒を対象に体育を実践する場合、児童生徒の実態を把握する必要があります。よい体育実践とは、児童生徒が「わかる」「できる」「（もっと）やってみたい」と思えるような授業ではないでしょうか。そのためには、表1に示すように、児童生徒が「わかる」ための認知特性や「できる」ための運動能力、「やってみたい」と思えるための意欲、興味・関心、社会性などを理解する必要があります。それらの児童生徒の実態を理解し、今必要とされている課題は何か、また本人の強みは何か、そして今、どんなに頑張っても難しいことは何かを明らかにすることがアセスメントです。

　よくアセスメントとテストとの違いについて質問を頂くことがあります。テストはあくまでも数値を出すことであり、アセスメントはそのテストやそれ以外の測定方法をもとに実態を把握すること、およびその方法であると考えてよいと思います。日本語の漢字表記にすると両者ともに「評価」となりますが、英語表記ではassessmentとevaluationの2つをあてられることが多いです。assessmentとしての「評価」は上記のとおり客観的であることが求められます。一方でevaluationとしての「評価」は、価値判断が含まれることが多いため、評価する側の主観性によって異なる可能性を含みます。

　ここでのアセスメントは、いうまでもなく、客観的に子どもの発達の実態を把握するという意味です。

表1　子どもへの願いと主な発達側面、アセスメントツールとの関連性

子どもへの願い	主な発達側面	アセスメントツール
「わかる」	認知・知的	田中ビネー系テスト（例、田中ビネーⅤなど）、ウエクスラー系テスト（例、WISC 4）、太田ステージなど
「できる」	運動	新体力テスト、随意運動発達検査、MEPAなど
「やってみたい」	意欲・興味関心・社会性	観察、聞き取り（運動有能感）、VinelandⅡなど

2 運動のアセスメントツール

　みなさんの中には、児童生徒の認知特性を、ビネー系（田中ビネー知能検査、新版K式発達検査など）やウエクスラー系（WIPPSI、WISCなど）、太田ステージなどの標準化された検査の数値を、児童票や個別指導計画などで見たりされていたのではないかと思います（高橋、2007）。それらの数値から、知的な面がどの程度の発達段階にあるのかを推し

量っていたと思います。また児童生徒の意欲や興味・関心は、それまでの観察記録や本人からの聞き取りなどの情報をもとに判断していたのではないかと思います。社会性や社会適応などは、S-M社会生活能力検査やVinelandⅡなど、標準化された検査を活用されていたかもしれません（高橋、2007；黒田、2015）。

　では児童生徒の運動能力のアセスメントはいかがだったでしょうか。1つは新体力テストがあったと思われます。しかし前節にもあるように、障害のある児童生徒にとっては、必ずしも実用的なものではありません。できるならば、それに加えて別のアセスメント結果が必要ではないかと考えています。例えば、上述されていたような随意運動発達検査（西山、1970）やMEPA（Movement Education Program Assessment 小林、1985）などが考えられます。それらは運動発達に特化した内容で作られていますので、そのまま使うことができます。それ以外には、KIDS（Kinder Infant Developmental Scale 三宅ら、1989）など、複数の発達領域をまたがって構成されているアセスメントの中の運動に関連する領域の項目を活用するという方法があります。

　また、運動発達アセスメントツールには、課題結果を評定するものと、動作を評定するものがあります。例えば100m走を何秒で走ったかは課題結果を評定するものがあれば、どんなフォームで走ったかを評定するものもあります。

　そこで、ここでは大きく2つのアセスメントツール、すなわち「Movement ABC 2」と「TGMD（Test of Gross Motor Development）- 2」を紹介したいと思います。どちらとも、世界的に、研究用だけでなく、実践的にも評価されているものです。しかしながら日本では馴染みのないものです。両者ともに、今後日本版が開発されることが期待されています。あえてその両者を紹介する理由は、世界基準とは何かを共有し、日本における"評価を活用した実践力"をともに高めていきたいと考えているからです。

3　Movement ABC

⑴　Movement ABCの概要

　Movement ABCは、第1版は1992年に公開され（Henderson & Sugden, 1992）、すでに約20年以上の実績があります。その間、第2版が公表され（Henderson, Sugden & Barnett, 2007）、バージョンアップされています。ここではバージョンアップされたMovement ABC 2をもとに説明したいと思います。

　このアセスメントツールは、3歳から16歳の子どもを対象に、協調運動発達の状態を、同年齢の子どもと比べることができます。オリジナル英語版は、1,000人以上を対象に標準化されています。

⑵　評価項目

　項目は、表2にあるように、大きく3領域に分かれています。すなわち手指操作（Manual Dexterity）とボール運動スキル（Ball Skill）、バランス運動（Static and Dynamic Balance）です。それぞれの領域の中にさらに下位領域が2個から3個設定されています。

すなわち、手指操作領域の中には、片手（利き手）の指同士の協調性と、両手の協調性、書字による協調性の下位領域があります。ボール運動スキル領域の中には、捕球運動と投球運動の下位領域があります。そして、バランス運動領域の中には、静的バランスと動的バランスの下位領域があります。

　これらの下位領域の内容は年齢によって異なって設定されています。すなわちBand 1として3歳から6歳、Band 2として7歳から10歳、Band 3として11歳から16歳です。それぞれの具体的な項目内容は表2を参照してください。

表2　Movement ABC 2の検査項目（日本語表記は著者による）

		Band 1 （3～6歳）	Band 2 （7～10歳）	Band 3 （11～16歳）
手指操作	指間の協調性	コイン入れ	ペグ差し	ペグの差替え
	両手間の協調性	ビーズ通し	紐通し	ねじ回し
	書字による協調性	道なぞり1	道なぞり2	道なぞり3
ボール運動	捕球運動	ビーンズバッグキャッチ	ボールキャッチ（両手）	ボールキャッチ（片手）
	投球運動	ビーンズバッグ投げ（四角いマットをねらう）	ビーンズバッグ投げ（マット内の円をねらう）	ボール壁投げ
バランス	静的バランス	片足立ち（マット）	片足立ち（ボード）	両足立ち（ボード）
	動的バランス	つま先立ち歩行	かかととつま先のくっつき歩行（前方）	かかととつま先のくっつき歩行（後方）
		両足跳び	片足跳び	ジグザグ片足跳び

(3) 実施方法

　それぞれの項目において決まったやり方があります。例えば、Band 3のボール壁投げであれば、壁から2.5mのところに線を引いておき、テニスボールを用意しておきます。一度、調査者が手本を見せ、その後、子どもにボールを渡し、5回ほど練習をさせた後、評価のための試行を10回行います。その間、子どもたちが意欲的に取り組めるように励ますことはできます。子どもにとってはゲームをしているような感覚かもしれません。

Movement ABC 2の実施場面（ペグ差し）　　Movement ABC 2の実施場面（片足跳び）

(4) 評価方法

　評価は、課題遂行にかかった時間や成功回数などを、所定の用紙に記入し、換算表を参

考に各項目、各領域、総合の評価得点を記入することになっています。加えて、各項目で気になる行動をチェックリストに基づいて記入することができるようになっています。例えば、座位で実施する手指操作の課題では「座位姿勢が崩れている」やボール操作の課題では「ボールが近づくと避けたり目を閉じたりする」、バランス課題では「腕の動きが足の動きと連動していない」などがあります。

それらの数値から、発達性協調運動障害の可能性を3段階で示すことができます。もちろん診断は医師の仕事であるため、あくまでも医師が診断するための資料です。発達性協調運動障害の診断内容については別稿に委ねます（宮原・七木田・澤江、2014）。

(5) このパッケージに含まれているもの

Movement ABC 2を購入すると、上記の検査に関するグッズとマニュアル、記録用紙以外に、Movement ABC 2 checklist（以下、チェックリスト）と、Ecological Intervention for Children with Movement Difficulties（EI）が含まれています。

チェックリストは、主に保護者や教師によって記入することが求められ、Movement ABC 2の検査結果を判断することの助けにするとともに、Movement ABC 2の検査結果による運動発達特性が、日常場面でどの程度、困難さに影響しているのかを知るために活用されています。したがって、チェックリストの内容は、主に子どもの日常的場面における運動の様子を捉えるものです。また保護者が子どもの困難さをどのように捉えているのかを知る資料としても活用することができます。

チェックリストとEI

EIは、そうした運動の困難さが明らかとなった子どもたちのための介入プログラムです。これはダイナミカル・システム理論を背景とした課題指向型アプローチの原理に基づいています。プログラムだからといって、具体的な介入項目や実施方法だけが書かれているわけではなく、対象となる子どもに介入するための方法の考え方が中心に書かれてあります。なぜ具体的でないかは、このMovement ABCの著者であるHenderson女史が日本で講演されたときの言葉に表れています。すなわち彼女は、子どもに設定する課題は、子どもの置かれている環境と子どもの実態、そして目指すべき目標に応じて変化しなければならないからと述べていたのです。わが国の多くの療育場面や特別支援教育場面では、子どもの実態に即していないにもかかわらず、盲目的に○○プログラムや特定の運動課題など、既存の伝統的なプログラムをよかれと実施していることを目にしています。彼女は、そのような状況を憂うかのように、子どもに与えるべき課題は、アセスメントを通した実態に即しておくことをEIの中で表現しているようにも思えます。

4　TGMD

⑴　TGMD（Test of Gross Motor Development）の概要

　TGMDは粗大系を中心とした運動発達のアセスメントツールです。1985年に初版が発行され、2000年に第2版が発行されています。このツールは、①運動発達が同年代の子どもと比べてどの程度離れているかどうかを明らかにすること、②運動発達を促す指導プログラムの計画を立てるための資料にすること、③運動発達過程をアセスメントすること、④運動発達を促すために行った運動プログラムの効果を検証すること、⑤運動発達を含む研究への評価ツールを提供することといった5つの用途が想定されています（Ulrich, 1984）。

　現在、全米を中心に広く使用されているTGMDの第2版（TGMD-2）は、3歳から10歳までのアメリカの子ども1,000人以上のデータをもとに標準化されており、男女別に半年ごとの標準得点を算出することができ、運動発達の状態を同年代の子どもたちと比較することができます。

⑵　評価項目

　TGMD-2は運動発達を移動運動（Locomotor）と物的操作運動（Object Control）という2つの領域から評価します。このうち、移動運動領域は、走運動（Run）とギャロップ（Gallop）、片足ケンケン（Hop）、跳び越え（Leaping）、立幅跳び（Horizontal Jump）、サイドステップ（Slide）という6つの課題から構成されています。また、物的操作運動領域は、ティーバッティング（Striking a Stationary Ball）とドリブル（Stationary Dribble）、ボールキャッチ（Catch）、ボール蹴り（Kick）、オーバーハンドスロー（Overhand Throw）、ボール転がし（Underhand Roll）という6つの課題から構成されています（澤江、2014）。これらの課題ごとに3個から5個の観察ポイントが設定されています。例えば、表3にあるように、ボールキャッチにおいては「1．準備局面で、肘を曲げて手を前に出している」や「3．手だけを使ってボールをキャッチしている」があります。同様に、ボール蹴りにおいては「1．素早く、かつ止まることなくボールに近づく」や「4．足の甲（靴ひもの部分）または、つま先でボールを蹴っている」といった評価項目があります。こうした項目が合計48個用意されています。

表3　TGMD 2のボールキャッチ課題における評価項目（日本語表記は著者による）

ボールキャッチ課題における評価項目
1．準備局面で、肘を曲げて手を前に出している
2．ボールが到達するときに、腕を伸ばしている
3．手だけを使ってボールをキャッチしている
ボール蹴り課題における評価項目
1．素早く、かつ止まることなくボールに近づく
2．ボールを蹴る直前、足を大きく踏み込む、またはわずかに飛び跳ねている
3．軸足がボールの横かわずかに後ろに位置している
4．足の甲（靴ひもの部分）または、つま先でボールを蹴っている

⑶ 実施方法

すべての課題において、使用する用具や配置など、決められた手続きが定められています。例えば、ボール蹴りでは、壁から6mと9mの地点にラインを引き、6mのライン上に、約20cmから25cmのビニール製のボールか、もしくはサッカーボールを、動かないようにビーンズバッグなどの上に置きます。そして9mの地点に子どもを立たせた状態から、壁に向かってボールを蹴るように指示します。もちろん壁でなくゴールでも構いませんし、その他の代用のものでも構いません。

ボール蹴り課題の様子

また、それぞれの課題の実施前に、教師や指導者などが、手本や言葉で説明を行います。加えて、課題を誤って理解していた場合や、課題の理解が難しかった場合は、必要に応じて練習や追加の手本を行うことができます。さらに、TGMDは個別での実施だけでなく、少人数グループで実施することも可能です。

⑷ 評価方法

各課題は2回ずつ実施し評価を行います。それぞれの評価項目において、評価をクリアしていた場合は「1」を、そうでない場合は「0」をつけます。この2回の評価の合計点が各運動課題の素点となります。さらにこれらの素点を移動運動と物的操作運動の領域ごとに合計することで、それぞれの領域において、同年代の子どもを基準とした得点である標準得点を算出することができます。さらに、この2つの標準得点をもとに、粗大運動発達指数（GMDQ; Gross Motor Development Quotient）を算出することができます。

一方、TGMD-2の評価の特徴として、プログラムの実施前後など、標準得点の算出を必要としない場合であれば、評価者は子どものニーズや実態に応じて実施の方法や評価項目を自由に加えたり変更したりすることができます（Ulrich, 1984）。実際に、視覚障害児に対しては明るい色のボールの使用や課題前に用具に触れる時間を設けたり（Houwen et al., 2007 & 2009）、自閉症スペクトラム障害児に対しては移動運動の際にゲーム形式で実施したりしている例があります（Staples & Reid, 2010）。また、Sugiyamaら（2016）や土井畑ら（2016）は評価項目を新たに作成することにより、TGMD-2のオリジナルの評価項目では捉えられなかった自閉症スペクトラム障害児の運動発達の変化を捉えようと取り組んでいました。

⑸ このパッケージに含まれているもの

TGMD-2のパッケージには、検査者マニュアルと記録用紙の2種類のみが含まれています。記録用紙は合計4ページからなり、1ページ目は対象とする子どもの名前や性別といったフェイス情報やテスト実施の環境、TGMD-2のスコアを記入します。2〜4ペー

ジ目は運動の評価を行うシートになっています。また、Movement ABCや他の発達アセスメントのように、専用の用具を使用せず、幼稚園・保育園や小学校や理学療法、作業療法を行う部屋、体育館に置いてあるような用具を検査者が準備します。

TGMD-2の検査者マニュアルと記録用紙

5　アセスメントツールの活用事例

　ここでは、筆者らの支援活動に参加していた子どものうち、個人が特定されないように同様のケースを複数合わせて脚色したものを紹介させていただきます。

⑴　事例1（10歳・広汎性発達障害）

　男児Aくんは、支援開始時に10歳で、広汎性発達障害の診断を受けていました。知的障害はないですが、運動の不器用さを主訴に定期的に支援を行っていたケースです。とりわけ投動作がぎこちなく、左腕を体側に固定させ、右側に重心をのせながら、ボールを押し出すように投げていました。自分でもどのように動かせばよいかわからないと話していたほどです。

　【事前評価：10歳】　Movement ABC 2 の中の項目のうち、手指操作領域の標準得点は8、ボール運動スキル領域は6、バランス運動領域は8でした。日本版ではないのでこれらの数値はあくまでも参考でしかありませんが、平均は10であると理解してもらうと、全体的に協調運動の発達は低めであると理解できます。そのうち各領域の下位項目を図1に示しました。これらの結果をみると、手指操作領域の片手操作よりも両手操作の得点が極端に離れていることから、両手の動きが十分に分化していない状態と考えました。例えば、右手が動くと左手の動きが伴ってしまうなどの連合運動が生じていることが考えられました。実際、ボール運動領域をみてみると、Movement ABC 2 の課題において、両手の動きの協調をさほど必要としない捕球スキル項目の標準得点より、両手の高度な協調を必要とする投スキル項目の標準得点の方が低いことがわかりました。またボールを正確に力強く投げるためには、上下左右に重心が移動しても姿勢を保つための静的バランスが必要とされますが、Aくんは動的バランス項目の標準得点が高いにもかかわらず、静的バランス項目の標準得点が低い傾向にありました。

　【指導内容】　こうした運動特徴を理解することで、私たちはAくんの指導方法を考えることができました。つまり投動作の適正化をはかるために、両手の動きが分化しやすいような、そして重心移動が起こりやすいような課題を設定しました。

　すなわち、高さ60cmほどの机の上に置いた、倒れにくさを調整することのできる1m四方の的を置き、それをボールで倒すようにAくんに伝えました。はじめは、これまでのようなぎこちない投動作のままでも倒れるように設定し、ボールで的を倒すことの動機付けを強化しました。そして回数を重ねる中で、的を倒れにくくし、Aくんを困った状況に直

第３章　子どもの運動を知るためには

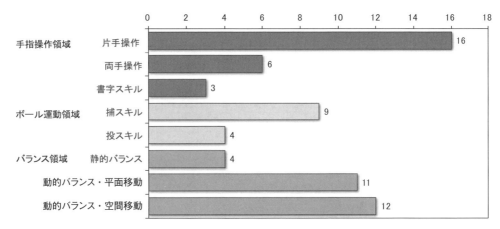

図１　Ａくん（複数合成事例）のMovement ABC２の事前結果

面させました。その状況でまずは「走りながら（ボールを）投げてごらん」と、動きを援助しながら指導しました。その結果、的が倒れ、走りながら投げるとボールが倒れることを知り、それを自発的に繰り返せるようになりました。その結果、重心を移動しながらボールを投げる運動経験を積み上げることに成功しました。

しかし、この段階ではまだボールを押し出すような動きが強く見受けられました。この課題では、的が倒れるまで、支援者が常に一球ずつボールを渡すようにしていました。初期段階では本人がとりやすいように本人の身体の正面からボールを渡していました。走りながらボールを投げて的を倒すことに意識を向け始めてきた段階から、的に向かって走ろうとする本人の背中側にボールを渡すようしました。そのことで、身体が開き、ボールを投げる側とは反対側の腕が的に伸展する一方で、投げる側の腕が本人の後方で肘を曲げたような姿勢になり、走りながら投げるなかで、結果的に腕の左右のうまく協調した投動作を体験として積み上げていけるようになりました。最終的には、以上のような指導から約６か月間で、走らなくても重心移動ができるようになり、左右の腕動作も協調されているように見えました（図２を参照）。上記にあるようにフォーム自体への指導はほとんどしていません。

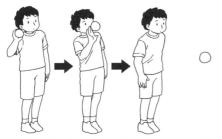

図２　Ａくん（複数合成事例）の投動作の変容

【事後評価：11歳】　以上の指導の結果、約1年後のMovement ABC 2のアセスメントで望ましい変化がみられました。すなわち両手操作項目と静的バランス項目の標準得点があがり、それに相まって、投球スキルに変化がみられました。

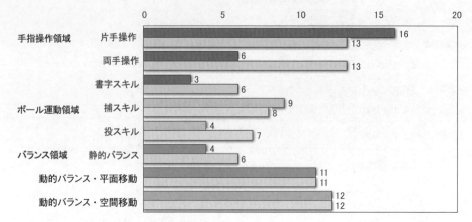

図3　Aくん（複数合成事例）のMovement ABC 2の事前と事後の比較結果（各項目の上段が10歳時、下段が11歳時）

　Movement ABC 2の評価項目を使ったことで、Aくんの運動のどこでつまずいているのかを知ることができました。すなわち彼の投動作のぎこちなさは、両手の動きの協調性の部分と静的バランスの困難さであり、その評価をもとに指導内容を考え実施することができました。その結果、本来有していると考えられた運動能力を引き出すことができ、本児もこの指導をとおして、ボール投げに抵抗がなくなり、自由時間にまでスタッフとボール投げをしようと誘ってくるようになりました。

(2)　事例2（7歳・自閉症スペクトラム障害）

　筆者らが行っている支援活動に、Bくんという男児が参加しています。彼は自閉症スペクトラム障害と診断されており、認知発達上に偏りと遅れが伴っていました。かつ運動の不器用さを主訴として活動に参加していました。

　【事前評価：7歳】　Bくんが小学校に入学した頃に運動発達アセスメントを実施しました。Movement ABC 2で必要とされる認知レベルに到達していないこともあり、TGMD-2を実施しました。その結果、日本版ではないため参考としての値になりますが、粗大運動発達指数は61でした。粗大運動発達指数は平均が100で、115から85くらいがおおよそ平均となるように設定されています。つまり、Bくんの運動発達は平均から乖離していることがわかりました。また移動運動の領域標準得点が6、物的操作運動の領域標準得点が1でした。これらの領域標準得点は、平均が10で、13から7くらいが平均になるように設定されていました。つまり、移動運動と物的操作運動の得点はともに平均より低く離れていることがわかり、特に物的操作運動は移動運動より相対的に低いことがわかりました。そして各課題の得点は、それぞれ満点の上限値が異なるため、点数ではなく、課題ごとの上限値を100とした遂行率として図4に表しました。

第3章　子どもの運動を知るためには

　この結果からBくんは、物的操作運動が移動運動スキルより能力的に低い状態であることから、いわゆる個体内に閉じた運動（クローズド・スキル）よりも、外的環境との調整を必要とする運動（オープン・スキル）に苦手さがあることがわかりました。

　特に物的操作運動領域の中で低かった課題に着目すると、ティーバッティングとオーバーハンドスロー、ボール転がしでした。これらの項目はすべて捻り運動が伴っており、その動作に難しさがあるのではないかと考えました。さらによくみると、それぞれの課題のうちオーバーハンドやボール転がしの課題の中の評価項目のうち、身体の後に手をもっていくことに難しさがあると考えました。これらの外的物への調整（高橋ら、2012）、体の捻り（Teitelbaum et al., 1998）、手・腕を見えないところで操作する力（ニキ・藤家、2004、小道、2009）は、自閉症スペクトラム障害のある子どもが苦手としていると言われている動作です（必ずしもすべての自閉症スペクトラム障害のある子どもがそうだとは限りません）。

　これら3点のうち、私たちは彼に対して、はじめに外的物への調整に対する指導を行うことにしました。

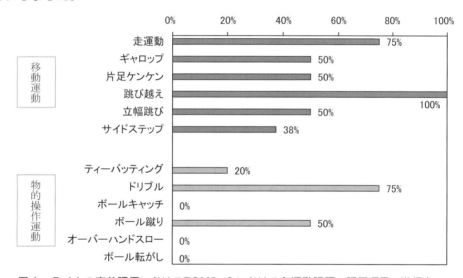

図4　Bくんの事前評価におけるTGMD-2における各運動課題の評価項目の遂行率

【指導内容】　Bくんの問題を解決するために、ボールキャッチ課題を行いました。Bくんはテニスボールのような小さいボールを捕球することを苦手としていましたが、ビーチバレーボールやビニールボールなどの大きいボールを抱え込んで捕球することができました。

　そこで、まずは大きいボールを使って、左右前後に動きながら捕球する成功経験を積み重ねられるようにしました。また、ボールが自分の身体の左右にずれていたものに対して、身体自体を動かすことなく上肢だけで捕りにいこうとして、ボールを落とすことが多くありました。そのため、移動して捕ることをわかりやすくするため、立ち位置とその左右に、または前に、直径30cm程度のサークル（マーカー）を置き、足をマーカーの位置まで動かしてからボールを捕球するようなゲームを行いました。練習を重ねるとしだいに

マーカーがなくても足を左右に、そして前に移動してからキャッチすることはできるようになりました。

　それから、ボールキャッチそのものが楽しくなってきた段階で、ボールの大きさを変えていきました。すなわち大きいものから小さいものまで用いるようにしました。はじめは小さいボールのときは、近くから胸元を離れないように投げるように心がけました。うまく捕れるようになると同時に、大きいボールと同じくらいの距離から、そして左右に散らしながら投げるように試みました。さらにゲーム性を加え、20回連続キャッチにチャレンジしたりしました。終始、Bくんが意欲的に取り組めるようにアダプテッドしていきました。

　その結果、およそ10か月後には特に大きいボールに関しては左右に4歩程度移動してキャッチすることができるようになり、また10cmほどのプラスチックボールも身体の近くであればキャッチできるようになりました。加えて、捕球動作は腕で抱え込むのではなくボールに向かって手を伸ばすようにしてキャッチすることができるようになりました。

　【事後評価：8歳】　前回の評価から1年後に、あらためてTGMD-2を用いてアセスメントを行いました。その結果、Bくんは粗大運動発達指数が76、また移動運動の領域標準得点が9点、操作運動の領域標準得点が3点となり、前年と比較して運動発達の状態が改善しました。加えて、図5で示したように各評価項目でみてみると、年間をとおして実施したボールキャッチは、手を使ってボールを捕球することができるようになったことがわかります。さらに、ボール蹴りにおいても、ボールを蹴りだす際の軸足の位置を走りながら蹴りやすい位置に調整することができていました。すなわち、私たちの支援活動は、この1年間で課題としたBくんの外的物へ調整する力の向上に少なからず貢献できたのではないかと考えました。

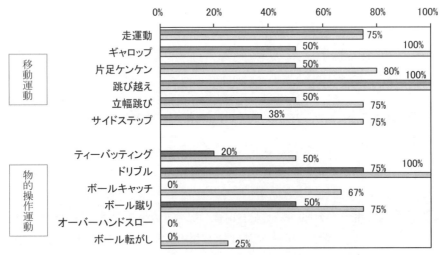

図5　BくんのTGMD-2の結果における運動課題の達成率の比較（各項目の上段が7歳時、下段が8歳時）

第3章　子どもの運動を知るためには

　以上より、TGMD‒2を用いてBくんの運動発達を評価してプログラムを組み立て、事後評価を行いました。その中で、支援目標や課題設定の際には、粗大運動発達指数や移動運動、操作運動の標準得点といった量的な指標だけでなく、各運動課題の評価項目をみることやこの評価項目をとおしてBくんの課題を質的に評価することができました。

〈参考文献〉

- 高橋実著、石部元雄、上田征三、高橋実、柳本雄次編「障害児保育におけるアセスメントと発達支援」『よくわかる障害児教育』ミネルヴァ書房、2007
- 黒田美保『これからの発達障害のアセスメント─支援の一歩となるために』金子書房、2015
- 西山明雄「言語障害児を対象とする随意運動発達検査法の検討」『日本耳鼻咽喉科学会会報』73⑽、1970、pp.1634‒1661
- 小林芳文『ムーブメント教育プログラムアセスメント（MEPA）』日本文化科学社、1985
- 三宅和夫、大村政男、高嶋正士、山内茂、橋本泰子『KIDS 乳幼児発達スケール』発達科学研究教育センター、1989
- Henderson, S. E., & Sugden, D. A. (1992). The movement assessment battery for children. San Antonio, The Psychological Corporation.
- Henderson, S. E., Sugden, D. A., & Barnett, A. L. (2007). Movement Assessment Battery for Children-2. Harcourt Assessment.
- 宮原資英、七木田敦、澤江幸則「発達性運動協調障害」『神経発達障害のすべて』日本評論社、2014
- Ulrich, D. A. (1984). The reliability of classification decisions made with the objectives-based motor skill assessment instrument. Adapted Physical Activity Quarterly, 1⑴, 52‒60.
- 澤江幸則著、澤江幸則、木塚朝博、中込四郎編著「障害のある子どもの身体」『身体性コンピテンスと未来の子どもの育ち』明石出版、2014、pp.194‒203
- Ulrich, D. A., & Wise, S. L. (1984). Reliability of scores obtained with the objectives-based motor skill assessment instrument. Adapted Physical Activity Quarterly, 1⑶, 230‒239.
- Houwen, S., Visscher, C., Hartman, E., & Lemmink, K. A. (2007). Gross motor skills and sports participation of children with visual impairments. Research Quarterly for Exercise and Sport, 78⑵, 16‒23.
- Houwen, S., Hartman, E., & Visscher, C. (2009). Physical activity and motor skills in children with and without visual impairments. Medicine and science in sports and exercise, 41⑴, 103‒109.
- Staples, K. L., & Reid, G. (2010). Fundamental movement skills and autism spectrum disorders. Journal of autism and developmental disorders, 40⑵, 209‒217.
- Sugiyama, A., Sawae, Y. and Doihata, K. (2016). Assessment of motor development on children with intellectual disability. –By use of The Test of Gross Motor Development – Second edition (TGMD‒2) –. The 14th International Symposium of the Asian Society for Adapted Physical Education and Exercise. 38‒39.
- 土井畑幸一郎、澤江幸則、杉山文乃「Test of Gross Motor Developmentを用いた運動発達支援の可能性について⑴　自閉症スペクトラム障害児における一事例研究を通して」『日本体育学会大会予稿集第67回』、2016、p.334
- 高橋智、田部絢子、石川衣紀「発達障害の身体問題（感覚情報調整機能障害・身体症状・身体運動）の諸相：発達障害の当事者調査から」『障害者問題研究』40⑴、2012、pp.34‒41
- Teitelbaum, P., Teitelbaum, O., Nye, J., Fryman, J., & Maurer, R. G. (1998). Movement analysis in infancy may be useful for early diagnosis of autism. Proceedings of the National Academy of Sciences, 95⒄, 13982‒13987.
- ニキリンコ、藤家寛子『自閉っ子、こういう風にできてます！』花風社、2004
- 小道モコ『あたし研究─自閉症スペクトラム～小道モコの場合』クリエイツかもがわ、2009

第4章
子どもが運動を楽しむためには

4.1 知的障害

1　はじめに

　筆者は大学生のとき、ある地域のスポーツ活動で知的障害のあるM君（当時小学校4年生）に出会いました。M君は指導者からの指示や集団の流れに合わせて参加することが難しく、学生スタッフのひとりが常にサポートしている状況でした。このスポーツ活動は、学生が中心となって様々なプログラムを立案し、試行錯誤しながら実践していくもので、運動指導に慣れない学生にとっては毎回がチャレンジでした。あるとき、私がメインの指導者（MT）を担当し、長なわとびの活動を行っていました。いつものように、うまく集団に参加できないM君は遠くでほかの遊びをしていました。しかし、筆者は何となく、M君がこっちの方をちらちら見て様子をうかがっている気配も感じていました。すると、M君は突然ふらっと長なわとびの活動場所へやってきて、私の手を握ってきたのです。「もしかしたら」と思い、「一緒になわとびやってみようか」と声をかけました。そして、1人では跳ぶことができないM君に対して、腰のあたりを補助しながら2人で一緒に長なわとびを行いました。「いち、に、さん、・・・じゅう！」。みんなに数をかぞえてもらって10回を跳び終えると、ほかの子どもたちや学生スタッフ、そして保護者もそろって大喝采。M君も満面の笑みで私にハイタッチを求めてきました。そして驚いたことに、この出来事の直後から、M君は集団の輪に加わり、みんなと同じ場所に座って順番を待つようになりました。また、様々な課題に挑戦する様子もみられるようになりました。

　当時の筆者は指導者として大変未熟で、子どものことをほとんど理解できていませんでした。参加できない子と決めつけていたわけではありませんでしたが、どこかでM君は仕方がない、と思っていたのは否定できません。しかし、M君は実は「指示がわかりにくくて何をしていいかわからない。みんながやっていることも難しくて、僕には上手にできない。本当はみんなと楽しくやりたいけど、どうしていいかわからない。」と感じていたのです。本来であれば、M君に合った運動課題を設定し、わかりやすい形で伝え、頑張っている姿を賞賛することが指導者として求められていたのですが、筆者は全くそのようなかかわりをもてませんでした。このとき、意を決して筆者に「やりたい」という気持ちを表してきたM君がいなければ、筆者は本稿を担当させていただくことはなかったでしょう。今でもM君には心から感謝しています。本稿では、M君のように、本当はいろいろな運動やスポーツをやってみたいという気持ちがあるのにどうしていいかわからない子どもや、運動やスポーツをやる機会をうまく作れない子どもに対してどのような指導の方法があるのかを考えていきたいと思います。

なお、このM君の話には続きがあります。その後、高校を卒業する年齢に近づいてきたM君のお母さんに話を聞いたところ、「あのときはスポーツをしたくても行き場所がなくて、本当に困りました。おかげさまで、今はいろんなことができるようになり、どれにしようか選ぶことができるようになりました。」と話してくれました。様々なスポーツにチャレンジできるようになったM君は、今では自分が続けたいスポーツを選択できるようになったのです。このことは、知的障害のある子どもの生涯スポーツを考えた場合、極めて重要なことを意味していると感じています。本稿では、このように生涯にわたってスポーツとかかわりをもてる生活をするために必要なことについても考えてみたいと思います。

導入が少し長くなりましたが、まずは知的障害のある子どもへの体育の在り方について考えてみたいと思います。

2　知的障害のある子どもへの体育

知的障害のある子どもは、みな様々な個性をもっています。したがって、全員に共通して「これだ！」という具体的な指導法を提示することは難しいと思われます。しかし、日々体育の授業を実践していく中で、うまくいかないときや、予想したようなパフォーマンスを子どもが出せないことも多々あります。そのようなときは、指導のどこに問題があるのかを分析し、その問題を解決していかなければなりません。そのためには、目の前の状況をよりわかりやすく整理する必要があります。このことが知的障害のある子どもへの体育では難しいところになります。そこで、ここでは実際場面で臨機応変なかかわりが求められる場合を想定しながら、知的障害のある子どもへの体育で求められる視点や具体的な内容について考えていきたいと思います。

(1)　指導を整理するためのトライアングル（3つの制約）

障害のある子どもへの体育・スポーツの指導に関する教科書をみると、よく図1のようなトライアングル（3つの制約）の図が描かれています。このトライアングルの頂点にはそれぞれ、「子どもの特性」「課題」「環境」と記されています。この図は、目の前で生じている状況について、3つの要素が互いにどのように関連しあっているかを整理することを意味しています。そして、より有効な指導を行うために、どこにどのような工夫を取り入れるべきかを考える上で重要な役割を果たします。

それぞれについて説明すると、「子どもの特性」とは、対象となる知的障害のある子ども本人の特性を指します。身長や体重などの形態的な特徴からはじまり、認知や感覚、運動などの発達全般に関する特性、興味関心や好き嫌いなどの心理的な特性な

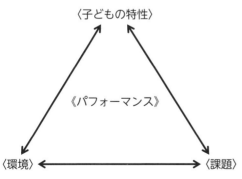

図1　子どもの特性、課題、環境のトライアングル（3つの制約）

ど、その子どもを取り巻く様々な特性のことをここでは指しています。例えば、何か指示を出すときに言葉による指示よりも視覚的な指示の方が伝わりやすいなどです。これは個人の認知特性に関することです。

次に「課題」とは、子どもが直面している運動課題そのものを指します。例えばサッカーでは、仲間に向かってボールをキックすること（パス）、転がってきたボールを止めること、ゴールに向かってシュートをすることなど、様々な課題がその都度課せられることになります。また、同じ課題でも、対象となる子どもがどのように課題を理解して何を意図しているのかを考えることも必要です。指示通りに理解していると思いきや、実は異なる理解の仕方をしている場合は、指導の有効性を評価していく上で「課題」の部分の分析が誤ってしまうことになります。

最後に「環境」とは、その子どもが何らかの運動を遂行しようとしているときのまわりの環境のことを指します。例えば、体育館か屋外か、地面は滑りやすいか滑りにくいか、音は響くか響かないか、体育館のどこにどのようなラインが引いてあるかなどのハード面の環境があります。また、ボールはどのような大きさか、手触りはどうかなどのソフト面の環境もあります。普段何気なく感じているまわりの環境は、知的障害のある子どもの運動の遂行においてとても重要な役割を果たしています。

以上のように、知的障害のある子どもの運動場面を考えるためには、「子どもの特性」と「課題」、「環境」の3つの要素からその状況を眺め、子どもがどのようなパフォーマンスを示しているのかを分析する必要があります。

⑵　**具体的な事例**

ここまで概論的に述べてきましたが、以下では具体的な事例について紹介したいと思います。

①　ラグビーの醍醐味を味わう

ラグビーは知的障害のある子どもの体育授業ではあまり馴染みがないかもしれません。平成27（2015）年のラグビーワールドカップでは、日本が海外の強豪に勝利するなどラグビー人気が高まりました。そこで、筆者が運動指導を担当していたスポーツ活動でラグビーを取り入れようと考えました。何をしたかというと、まず、ラグビーの醍醐味の1つである「トライ」を中心的な活動として設定しました。そして、「トライ」の瞬間をわかりやすく、そして参加するすべての子どもが体験できるように、イラスト（図2・左）のような工夫を取り入れてみました。マジックテープによる「くっつく」感覚を活用したものです。

まず、床に敷かれたシートはマジックテープの固い面の素材になっており、同じくマジックテープの柔らかい面の素材を表面に貼り付けたボールを準備しました。そして、ボールをシートに叩きつけると「トライ」になります。つまり、マジックテープの「くっつき」を利用して、ラグビーならではのボールを地面に叩きつける「トライ」の瞬間を引き出しているのです。ラグビーのトライは、映像ではとてもかっこよく、そして魅力的です。ただ、知的障害のある子どもにとっては何をしてよいのかわかりにくいプレイでもあ

第4章　子どもが運動を楽しむためには

ります。なぜなら、バスケットボールのように明確なゴールがあるわけではなく目標が視覚的に理解しづらいと考えられるからです。そこで、床にボールを叩きつける「トライ」の瞬間を子どもにわかりやすくするために、このような教材を思いつきました。その結果、参加する子どもたちは、何をするのかが明確になり、「トライしたい！」という意欲が引き出されたようでした。勢いよく走って滑り込みながら「トライ」する子どもや、すこし恥ずかしそうにそっと「トライ」する子どもなど、個性的な「トライ」がみられ、とても盛り上がった楽しい活動になりました。筆者が意図していたラグビーの「トライ」の決定的瞬間を、少しは子どもたちに伝えられたのではないかと感じました。その後の活動では、子どもたちが走っていくスペースに大人がディフェンスとして参加するなど、活動のバリエーションも増えていきました。

　このほかにも、ラグビーのトライの瞬間を味わうためにマットを使った活動を見たことがあります（イラスト（図2・右））。つまり、「くっつく」というやや強引なアイテムを利用するのではなく、より自然なトライに近付けたもので、かつ、飛び込んでも痛くない柔らかいマットを活用し、子どもにとって魅力的な感覚を利用して「トライしたい！」と思える内容にしたのです。このときの活動では、参加する子どもの運動スキルの基礎がある程度出来上がっていたこともあり、本格的なトライに近い攻撃シーンが何度も見られ、大変盛り上がる活動となっていました。

図2　ラグビーのトライ

② 野球の醍醐味を味わう

　野球やソフトボールのようなベースボール型のスポーツは、日本では比較的身近なスポーツです。しかし、知的障害のある子どもを対象にそのまま野球を教材として取り入れようとすると、難しいところがあります。知的障害のある子どもを対象とした野球は、指導者によって様々な形で行われていると思いますが、ここでは筆者が実践したものを紹介したいと思います。まず、野球というと具体的に何が思い浮かぶでしょうか。筆者は、知的障害のある子どもにとって馴染みやすいのはバッティングではないかと考えました。そして、バッティングの後には1塁ベースまで走るという走塁のスキルも身に付けたいところです。そこで、イラスト（図3）のような場面を設定しました。

図3　野球のバッティング

　まず、バットは子どもの実態に合わせてプラスチックやスポンジのバットを使用しています。そしてボールは、できるだけあたりやすくするため、ゆっくり飛んでくる風船やビーチボール、テニスボールなどを用意します。また、動くボールを打つことが難しい場合は、台の上にボールを置いたり、上からボールを吊るしてバットにあたったら転がる仕組みを作ることなども考えられます。これで、バッティングの準備は完了です。次に、1塁ベースまで走るという部分をどうするか。試行錯誤しましたが、最終的に知的障害のある子どもが楽しく走ることができたのは、イラスト（図3）のようにベースのような素材の四角い目印を1塁方向に並べるというものでした。ボールを打った後に走るというのは子どもによっては理解が難しく、走るのを忘れてしまったり、何のために走るのかわからないこともあります。イラスト（図3）のようにすると、それまであまり走ろうとしなかった子どもが走り出したり、より速く走ろうとするなど、知的障害のある子どもにとってとてもわかりやすかったようです。なお、実際場面ではJPクッションという教材を使用しましたが、例えば丁度よい大きさのカラフルな目印を用意するなど、工夫を凝らせばより楽しい活動になります。スポーツのトレーニングで使用されるラダーなどもよいかもしれません。また、ルールに関しては、守備側が1塁にボールを返すまでにどこまで走ったかで得点をつけるなどの工夫もできます（イラスト（図3））。

　なお、このゲームもラグビーと同様に、継続していくと例えば2塁ベースを作るなど、いくつかのバリエーションに展開することができます。もちろん、それに合わせて守備側の工夫を加えることで、よりレベルの高い試合を行うこともできるでしょう。

(3)　2つの具体例のまとめ

　上記の具体例は、ラグビー、野球という特定のスポーツの一側面に過ぎません。しかし、それぞれを詳細に分析すると、「子どもの特性」と「課題」、「環境」の3つのポイントから整理することができます。

　例えばラグビーの例（図4）では、知的障害のある子どもにとって一番わかりやすく、醍醐味を味わえるトライを「課題」として設定しました。そして、「子どもの特性」とし

第4章　子どもが運動を楽しむためには

て、やることを明確にして終わりをわかりやすくし、かつ楽しめる要素があれば参加しやすいと考えました。そこで、「環境」として、くっつくという子どもにとってわかりやすいアイテムを用い、さらに走るコースなどにも工夫を取り入れました。この活動では、何度かトライを体験すると、以降では大人がディフェンスとして参加したり、友達にパスしたりなど、いくつかのバリエーションに発展させることもできました。その都度、このトライアングルの図をイメージしながら、「課題」や「環境」に工夫を取り入れることで、パフォーマンスがどんどん上がっていきます。

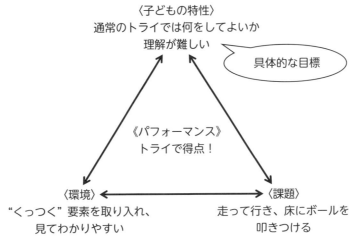

図4　ラグビーのトライを整理した図

同様に、野球の走塁の例（図5）でも、打った後の「課題」として1塁ベースまで走ることを設定し、言葉よりも視覚的な手がかりがわかりやすいという「子どもの特性」に合わせて、1塁ベースまでクッションを並べるという「環境」を設定しました。この例についても、バットやボールに工夫を加えたり、走るコースを延ばすなど、様々なバリエーションが発展型として考えられます。

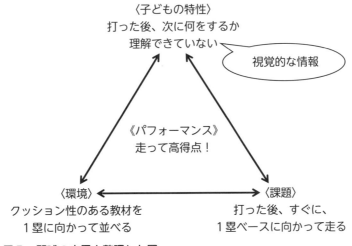

図5　野球の走塁を整理した図

このように、知的障害のある「子どもの特性」に合わせて、「課題」や「環境」がどのようになっているのかを整理することで、うまくいっていないときの状況を整理し、指導の問題点をみつけることが可能になります。そして、この３つの要素がどのように関係し合っているのかを整理しながら、次の指導でどうするかを考えることが、知的障害のある子どもの体育で大事な視点であり、また体育という教科の醍醐味であると考えられます。

3　知的障害のある子どもの生涯スポーツに向けて

　ここまで、体育の授業の実際場面を想定しながら、目の前の状況の整理の仕方や指導内容の考え方について紹介してきました。トライアングルをイメージしながら、日々の体育の授業を考えていくことで子どもたちのパフォーマンスは変わってくると思います。では、日々の体育の授業で運動スキルを新しく獲得したり、上達させたり、あるいはうまくできていたことができなくなっている場合など、様々な子どもの変化に対して、指導者はどのようなかかわりが必要になるでしょうか。そして、それらのかかわりは知的障害のある子どもの生涯スポーツにどのように影響するでしょうか。以下では、知的障害のある子どもへのかかわりと生涯スポーツについて、考えてみたいと思います。

⑴　自尊心が高まるようなかかわり

　知的障害のある子どもへのかかわりの基本として、できないことに対するネガティブなかかわりではなく、できたことや挑戦した取り組みに対するポジティブなかかわりが求められます。その理由の１つに、自尊心を高めることがあげられます。知的障害から少しそれますが、運動の不器用さで辛い経験をたくさんされてきた発達障害の方の講演を聴く機会がありました。そこで話されていたことは、運動が上手にできないことの本質的な問題は、運動のできなさそのものにあるのではなく、運動のできなさによって著しく自尊心を低くしてしまうことにあるという話でした。何においても「自分はダメ」と思い込んでしまうことが運動の発達にとって一番問題なことなのです。私の経験上、知的障害のある子どもの中にも、まわりと同じように運動を行うことができないため、「自分はダメ」と思ってしまっている子どもも少なくないと感じています。また、体育やスポーツの専門家の中には、「修正点」を「改善する」ことが指導で一番大事なことと考えている人も少なくありません。そのような考えをもつ指導者からの言葉かけは、どうしても「ここがダメだからできないんだ。もっとこうする努力をしなさい。」というネガティブなものになってしまいます。また、場合によっては、「なぜいったとおりにできないんだ。一生懸命やっていないからだ。」と叱ってしまうこともあるようです。その結果、自尊心が低下して、「自分はダメ」という思考になってしまうかもしれません。

　そうではなく、子どものパフォーマンスに対しては基本的にポジティブなかかわりをもつことが何よりも重要です。このことが、とりわけ体育やスポーツの指導者には難しいことのようです。ではなぜ難しいのでしょうか。いろいろな理由があるかと思いますが、筆者は体育やスポーツの指導者の多くが無意識のうちに感じている「あたり前」という感覚

が背景にあるように思っています。ここでいう「あたり前」というのは、一般的な運動発達の段階と言い換えることができます。体育やスポーツの指導者は、自身の経験や体験、あるいは知識として学んできた既存の運動発達の段階に、何の疑いもなくとらわれてしまう傾向が強いと感じています。ところが、その運動発達の段階を想定して知的障害のある子どもをみると、期待する運動発達の段階から大きく遅れた動きを見せたり、あまり見たことがない独特な動きをみせる子どもが少なくありません。つまり、多くの指導者が経験し、積み重ねてきた知識の範囲におさまらないケースがあるのです。上手になっていく過程は人それぞれで、みな個性がある、ということです。このことは障害の有無にかかわることではありませんが、知的障害のある子どもの場合はより柔軟で幅広い視野をもつことが求められます。

　より柔軟で幅広い視野をもつことができれば、「この子どもにとって、今のパフォーマンスはすごいことかもしれない」と考えることができたり、「これまでとは違うやり方に挑戦して頑張っているな」と考えることもできます。そのようなちょっとした変化や子どもの頑張りを見逃さず、そしてそれに対して心から「がんばっているね」「その調子でいこう」と励ましや賞賛の声をかけることが子どもの自尊心にとって極めて重要なことになります。特に、「体育の先生」というイメージが強い先生から褒められることは、子どもにとって何よりも嬉しいことのようです。運動が苦手な子どもや自尊心が低い状態にある子どもに対しては、体育教師が優しく褒めることが大切です。

⑵　自己実現に向けて

　高い自尊心を維持することができるようになれば、その先には自己実現という喜びが待っています。自己実現とは、自分の可能性を最大限に引き伸ばすことです。先述のように様々な環境の中で課題をクリアしていくことで、自身の運動スキルは上達していきます。そして、その過程で次の目標を自分自身で設定し、目標を達成することで喜びを感じていきます。このようなスポーツをとおした自己実現は、スポーツという限られた範囲だけでなく、その子どもやその人の生活全般にとってよい影響を及ぼし、生活の質の向上へとつながると考えることができます。体育の授業の質は、このような自己実現の機会をできるだけたくさん作ることができるかどうかが指標となるかもしれません。

　ところで、運動の学習や発達に関する研究の分野で大きな影響を与えたベルンシュタイン（2003）は、運動が上手になっていく最終段階では、「自分に最も適した、自分なりの運動の仕方を獲得する」ことの重要性を指摘しています。このことは、知的障害のある子どもの体育・スポーツ活動を考える上で極めて重要なことだと思っています。その理由は次のようなことです。知的障害のある子どもは一人ひとりがオリジナルの発達の経路をたどって運動スキルを上達させていきます。その過程では、「一般的な発達パターン」や「こうするのが正しい」という概念は存在しないことになります。体育やスポーツの指導者は、その子どもにとって何が強みになるか、生涯を通じたスポーツ活動の中で、どういったスポーツとのかかわり方がよいのかを考える必要があります。そのためには、その

子どもなりの運動スキルの獲得の仕方や運動発達の特徴を理解し、尊重し、かつその場に応じて目の前の運動課題に適応できるスキルを身に付けるように指導を行う必要があります。それらの力を身に付けることができれば、学校を卒業した後も自分に合ったスポーツを選択することができるようになり、自分の目標を達成していくという自己実現のプロセスが待っています。

⑶　信頼できる仲間の存在

　知的障害のある子どもは、対人関係で問題を抱える場合も少なくありません。自分がやりたいスポーツを選択できるようになっても、その活動の場や雰囲気、人間関係がその子どもに合わないと、参加する気持ちになりにくいことは容易に想像されます。一方、スポーツの種類としてはあまり得意ではないが、まわりの人との交流が楽しくて参加するという場合も少なくありません。例えば、水泳は知的障害のある子どもや大人でも親しみやすいスポーツの1つです。市民プールに行くと一人で黙々と泳いでいる知的障害のある方を見かけることもありますが、よく見ると毎日会う人と話をしたり、スタッフとあいさつを交わすなど、大小の違いはありますがそこに人間関係があるから水泳を行っている場合もあります。最近ではマラソンの人気が高まったり、ボルダリングのように新しいスポーツも発展してきています。毎回同じ時間、同じ場所でトレーニングしていると、顔見知りが増え、知人、友人となり、交流をもつことができるようになるかもしれません。そうすると、「スポーツを行うこと」と「人と交流すること」という2つの目的をもってスポーツに取り組むことができます。こうした人とのつながりをもったスポーツ生活を培っていくためには、やはり学校の段階でクラスの仲間と協力したり、上手な人間関係作りの土台を養っておく必要があると考えられます。

4　おわりに

　本稿では、知的障害のある子どもを対象とし、体育の授業を念頭において指導の工夫について紹介してきました。そして、体育教師の子どもとのかかわり方の重要性や、生涯を通じたスポーツとのかかわり方について述べてきました。冒頭で紹介したM君のように、生涯にわたって自分で選択しながらスポーツとかかわっていけることが、何よりも大事なことだと私は考えています。そのための土台作りとして、学校や地域でできることはたくさんあると思います。また、近年はこれまでにみかけなかった新しいスポーツがどんどん普及し、スポーツとのかかわり方も多様になってきました。それらの社会的な動向にも目を向けながら、多くの知的障害のある方が有意義なスポーツライフを楽しめる社会になるように、今後も研究と実践を続けていきたいと思います。

第4章　子どもが運動を楽しむためには

コラム　こんなときどうする？

　みんなでストレッチをしています。身体の左右が非対称のストレッチや左右の手足が交差するストレッチをすると、毎回同じように間違えてしまうＳ君。その原因はなんでしょうか。また、間違えないようにするために、どのようにすればよいでしょうか。

　原因：①身体の動き全体ではなく一部分しか見ていない。
　　　　②複雑な動きでどうしていいかわからない。
　　　　③左右上下の理解があいまいである。
　　対策：①見るべき身体の部分を確認する。
　　　　②動きを分解して１つずつ動きを確認しながら行う。
　　　　③左右上下にある物理的な目印（天井と床など）の具体的な手がかりを使って身体の動きを伝える。

〈参考文献〉
- 矢部京之介、草野勝彦、中田英雄『アダプテッド・スポーツの科学～障害者・高齢者のスポーツ実践のための理論～』市村出版、2004
- リサ・A・カーツ著、七木田敦、増田貴人、澤江幸則監訳『不器用さのある発達障害の子どもたち　運動スキルの支援のためのガイドブック』東京書籍、2012
- ニコライ・A・ベルンシュタイン著、工藤和俊訳、佐々木正人監訳『デクステリティ　巧みさとその発達』金子書房、2003
- 村上祐介「スポーツの醍醐味を体験し「やりたい」を引き出す」実践障害児教育、44(1)：2016、pp.22－24
- 村上祐介「スポーツとのかかわりが子どもの成長を変える　一人ひとりの子どもに合ったスポーツ活動の実現に向けて」実践障害児教育、42(8)：2015、pp.10－11
- デビッド・L・ガラヒュー著、杉原隆監訳『幼少年期の体育　発達的視点からのアプローチ』大修館書店、1999

4.2 肢体不自由

　肢体不自由のある子ども（以下、肢体不自由児）は、起因する疾患により様々な運動障害と感覚障害の様相（障害特性）を示すとともに、認知面などの発達にも特徴がみられます。また、一人ひとりその状態が異なります。したがって、障害特性や発達の特徴に応じた運動やスポーツの楽しみ方を工夫する必要があります。

1　肢体不自由児が楽しめる運動やスポーツ

　肢体不自由児が楽しめる運動やスポーツには、以下のようなものがあげられます。

⑴　一般の運動やスポーツ

　水泳、陸上競技（走競技）、ダンス・表現運動など、個人で行うことができる運動やスポーツは、肢体不自由児が個々の実態に応じて参加しやすく、特に水泳は肢体不自由児者に最も親しまれています。また、ダンスは、創作ダンスや現代的なダンスなど自由な身体表現ができることから肢体不自由の程度や疾患にかかわらず楽しむことができます。

⑵　一般のスポーツを障害にアダプト（適応）させたもの

　一般のスポーツのルールや用具を変更したり、コートやエリアなど施設の変更や補助具の使用で参加できるスポーツがあります。車椅子バスケットボールや車いすテニスは車いす使用者に合わせてルールを変更したもので、パラリンピックの正式種目です。その他の球技も、ルールなどの変更により楽しむことができます。

⑶　ニュースポーツ

　ニュースポーツは、誰もが参加できるスポーツとして考案され発展してきたスポーツです。したがって、肢体不自由児でも参加しやすいスポーツが多くあります。フライングディスクは全国障害者スポーツ大会の正式種目にもなっています。距離を競ったり、正確性を競ったり、ディスクをぶつけ合うドッジビーやディスクゴルフなど様々な取り組み方があります。氷上で行われるカーリングも、車いすに乗ったまま手やステッキでストーンを滑らせて行います。その他にも、スポーツ吹矢、ユニカールなどが楽しまれています。

⑷　障害に合わせて考案されたスポーツ

　一般のスポーツを基にして肢体不自由のある人たちが参加しやすいように、特別に考案されたスポーツがあります。ボッチャは、パラリンピックでの日本代表チームの活躍もあり、近年盛んに行われています。ターゲット型のスポーツでジャックボールと呼ばれる的玉に、どれだけ自分（もしくはチーム）のボールを近付けることができるか競い合うゲームです。そのほかには、障害の程度が軽度の人から重度の人たちまで一緒に参加できるハ

第4章　子どもが運動を楽しむためには

ンドサッカーがあげられます。ハンドサッカーは、東京都立肢体不自由特別支援学校の教員が考案した、子どもたちに人気のあるサッカーとハンドボールを合わせたスポーツです。障害の状態が最重度の肢体不自由児でも、一緒に参加できるようポジションが工夫されている点に特徴があります。また、障害のない人も一緒に参加できるユニバーサルスポーツといえます。現在は、東京都だけでなく様々な地域に広まっています。

2　起因疾患別の参加しやすいスポーツ

起因疾患別にみた、参加しやすいスポーツは以下のようになります。

⑴　脳性疾患（脳性麻痺など）に適したスポーツ

○陸上競技（短距離走、長距離走、リレーなど）　○水泳　○球技（ルールの変更あり）
○ダンス

障害の程度が軽度で独歩ができる両麻痺（下肢の障害が主）の子どもは、球技（サッカー、卓球など）や自転車競技などにも参加できます。

⑵　脊髄疾患に適したスポーツ（主に手動車いすを使用する対麻痺）

○陸上競技（車いすを使用した短距離走、長距離走、リレーなど）　○水泳
○球技（バスケットボール、テニス、卓球など）　○ダンス　○武道（剣道）

⑶　筋疾患に適したスポーツ（主に電動車いすを使用）

○陸上競技（スラローム競技）　○水泳　○球技（電動車椅子サッカー）
○ダンス（車いすダンス）

⑷　骨・関節疾患に適したスポーツ

○陸上競技（短距離走、長距離走、リレーなど）　○水泳　○球技　○ダンス
○武道（剣道）

障害の程度が軽度の子どもは、ほとんどすべての運動に参加できます。

⑸　四肢の欠損に適したスポーツ

四肢の欠損（切断含む）の子どもの場合、上肢の欠損では鉄棒や跳び箱など上肢で身体を支える運動を除いて様々なスポーツで、障害のない子どもと一緒に参加することができます。また、下肢の欠損ではスポーツ用の義足やレーサー（競技用車いす）などの補装具を使用して陸上競技に参加したり、車いすを使用して脊髄疾患と同様の運動・スポーツに参加できます。

なお、ニュースポーツや肢体不自由児者に合わせて考案されたスポーツは、すべての疾患の子どもが参加することができます。

3　指導計画の作成

肢体不自由児が体育授業やスポーツ活動を楽しんだり、また、障害のない子どもと一緒に活動に参加するためには、指導計画（学校では「個別の指導計画」）の作成が重要になります。指導計画の作成には、筑波大学附属桐が丘特別支援学校のL字型構造の考え方が

107

参考になります。L字型構造では、参加する肢体不自由児が、系統性の軸（縦軸）として「参加する運動の特性や動きと技能の段階（系統性）においてどのような状況にあるか」と、個別性の軸（横軸）として「個々の障害や認知の特徴などがどのような状況にあるか」の2点をふまえ、指導目標と指導内容および指導法の工夫や配慮を決定し、指導計画を作成します（図1）。具体的には、以下の(1)～(4)の手順で進めます。

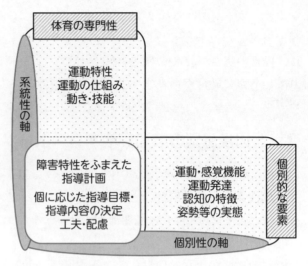

図1　L字型構造
（筑波大学附属桐が丘特別支援学校紀要、2016から一部改変）

(1) **運動・スポーツの選定**

　小学校や中学校の体育授業であれば、学習指導要領に基づいて作成された年間指導計画で定められた運動種目に参加します。日常生活で取り組むスポーツやレクリエーションに参加する場合は、本人の発達状態（身体、体力、知的能力やコミュニケーション能力など）や本人がどのような運動を行いたいかというニーズを考慮し、適切な運動やスポーツを選択することが大切です。

(2) **運動特性や技能などの段階の整理（系統性の軸）**

　運動やスポーツが決まったら、その運動特性や運動の仕組みと、特徴となる基本的な動きや技能の段階（系統性）について整理します。運動特性や運動の仕組みについては、個人で行う運動か集団で行う運動か、球技ではゴール型、ネット型、ベースボール型などの分類、武道など伝統的な動きや形、作法を行うか、表現運動・ダンスなど自由な表現を行うかなどについて整理します。特徴となる基本的な動きについては、走る、跳ぶ、投げる、捕る、蹴る、運ぶ、転がるなどの動きから、参加する運動に必要な動きの抽出とその動きについて高次化に向けた段階を整理します。例えばドッヂボールでは「投げる、捕る、よける」動きが特徴となる動きですが、それぞれのフォーム、正確さ、速さなどについての段階をみます。技能では、個人技能と集団技能などについて初歩的な技能から高次な技能までの段階を整理します。

(3) **障害や認知の特徴の把握（個別性の軸）**

　運動やスポーツに参加する肢体不自由児の把握として、運動・感覚障害、運動発達、認知発達の特徴、姿勢、健康・医学的配慮事項などについて、日々の観察や様々なアセスメント、医療の診断結果などを参考にしながら整理します。加えて、具体的に子どもができる動きとできない動きについて分析します。

第4章　子どもが運動を楽しむためには

⑷　個に応じた指導目標・指導内容の決定

　系統性の軸に基づいた運動に関する実態（現在の運動能力）と、個別性の軸に基づいた障害などの実態把握を重ね合わせて、参加する子どもの指導計画を作成します。運動を楽しみながら技能の獲得や向上を目指した指導目標と、どのような運動を行うか指導内容を決定します。あわせて、技能の向上を達成するために必要な指導方法の工夫や配慮の検討を行います。

4　指導の工夫

⑴　ルールの工夫

　肢体不自由児が運動やスポーツを楽しみ、参加しやすくするためにルールを変更します。例えば、車椅子バスケットボールのドリブルは、ボールを床にバウンドさせた後に車いすを2回こぐことが認められ、この動きを繰り返すことができます。シッティングバレーボールは、下肢に障害があり跳躍運動が難しい選手が参加し、ボールを打つ際におしりを床に付けた状態でプレーしなければなりません。卓球やバレーボールでは、上肢の障害により空間のボールを打つことが難しい場合は、ネットの下にボールを通過させるゴロ卓球やフロアーバレーボールを行います。空間（3次元）のボールの動きを床上（2次元）のボールの動きに変更して技能の難易度を易しくします。ただしルールを変更する場合は、参加する運動やスポーツの運動特性を損なわないように注意します（その運動やスポーツを特徴づける動きや技能は変更しないなど）。

⑵　用具や補助具の工夫

　障害の状態により、特定の動きや技能を行うことが難しい場合は、他のスポーツの用具を利用したり、補助具を利用することが効果的です。例えば、ソフトボールで打球面の広いラケットを使用したり、バレーボールで軽量のボールを使用してボレーをしやすくします。ボッチャでは、投げることが難しい場合は、ランプと呼ばれる傾斜台を使用してボールを転がします。用具や補助具を使用する場合は、運動が簡単になりすぎないようにします。本人が自己の技能の向上を目指して、努力する余地を残すことが大切です。

⑶　活動範囲の工夫

　下肢の障害により障害のない子どもと同じような速さで走れない場合や車いすを使用する場合は、走力や移動能力に応じて運動する距離やコートの広さを変更したりします。例えば、短距離走の距離やサッカーのコートの大きさを調整します。

⑷　プレーエリアの指定や特設ポジションの設定

　車いすを使用する肢体不自由児が運動に参加する場合には、他の子どもと接触しないように安全上の配慮をする必要があります。陸上競技でトラックを走るときは、内側のレーンを車いす専用レーンとすることが有効です。球技では、接触が起きないようにコート外に特設ポジションを設定します。例えば、バスケットボールやポートボールでは、サイドラインの外側にポジションを取り、仲間からパスを受けたら決められた時間内でサイドラ

イン沿いをドリブルすることができるようにしたり、ゴールラインの外側にポジションを取り、パスを受けた場合はフリースローを行うことができるようにします。障害の状態が重度の場合でも、特設ポジションを設定して、主体的にゲームに参加できるようにすることが大切です。

　なお、上記のような工夫をするときには、ルール変更などを教師（指導者）だけで決めないで参加する肢体不自由児やほかの障害のない子どもと一緒に決めるようにすると、参加者全員が楽しめる活動になります。

5　指導上の留意点、配慮すべき点

⑴　肢体不自由児に共通する特徴について

　先天的な疾患や乳児期の疾患に起因する肢体不自由児には、遊び経験の不足から生じる運動の難しさがみられます。障害のない幼児は興味のある物を見付けると、立ち止まったりしゃがんだりして手にとって遊ぶ様子がみられます。このような遊びの経験は、運動、感覚、認知機能の発達において相互に影響し合います。しかし、障害のために自分で歩くことが難しくバギーや車いすに乗せられた子どもは、立ち止まり、木や石を触る、においをかぐなど五感を使って遊ぶ経験が少なくなり、その結果として運動発達やその他の発達のレディネスが不足しがちになります。運動発達以外にも、空間に自分を位置付けること（空間定位）やボディイメージの発達にも遅れがみられることがあります。また、大勢で遊ぶ経験が少ないことから、集団でのかかわりから人とのつながりや順番を守ることなどのルールを知る機会が少なくなりがちです。幼少期から遊びや運動をとおして自ら身体を動かす、または介助されながらでも運動しながら動きを体感して、動くことの楽しさや動きたいという気持を育てるとともに、様々な機能の発達を促すことが大切です。

⑵　障害部位による運動の困難

　肢体不自由児は、障害のある部位により異なった運動の難しさがみられます。上肢、下肢、体幹に分けると以下のようになります。

○上肢：持つ、運ぶ、投げる、捕る、転がす、積む、こぐ、つかむ、握る、押す、引くなど「用具を操作する動き」が難しい

○下肢：歩く、走る、はねる、跳ぶ、登る、下りる、またぐ、はう、よける、滑るなど「身体を移動する動き」が難しい

○体幹：立つ、座る、寝ころぶ、起きる、回る、転がるなど「身体のバランスをとる動き」が難しい

⑶　疾患別の配慮点

○脳性疾患

　脳性疾患では、筋緊張のアンバランスや屈曲もしくは伸展方向の筋緊張が異常に亢進した状態がみられます。筋緊張の状態は、運動によって助長されることもあるため、運動後はストレッチ運動などを行ってリラクゼーションすることが大切です。また、脳性疾患の

第4章　子どもが運動を楽しむためには

ケースの筋力トレーニングについては、従前から賛否両面の意見がありますが、近年では体力を高めて動きの改善に有効であることが報告されています。この場合も、運動後のリラクゼーションが欠かせません。また、運動前に他者に補助されながらストレッチ運動を行い関節の可動域を広げておくことも有効です。ただし、無理な補助は関節の脱臼や骨折を起こすこともあるため、ゆっくり少しずつ可動域を広げるようにします。座位バランスや立位バランスの悪い子どもは、運動中の転倒に注意します。

　脳性麻痺の筋緊張や不随意運動は、心理面での影響を受けやすいため、運動中の指導や声援の声かけに配慮が必要です。また、陸上競技のスタートピストルなど大きな音に対して反応（驚愕反応）してしまい、運動が中断してしまう子どもがいます。大きな音の出るものは使用をひかえるとよいでしょう。

○脊髄疾患

　感覚障害のある部位は、けがをしても気付くことができないだけでなく、傷が治りにくい特徴があります。車いすの乗り降りや、水泳で皮膚が水に濡れて（ふやけて）柔らかい状態のときは、車いすのフレームやプールサイドの堅い部分に感覚障害のある部位をぶつけたりしないように注意します。また、座位姿勢を続けると臀部など圧がかかり続けて血行が悪くなる部位は、褥瘡ができる場合があります。こまめに姿勢を変化させながら圧を分散させて血行をよくします。

　脊髄疾患ではほとんどの場合、排泄障害を伴います。運動前の排泄を習慣付けたり、運動中も時間を決めて定期的に排泄します。本人が尿意に気付きにくいため、指導者が声かけすることも大切です。また、運動障害、感覚障害と合わせて自律神経系の調節が難しくなり、汗をかくことができなくなるため体温調節も困難になります。こまめに水分をとり、体温が上昇した場合は腋の下や股の付け根などリンパ節のある部分を冷やします。

　後天性の脊髄損傷の場合、重力で下肢や内臓に貯留した血液が心臓に戻りにくいために運動中に起立性低血圧による貧血によるめまいを起こすことがあります。このような症状がみられた場合は、運動を中断して臥位姿勢をとり回復を待ちます。

○筋疾患

　筋ジストロフィーなどの筋疾患の子どもは、運動のしすぎ（疲労）に注意します。筋は運動により筋繊維が傷つき、元に戻る過程で発達します。筋疾患の場合、損傷した筋が回復せずに筋力の低下を生じます。また、筋が細く、筋力も弱いため外部からの衝撃（力）から骨を守ることが難しくなります。骨折を防ぐために、打撲、転倒に注意します。

○骨・関節疾患

　疲労や過負荷による骨折（疲労骨折）や、運動中の他者との接触による骨折に注意します。骨・関節疾患のケースは、筋の発達も十分でない場合が多くみられます。骨は捻りの力に弱い特徴があるので、四肢を強く捻る運動は注意が必要です。

111

6　事例

(1) 陸上競技　走運動（短距離走、長距離走、リレー）

　陸上競技の走運動は、肢体不自由児も自己の障害の程度に応じて参加することができる運動です。短距離走では一人ひとりの能力に応じて距離を調整します。長距離走は、一定の距離を目標にした取り組みの場合、ほかの子どもとの走力の違いによりゴールするまでの時間が大きく異なる場合があります。5分間走、12分間走などのように時間を目標にして取り組み、時間内に走った距離から持久力の向上を評価するとよいでしょう。トラックでは、車いすと他の子どもの接触を避けるために、例えば車いすは1レーンを走り、立位走者は外側レーンから追い抜くようにするなど、子どもの走るレーンを決めておきます。

　リレーは、車いすを使用した子どもと障害のない子どもが一緒に行うことができます。障害のない子どもから車いすの子どもにバトンを渡すときには、渡す側と受ける側の手の高さが合いにくい場合があるので、車いすの子どもの手の出し方を工夫します（写真1）。また、肢体不自由児の中には、空間の位置関係を把握することが難しい子どももいます。この場合、前走者がどこまで来たらリードを始めてよいか判断できません。コーンなど見付けやすい物を置いて目印にすると、タイミングよくリードを始めることができるようになります。車いすの子どもから障害のない子どもにバトンを渡すときには、障害のない子どものリードのスピードを車いすの子どもに合わせるようにします。

写真1　リレー　バトンパス

(2) 水泳

　水中での運動は、肢体不自由児にとって多くの利点があります。
　○浮力：立位で胸まで入水すると、浮力の助けにより体重の3/4程度が軽減されます。したがって、水中では陸上よりも小さな動き、小さな力で運動することができます。
　○水圧：水中では水圧の影響を受けて静脈の環流が高まり、血液の循環が促進されます。脊髄損傷のケースでも貧血を起こすことが少なくなります。また、胸部や腹部への圧力は、呼吸機能の発達を促します。さらに、水の流れや振動による圧力は、皮膚への感覚刺激や筋をマッサージする効果があります。
　○水温：水温が体温より低い場合、皮膚が寒冷刺激を受けて体温調節機能の発達を促します。体温よりも高い場合は、血管の拡張による血流量の増加、関節などの結合組織の柔軟化や筋の痙性抑制の効果があります。
　水泳指導の手順は、障害のない子どもの指導と変わりません。水慣れ、息つぎ、浮く、泳ぐ（泳法）技能を身に付けて、一人で泳ぐことを目標にします。

第4章　子どもが運動を楽しむためには

　以下、脳性麻痺の子どもの指導の工夫を紹介します。
　水慣れは、水泳を始めるまでの水遊びの経験が大きく影響します。肢体不自由児は、水遊びの経験を積んでいないことが多いため、水に対する怖さを感じる様子がみられます。指導の初期には、遊びを多く取り入れて、できるだけ早く水に慣れることができるようにします。
　息つぎの指導では、口を上手に閉じること、息をしっかり吐くことがポイントです。口を上手に閉じることが難しい場合は、ストローを口にくわえて息をはいたり、水に浮かべたピンポン球を吹き飛ばす練習などを行います。また、脳性麻痺の子どもは全身を緊張させながら運動する傾向があるため、息を強く吐くことが難しい子どもがいます。したがって、息つぎの指導では吐くことを重点的に指導し、バブリングやボビングの練習を多く行います。息を吐いた後に「パッ」と声を出すと、肺が陰圧になって息を吸いやすくなります。
　浮く運動（伏し浮き、背浮き）の指導では、障害のある部位の把握が重要です。浮き身の水平姿勢では、脳性麻痺など筋の緊張性の麻痺がある部位は沈みやすく、脊髄損傷や二分脊椎など下肢の弛緩性の麻痺がある部位は浮きやすくなります。水平姿勢が上手にできない子どもは、このような筋の緊張や弛緩が水中での水平姿勢のバランスを取りにくくしています。バランスが取りにくい場合は、上腕や腹部にスイムヘルパーを使用します。練習を重ねると自分自身でバランスを調整して、徐々に浮く姿勢がとれるようになります。
　泳ぎの指導は、連続した息つぎができなくても呼吸が確保しやすい背泳ぎから始めます。上肢が動かしやすい子どもは、スカーリングやチョウチョウのように両腕を動かして泳ぐことを目指します。緊張性の麻痺のある子どもは左右交互の動きが難しいため、両上肢を同時に動かす泳ぎが早く上達します（図２）。上肢に麻痺や不随意運動があり、下肢のほうが動かしやすい子どもは、自転車こぎのような左右交互のキックで泳ぎます。また、泳ぎの初期の段階では、スイムヘルパーを積極的に活用します。ヘルパーで水平姿勢を安定させることで、自分で水を押して推進力を得て泳ぐことに集中することができます（写真２）。

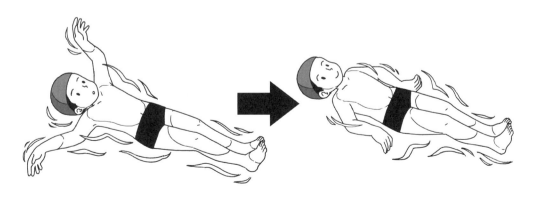

図２　両腕を同時に開閉して泳ぐ

写真2　ヘルパー背泳ぎ

(3) 球技　ソフトボール（ベースボール型ゲーム）

　ソフトボールは、ボールを打つ、捕る、投げる、走るなどの動きを組み合わせた打撃、守備、走塁の技能で構成されています。これらの動きと技能の向上を目指して、肢体不自由の程度に合わせた指導の工夫や配慮を行います。

○打撃

　ピッチャーが投げたボールをタイミングを合わせて打つことが難しい子どもには、バットの代わりに打球面の広いラケットを使用します。また、ソフトボールなど重さのあるボールでは打球を遠くに飛ばすことが難しい場合は、軽く反発力のある硬式テニスボールなどを使用します。以下の様に段階的な工夫をするとよいでしょう。

- ティーアップされた静止したボールを手やバットで打つ
- ピッチャーが転がしたボールをバットで打つ
- ピッチャーが優しく投げたボールを打球面の広いラケットで打つ（写真3）
- ピッチャーが投げたボールをバットで打つ

写真3　テニスラケットを使用した打撃

○走塁

　下肢の障害で杖や車いすを使用している子どもは、打った後に1塁に向かってすぐ走り出すことが難しい場合があります。この場合は、他の子どもが打者の代わりに代走をつとめます。代走は、打者が打った後に走ります。また、車いす使用者など他の子どもよりも走るスピードが遅い場合、塁間を短くしたダイヤモンドを設置して行うとよいでしょう（図3）。

図3　代走ボックスと塁間を短くしたダイヤモンド

○守備

　上肢に障害があると、ボールの捕球や投球に難しさがみられます。車いすを使用する子

どもはグローブを着けると打球の方向に移動することができなくなります。守備について以下の様なルールの工夫が考えられます。

- 上肢に麻痺や不随意運動がある場合は、打球をグローブにあてて止めることができたらバッターアウトとする
- 片側の上肢の麻痺が強く、捕球後にボールを持ち替えて投球ができない子どもは、打球をグローブで捕球できたらバッターアウトとする
- 車いす使用者は、打球方向に移動して、車いすに打球をあてることができればバッターアウトとする

(4)『武道　剣道』

　武道は、肢体不自由児にとって参加が難しいスポーツと考えられています。しかし、わが国独自の文化として発展してきた武道は、スポーツ文化としても学ぶ価値があります。剣道の運動特性は、用具として竹刀を用いて、構えと身体さばき、打ち方と受け方からなる基本動作と基本動作を用いた対人的技能（技）により、相手との攻防を競い合う点です。また、礼儀作法や竹刀の扱い方、剣道の約束事など伝統的な行動の仕方は他のスポーツにはない点も多く、肢体不自由児も習得すべき内容です。

　車いすを使用する子どもが参加する場合、基本動作の構え（自然体、中段の構え）と打ち方（正面打ち、左右面打ち、小手打ち）と受け方を中心に指導します。基本動作の打ち方（面打ち）の練習の初期の段階では、振りが速く小さくなる、竹刀が正中線を通らない、振りの後に中段の構えに戻らない、振りと呼吸のタイミングが合わない様子がみられます。中段の構えを基準として面打ちの後に基準に戻ることを確認しながら、ゆっくりとした大きな動きから始めて、素早い動きに発展させていくようにします（写真4）。また、振りに合わせて大きな声を出すことは、身体の過緊張を抑えることにも有効です。

　試合の仕方は、車いすフェンシングと同様に、お互いが一定の距離をとって車いすやいすに座った状態で、面打ちのみの攻防を行います。足さばきによる前後左右の移動がないため、体さばきや相手との間合いは上半身の動きが主となります。

写真4　剣道　面打ち

〈参考文献〉
- ハンドサッカー競技規則、日本ハンドサッカー協会
  https://handsoccer.jimdo.com/　（最終アクセス：2017年6月30日）
- 『筑波大学附属桐が丘特別支援学校研究紀要』（第51巻）、2016
- 文部科学省「幼児期運動指針ガイドブック」
  http://www.mext.go.jp/component/a_menu/sports/detail/__icsFiles/afieldfile/2012/05/11/1319748_1_2.pdf
  （最終アクセス：2017年6月30日）

4.3 重症心身障害

1 重症心身障害児が運動を楽しむためには

　子どもたちは、身体を動かす遊びをとおして、自然に身体を動かす力や人とかかわる力を付け、スポーツを楽しむ基礎となる力を身に付けます。学校やスポーツクラブでは、子どもたちがスポーツを楽しむために、その種目の技術の指導だけでなく、筋力や持久力や敏捷性を高めるためのトレーニングをします。個別のメニュー（個別の指導計画）を作り指導することもあります。

　身体を自由に動かすことが難しく、人とかかわる力が弱い重症心身障害児は、どうしたら運動を楽しむことができるのでしょうか。これから、どのように指導をして身体の動きを引き出していくのか、どのように人とかかわり楽しむ力を付けるのか、そして、どんな工夫をすればスポーツを楽しむことができるのかを考えていきましょう。

⑴　身体の動きを引き出し、人とかかわり楽しむ力を育てる方法

　学校での指導は、学習指導要領に基づいて行われます。身体の動きを引き出し、人とかかわり楽しむ力を育てる指導は、学習指導要領の自立活動に目標と内容が記述されています。

　自立活動の目標は、「個々の児童又は生徒が自立を目指し、障害による学習上又は生活上の困難を主体的に改善・克服するために必要な知識、技能、態度及び習慣を養い、もって心身の調和的発達の基盤を培う。」とされ、内容は、「健康の保持」「心理的な安定」「人間関係の形成」「環境の把握」「身体の動き」「コミュニケーション」の６つの区分に整理されています。指導にあたっては、障害の状態を把握し、６つの区分の内容を必要に応じて関連付けて指導します。

　重症心身障害児の自立活動の内容について考えてみましょう。スポーツを楽しむためには、安定した健康状態を基盤にして、心理的に安定していることが大切です。「不快」や「不安」の気持ちでは、楽しむことはできません。「快」の感情を呼び起こし、気持ちの良い状態を継続できるよう、適切なかかわり方を工夫することが大切です。「心理的な安定」のもとでは、いろいろな活動を楽しむことができるようになります。「快」、「不快」の表情を読み取ること、「快」の表情を引き出すことから指導が始まります。

　スポーツでは、相手からの働き掛けに応えて動くことが必要です。他者からの働き掛けに反応の乏しい重度の障害のある子どもには、やさしく揺するなど子どもの好むかかわりを繰り返し行って、かかわる者の存在に気付くようにすることから指導が始まります。こうした活動をとおして、身近な人との信頼関係を基盤にして、周囲の人とのやりとりを広

第4章　子どもが運動を楽しむためには

げていくことができます。この力が、人とのかかわりを楽しんだり、応援に応えて活動しようとしたりする力につながっていきます。

　スポーツを楽しむには、保有する視覚、聴覚、触覚などの感覚を十分に活用できるようにすることが必要です。ボールや玩具を見せて言葉掛けをするなど視覚や聴覚の活用を促すことから、自分でボールや玩具を目で追い、手を伸ばして取るなどの動作を引き出します。細かなステップを追って、視覚と聴覚を協調させたり、視覚と手の運動をするための指導をしていきます。こうした指導をとおしてボールを転がしたり、投げたりして、スポーツを楽しむ力を育てていきます。

　スポーツを楽しむためには、姿勢や運動・動作の基本的な技能を身に付けることが必要です。日常生活に必要な動作の基本となる姿勢の保持や上肢・下肢の運動・動作の改善および習得、関節の拘縮や変形の予防、筋力の維持・強化を図ることなどを指導します。姿勢の保持や各種の運動・動作、移動が困難な場合は、様々な補助用具を使い、補助的な手段を活用することも必要です。子どもがスポーツを楽しむための基本技能を身に付ける指導をすること、身に付けることが困難な場合は、補助的な手段を工夫することが大人の役割です。

　スポーツを楽しむためには、コミュニケーションの基礎的な力を付けることも大切です。重症心身障害児は、話し言葉にこだわらず、本人にとってわかりやすい、表情や身振り、声のトーン、繰り返される簡単な言葉などを使って、コミュニケーションの基礎的能力が身に付くように指導します。また、子どもの表情や身振り、しぐさ、発声を細かく観察して、子どもの気持ちの理解に努め、双方向のコミュニケーションが成立するように指導します。こうした指導をとおしてコミュニケーションの力を育て、スポーツに参加し楽しめる力を育てていきます。

　スポーツクラブでトレーニングの個別メニューがあるように、学校では子どもの障害の状態に応じた個別の指導計画を作成し、身体の動きを引き出し、人とかかわる力を付け、楽しむ力を育てる指導をします。特別支援学校では、医師や理学療法士、作業療法士、言語聴覚士などの外部の専門家と連携して指導を見直し、より効果的な指導を行うよう努めています。

2　重症心身障害児のプール指導

　肢体不自由特別支援学校では、身体機能の向上のためにプール指導を行ってきました。各学校に大きなプールができる以前は、水治訓練室と呼ばれる小さなプールがあり、温水を使った訓練を行っている学校もありました。水による浮力があることから、立つことができない子どもが水の中で立ったり、浮くことで身体の緊張を取り、変形を予防したり、水の抵抗を利用して身体の動きを高めたりすることなどを目標として指導が行われていました。

　プール指導は、水に慣れることから始め、浮身を取ったり、水にもぐったりできるよう

117

になり、その後で泳法を指導しています。重症心身障害児の指導では、水に慣れることや浮身を取ること、水の中で身体を動かすことが指導の中心になります。重症心身障害児は「心理的な安定」を大切にしなければなりません。水にはゆっくり入り、身体と頭部を支えることで水への不安を取り除きます。水に浮いてリラックスできるようにすることが大切です。頭部が浮き、顔が水につからないように浮き具を用いることもあります。浮いていることを楽しんだり、浮いている身体を動かしてもらい、水の抵抗や感触を楽しんだりします。また、浮きながら自分で手足を動かすことを楽しみます。中には、水で顔を濡らすことから始まり、水の中に顔を入れられるようになる子どももいます。一度恐怖心をもつとプールに入れなくなる子どももいます。恐怖心をもたないよう、子どもの状態に応じた指導が大切です。

　学校でプール指導をするためには、事前の情報収集と主治医の許可と保護者の許可が必要です。重症心身障害児の多くは、てんかんなどの合併症があります。緊急の事態を想定して必ず、介助者とペアで入水します（気管切開など呼吸管理が必要な子どもには、複数の介助者がついて指導します）。保護者には、当日の体調や排便などについて記述を依頼します。重症心身障害児は体調について伝えることが難しいので、プール指導前の体温や健康状態を観察することが大切です。外気温と水温も重要です。学校により基準が異なることがありますが、外気温や水温が低い場合は、子どもの健康を優先して、プール指導を中止します。

　プールに入る前には、手足の屈伸やマッサージを行います。麻痺している手足は、筋肉により保護されていないことや骨が折れやすくなっていることから、骨折に気を付けて手足を動かします。

　身体を濡らしてから、ゆっくり入水します。入水中は、表情、唇や手指の色・顔色、体温、発作の有無、筋緊張の状態を観察します。

　プールから上がってからは、体温が下がらないように身体をふき、タオルで身体を包んで保温します。

　特別支援学校では、プールの監視員を置くだけでなく、吸引器などの緊急時の対応ができる準備をした看護師が待機しています。

　気管切開などの呼吸管理が必要な子どもの指導では、気管切開部に水がかからないように細心の注意をして指導にあたります。多くの子どもたちと一緒に入水する場合は波がたち、気管切開部が濡れる可能性があります。安全のために分けて入水するか、別にビニールプールなどを用意して入水することが必要です。医師の診断に基づくこと、保護者がプール指導を望むこと、安全には最大の注意を払うことがプール指導の原則です。

3　アダプテッド・スポーツ

　重症心身障害児も選手として活躍しているスポーツがあります。東京都の肢体不自由特別支援学校では、毎年２月、駒沢オリンピック記念体育館で全都の肢体不自由特別支援学

校（18校）が集まりハンドサッカー大会を開いています。大会は30年ほど前から行われ、重症心身障害児も選手として活躍しています。近年、アダプテッド・スポーツとして注目されるようになりました。

(1) アダプテッド・スポーツとは

アダプテッド・スポーツとは、スポーツのルールや用具を、競技者の「障害の種類や程度に合わせたスポーツ」です。「ルールに縛られるのではなく、その人にあったルールに基づいて行われるスポーツ」です。重い障害のある人がスポーツを楽しむためには、その人自身と、その人を取り巻く人々や環境を変え、誰もが参加し活躍できるようにすることが大切です。パラリンピック種目としては、ボッチャがあります。ボッチャは、重度肢体不自由者が参加し活躍できるスポーツです。ボールを投げたり転がしたりする技術とともに、作戦など高度な知力が必要なため、重症心身障害児が活躍することは難しい競技です。東京の肢体不自由特別支援学校から始まったハンドサッカーは、チームで行う球技です。一人ひとりの選手が自分の障害に応じた役割を果たすことで試合が行われます。重症心身障害児も選手として参加し、活躍できるアダプテッド・スポーツです。

(2) ハンドサッカー

ハンドサッカーのルールについて説明します（図）。

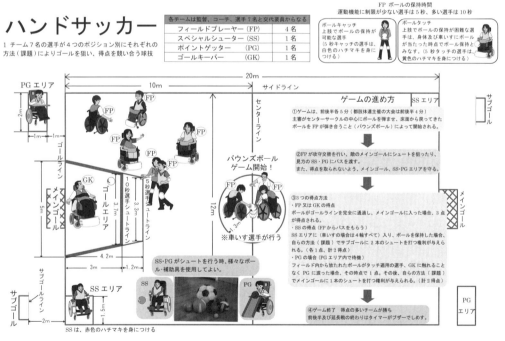

図　ハンドサッカーのルール（出典：日本ハンドサッカー協会ホームページ）

試合中のコートの中では、7名の選手が活躍します。ポジションはフィールドプレーヤー4名、スペシャルシューター1名、ポイントゲッター1名、ゴールキーパー1名で

す。もちろん交代することで多くの選手が試合に出場します。

○フィールドプレーヤー

　走ったり歩いたり、車いす（電動車いすを含む）で動ける選手です。コートの中（ゴールエリアなどを除く）を自由に動くことができます。ボールをパスしてゴールにシュートしたり、シューターに渡したりします。ボールをキャッチすることができない選手は、身体や車いすにボールがあたれば、キャッチしたことになります。審判がボールを拾って選手に渡します。ボールを取ったり、投げたりすることのできない選手も車いすを使ってボールを運ぶ役割を果たすことでフィールドプレーヤーとして活躍することができます。

○ゴールキーパー

　ゴールキーパーは、メインゴールを守ります。フィールドプレーヤーとともにコートの中を動くこともできます。

○スペシャルシューター

　比較的運動機能に制限のある選手を対象としています。スペシャルシューターエリア（ＳＳエリア）から出てボールを受けることができます。ボールを受けてＳＳエリアに入れば、シューターの権利が得られます。ボールを投げたり、転がしたり、自分のできる方法でサブゴールにシュートします。自分ができる最大限の課題を申告してプレイします。中にはセンターラインを越えたところからシュートする選手もいます。

○ポイントゲッター

　最も運動機能に制限のある選手を対象とします。重症心身障害児も活躍できるポジションです。ポイントゲッターエリアでボールを受け取ります。身体や車いすにボールがあたればキャッチしたことになります。ボールを台の上から転がしたり、電動車いすを使って大きなボールを押してゴールに入れたりするなど、一人ひとりが活躍できる課題を申告してプレイします。ストレッチャー（車付き簡易ベッド）に乗って試合に参加する選手もいます。重症心身障害児も、ラグビーの五郎丸選手のようにシュートを決める大切な役割を担います。

　東京都で行われる大会には、気管切開をしている重症心身障害児もポイントゲッターとして参加しています。チームの仲間の応援を受け、手をほんの少し動かしてボールを台かの上から転がしてシュートを決め、チームの仲間や応援団からの大きな拍手や声援に包まれました。ハンドサッカーは、重症心身障害児も身体のどこかを動かすことができれば、チームのメンバーと同じ立場で試合に参加し活躍できるスポーツです。こうした重症心身障害児も参加し活躍できるアダプテッド・スポーツが広がることが、インクルーシブ体育・スポーツの充実につながります。

4　ともに楽しむレクリエーション・スポーツ

　重症心身障害児が楽しむことのできるレクリエーション・スポーツがあります。車いすダンスや風船バレーなどです。介護者とともに参加することをとおして人とのふれあいや

動きを楽しむことができます。

⑴　車いすダンス

　車いすダンスは、多くの学校や施設で行われているレクリエーション・スポーツです。音楽に合わせて介助者が車いすを動かしたり、音楽に合わせて手をつないで揺すったりします。重症心身障害児は、車いすを動かされる感覚や、回転する感覚、動くときに受ける風、手を揺すってもらう感覚を音楽とともに楽しみます。動きを喜んだり、次の動きを期待して喜んだり、人とのかかわりを楽しむことができます。

⑵　風船バレー

　風船バレーも、多くの学校や施設でレクリエーション・スポーツとして楽しまれています。ふわりと飛ぶ風船を介助者に手を動かしてもらい打ち返します。風船がゆっくり動くことで介助者とともにゲームを楽しむことができます。介助者は、重症心身障害児の状況を適切に把握していることが必要です。麻痺している腕や足は折れやすく、無理に引っ張ることでの骨折に注意することが必要です。ゲームをする以前にゆっくりふれあい楽しむ時間を過ごすことが大切です。

5　ともに楽しむための工夫

　特別支援教育は、共生社会をめざしたインクルーシブ教育システムの時代になりました。共生社会は、誰もが人格と個性を尊重され、人々の多様な在り方を認められる全員参加型の社会です。そうした社会をめざして、インクルーシブ教育システムが構築されました。インクルーシブ教育システムは、人間の多様性を尊重し、一人ひとりの力を最大限に伸ばし、社会参加を可能にすることを目的として、障害のある者と障害のない者がともに学ぶ仕組みです。同じ場でともに学ぶことを追求するとともに、個別の教育的ニーズのある児童生徒に対して、自立と社会参加を見据えて、その時点で教育的ニーズに最も的確に応える指導を提供できる、多様な学びの場を設けています。

　ただ、一緒にいることだけが、インクルーシブではありません。その子どもなりに活動を楽しみ、活躍し喜びを共有できるようにしていくことが大切です。共生社会の中で重症心身障害児も多様な活動に参加できるようになること、一人ひとりの力を最大限に伸ばし、楽しみ活躍できる力を付けることが私たちのめざす教育です。私たちが、重症心身障害児のことを知り、一人ひとりが最大限に力を発揮し、スポーツをともに楽しむことができる工夫をすることが、これからのインクルーシブ体育・スポーツの在り方でもあります。

コラム　こんなときどうするの？

Q 　重症心身障害児とのかかわり方がわかりません。どのようにかかわったらよいのでしょうか。

A 　重症心身障害児の多くは、感覚的に相手を把握することができます。やさしく声をかけたり、やさしく触ったりすることから子どもとのかかわりが始まります。緊張させることや急に強くかかわろうとすることは避けてください。重症心身障害児の心身が安定し、快として受け入れられるよう働きかけを工夫してください。やさしく歌を歌って手を揺すったりすることからかかわりが広がっていきます。

第4章　子どもが運動を楽しむためには

4.4 病弱・身体虚弱

1　慢性疾患のある子ども向けの身体活動

　慢性疾患のある子どもは病気による身体的な理由で運動を制限されることが多くあります。また日常的に必要とする医療ケアや医療機器、服用中の薬の副作用などにより、運動を制限されることもあります。長期的な療養による体力低下もあるため、健常児に比べ軽度な運動でも疲れやすく、また転倒しやすいです。こうした身体活動の制限や体力の低下は、学童期や思春期の子どもにとって精神的なストレスの増加となり、成長発達や社会性を育む上でも影響を与えます。

　身体を動かすことは、療養中の気分転換となり精神的なストレスの軽減にも効果的です。身体活動をとおして、制限に直面したときの対処方法や、病気がありながらも自立して生活していく方法を見いだすこともできます。筆者が代表を務める特定非営利活動法人Being ALIVE Japan（ビーイング・アライブ・ジャパン）は、平成27(2015)年4月より東京都世田谷区に所在する国立研究開発法人成育医療研究センターの病院内学級（そよ風分教室）にて入院治療中の子どもの身体条件にあったスポーツ活動を提供しています。病院内学級とは、病院内にある学校です。長期間、入院を必要とする児童は治療を受けながら病院内学級で学習しています。本章では病院内学級でのスポーツ活動の実践例を基に、病弱の子どもの身体条件に適応した身体活動を紹介していきます。

2　制限ではなく「できること」を模索する

　当活動では、セラピューティック・レクリエーション（Therapeutic Recreation）技法を活用して、身体活動の計画と指導を行っています。セラピューティック・レクリエーション技法とは、身体的、精神的、社会的な課題を抱える個人に対し、心身の健康状態の改善を目的として、専門的にレクリエーション活動に参加する機会の提供と必要なスキル獲得の支援することです。

　セラピューティック・レクリエーション技法の第一段階は、アセスメント（事前評価）です。アセスメントでは参加者のことを知り、活動のベースラインを設定していきます。また、どのような活動が慢性疾患のある子どもにできるか、身体条件並びに身体活動への参加動機を評価していきます。アセスメントとして大切なことは、障害や制限を把握することではなく、参加者が「できること」を模索することです。

　病院内学級でのスポーツ活動では、①運動強度と身体活動レベル、②日常的に必要な医療ケアの把握、③内服薬による制限と配慮、④病気による制限と配慮を評価しています。

123

(1)　運動強度と身体活動レベル

　同じ病気でも重症度や治療状況によって、運動制限の程度が異なります。軽いジョギング程度の身体活動が可能な子どももいれば、歩行程度の運動は可能、または座位で行う活動が可能な子どももいます。どの程度、運動が可能かを評価することは、身体活動の内容を検討する上で必要です。また日常生活の活動レベル（自力で移動ができるか、また排泄処理ができるか）を評価することで活動中に子どもが自立してできること、また必要な支援を把握することができます。

(2)　日常的に必要な医療ケアの把握

○中心静脈カテーテルやシャント・リザーバーの有無

　当活動では小児がん、消化器疾患、整形外科疾患、アレルギー疾患などと様々な慢性疾患のある子どもが参加します。病気によって必要とする医療ケアは異なります。小児がんの子どもの場合、鎖骨下、または首や太ももの付け根からカテーテル（点滴用の太い管）を挿入し、心臓近くの中心静脈に留置する中心静脈カテーテルがあります。中心静脈カテーテルは長期間にわたり、点滴による治療を必要とする場合や抗がん剤や高カロリーの薬剤などを投与する場合に挿入されます。基本的に入院治療中に挿入されていますが、場合によっては退院後も治療のために挿入していることもあります。中心静脈カテーテルは手術で挿入されるため、一度外れると再度手術して入れ直す必要があります。また転倒や挿入場所に強い衝撃を与えることで傷つける可能性があります。点滴と違って、カテーテルは両手を自由に動かすことができます。薬剤の投与をしていないときはカテーテルを入れている巾着袋を首から下げており、活動可能な範囲が広がります。また脳に疾患がある子どもは、頭の中にカテーテル（シャントやリザーバーという）を留置している場合もあります。シャントやリザーバーはケアで必要な医療機器です。中心静脈カテーテル同様、再挿入の場合は手術を必要とします。カテーテルを挿入している箇所は保護してありますが、激しく動くことで挿入箇所から抜けたり、また衝撃によって破損が生じたりするため、活動の実施方法の検討が必要となります。

○固定器の有無

　子どもの中には、骨の延長や矯正目的の治療で固定器をつけている子どももいます。固定器は外からピンを骨にさして止めているため外見上は痛々しいですが、普段は専用のカバーで固定器を覆って見えないようになっています。固定器に衝撃を与えないよう、運動を検討する必要があります。足に固定器をつけている子どもの場合、歩行することや足を活用すること、足に荷重をかけることに制限があります。しかし中には固定器をつけて歩行練習を始めている子どももおり、たくさん歩くことで負荷をかけ、骨の出来をよくしている場合もあります。歩行練習の有無や注意事項、治療の程度を保護者や主治医に確認して、できることを検討していきます。

　日常的なケアで必要な医療機器は、子どもが自分の外見に対してもつイメージ（ボディイメージ）に大きく影響します。身体活動をとおして、できることが増えることはボディ

イメージの向上につながります。

　またカテーテルやイリザロフなど、医療機器を必要とする子どもが参加する場合は、スポーツ用具の素材を検討する必要があります。具体例としては、バレーボールやテニスをする際にスポンジ製のボールや風船を用いて実施することです（写真1）。また医療機器の挿入箇所に衝撃を与えない運動方法としては、パスのように二者間で双方向にやりとりする活動ではなく、的当てゲームのように人からモノへと一方向の活動を計画していきます。

写真1　スポンジ素材のボールを活用したバレーボール体験

(3) 内服薬による制限と配慮

　抗がん剤による治療を行っている場合、吐き気や嘔吐の症状、口内炎による口腔内の痛みが主な副作用としてあります。吐き気や嘔吐、口腔内の痛みは気分の抑揚が生じることもあり、参加するモチベーションに影響します。さらに血流をよくする薬や骨折しやすくなる薬を服用している場合、転倒防止が重要となります。軽い転倒または物にぶつかる程度でも、内服している薬の影響で大きなあざができたり、骨折が生じることもあります。内服している薬を確認し、運動する上での配慮を検討していきます。

(4) 病気による制限と配慮

○消化器系疾患のある子どもの場合

　消化器系疾患がある子どもは、食事や水分を制限されている場合があり、その影響で集中力の低下や精神的なストレスが溜まる傾向があります。また、便意や吐き気が頻繁に生じることもあり、思春期の子どもはトイレに行く頻度が高いことへの羞恥心を感じることもあります。

　水分摂取に制限がある場合、室内温度への配慮や活動中にこまめに休憩を取り入れる配慮をしましょう。また1回のプレイが短時間で終わるような活動（1人1球ずつ投げて点を取るゲームなど）を取り入れることで、活動を中断せずにトイレに行ける環境づくりをすることも重要です。

○脳神経疾患のある子どもの場合

　脳神経疾患がある子どもの場合、歩行問題やバランスの低下があり、転倒するリスクがあります。また子どもによっては失語や不明瞭な発音もあり、身体活動を安全に提供する上ではコミュニケーションも配慮する必要があります。子ども自身、病気の進行により身体能力の低下を認識できている場合とできていない場合があります。そのため、移動時並びに運動時には子どもの背後に付き添い、バランスを崩した際に後ろから支えられる体勢にいましょう。指導するときや重要なことを伝えるときは、子どもにゆっくり、簡単な単語を用いて話しましょう。また、子どもの中には失語や発語が不明瞭であるため、相手に

伝わらない経験をすることもあります。その結果、喋ることを控えてしまうこともあります。集団で身体活動を行う場合、子どもが伝えたことを復唱したり、言い換えたりすることで他児との関係構築、およびコミュニケーションの支援をしていきます。子どもが伝えたことが聞き取れなかった場合、もう一度聞き取りましょう。

○アトピー性皮膚炎やアレルギーのある子どもの場合

アトピー性皮膚炎の子どもの場合、運動することで汗をかき、かゆみを増大させる可能性があります。また制限やプレッシャーによる心理的なストレスが原因でかゆみを増すことがあります。室内温度の調整やこまめに水分補給をすることでクールダウン（休憩）をしていきます。また、周囲に注目をされる場面は最小限にする活動計画を考えましょう。できないことへの葛藤はストレスの増加につながるため、可能な限り活動に必要なスキルを細分化して、成功体験を増やす活動づくりをしていきます。

スポーツ用具はゴム製の素材が多いため、安全に運動を提供する上でラテックスアレルギーの有無の確認が必要です。ラテックスアレルギーがある子どもが参加する場合、使用する用具の素材や素材に含まれている成分を確認しましょう。

身体活動を提供する上で最も重要な課題は「安全性」です。そのため、子どものアセスメントだけではなく、身体活動を提供する場所のアセスメントも必要です。具体的には広さや活用できるスペース、従事するスタッフの人数、必要設備（コンセントなど）の確認です。点滴台や車いすで参加する子どもの場合、不便なく動ける広さの確保が必要となります。病院内学級の場合、体育館ではなく教室程度の限られたスペースとなります。子どもたちが質の高い体験を経験できるためには、室内のスペースを考慮し、1回あたりに参加できる人数を制限します。また従事するスタッフの人数によっても、提供できる活動内容や1回あたりに受入可能な参加人数も異なってきます。

3　慢性疾患のある子どものできることを増やす運動づくり

(1)　子どもの発達段階を考慮した身体活動を考える

子どもの発達課題を把握することは身体活動の計画をする上で役立ちます。

6～12歳の学童期の子どもは、家庭を中心とした生活から学校を中心とした生活に変化し、家族以外に友人や先生との対人関係が増えていきます。発達心理学者のエリクソンは学童期の子どもの発達課題を「勤勉性」と表しており、学ぶことに意欲的な時期だと捉えています。学童期の子どもは、知識や技能を学び習得することをとおして、自己肯定感を育んでいきます。また目的意識をもって行動をすることが増え、目標に到達することで達成感や自信を得ます。さらに、エリクソンは学童期の子どもの発達危機を「劣等感」と表しています。友人と比較して自分ができないこと、また劣っていることは学童期の子どもの心理面の発達、および社会性を育んでいく過程に影響を与えます。慢性疾患のある子どもの場合、身体活動を制限されることが多いため、日常的に劣等感を覚えることもあります。

第4章　子どもが運動を楽しむためには

　学童期の子どもは幼児期に行っていたごっこ遊びよりも、ゲームやスポーツなどの競争やルールに基づいた遊びや協力して楽しめる遊びが増えていきます。身体活動も競争やルールに基づいた遊びであり、学童期の子どもにとって身体活動は体力の向上のみならず、良好な友人関係の構築や社会性を育む上でも重要な役割を果たします。

　13歳〜18歳の思春期の子どもは、性機能などの身体面の発達（二次性徴）が進み、ボディイメージがより心理面や社会面の発達に影響していきます。さらに思春期の子どもは自我を育み、自分で選択し、決定していくようになります。そして学童期の子ども同様、友人関係は重要であり、家族よりも友人との時間が増えていきます。思春期の子どもは友人と同様でありたい気持ちをもちつつも、自分らしさを模索する発達段階でもあります。

　慢性疾患のある思春期の子どもが身体活動に参加することは学童期同様、ボディイメージの向上につながります。また協力して行うゲームよりも、競技に必要なスキルを獲得し、ゲームで実践できることを好みます。思春期の子どもは他者と相談し考えることができる発達段階であるため、作戦タイムをとおして良好な友人関係も築くことができます。

⑵　活動計画を行う際に用いる分析手法

　当活動では、活動を計画する際にアクティビティ分析およびタスク分析を実施しています。

○アクティビティ分析

　アクティビティ分析（Activity Analysis）とは活動に必要な能力やスキル、知識を細分化していくことです。アクティビティ分析を行う際、障害や身体制限を考慮して分析するのではなく、通常に健常児活動を行った場合を基準に分析をします。例えばサッカーの場合、パス、シュート、ドリブル、スローイング（投げ方）などがゲームに必要なスキルです。さらにドリブルを分析すると、走りながらボールをコントロールする能力として蹴る能力、走る能力に細分化することができます。アクティビティ分析を行うことで活動に必要なスキルを明確にします。この分析を基に、参加者の身体条件に適した方法に活動やルールを調整することをアダプテーション（adaptation）といいます。分析を基にアダプテーションした活動例として、病院内学級のスポーツ活動で行ったサッカー体験の事例から説明します。

　活動の前半にはボールの蹴り方やスローイング（投げ方）を練習しました。また活動後半には廊下と教室のスペースを活用し、参加者全員でボールをつなげてシュートする活動体験を企画しました（参加者の情報は下記のとおり）。

【参加者のアセスメント内容】

- 11歳男の子Aくん、消化器系疾患、軽いジョギング程度が可能、運動経験あり、ラテックスアレルギーあり
- 9歳女の子Bちゃん、消化器系疾患、軽いジョギング程度が可能、運動経験なし
- 10歳女の子Cちゃん、整形外科疾患、車いすでの移動、足に固定器あり、運動経験なし
- 7歳男の子Dくん、消化器系疾患、軽いジョギング程度が可能、運動経験あり

127

上記のアセスメントの内容より、活動を計画する上での必要な情報を考えます。今回の活動では、①学童期であること、②消化器系疾患、③固定器をつけている子どもがいること、④軽いジョギングが可能な子どもが複数いること、⑤ラテックスアレルギーがある子どもがいることが必要な情報となります。参加者は学童期の子どもであるため、協力して達成できる機会を取り入れることが参加のモチベーションにつながります。具体的には、シュートできるチャンスは３回、途中でパスを失敗したらミッション失敗というルール設定をし、ゲーム性を盛り込んでいます。また参加者はパス、ドリブル、シュート、スローイングのいずれかのスキルを用いてゴールを目指します。スキルの細分化により固定器をつけて車いすで参加する子どもも「スローイング、投げること」で活動に貢献することができます。個々の役割がどう活動に貢献されるかを明確にすることで、活動への達成感にもつながります。また、ラテックスアレルギーがある子どももいるため、安全性に配慮してスポンジ製のボールを使用します。

　当活動でアダプテーションしたことは、参加者によるスキルの選択と使用する用具の変更です。アダプテーションを行う際に重要なことは、必要な部分のみを調整し参加者の条件に適応させることです。アダプテーションの方法としてルールの変更、使用する用具の変更、使用するスキルの変更や細分化があります。

○タスク分析

　タスク分析は指導や進行方法、指導に必要な用具を検討していきます。基本的にはアクティビティ分析を実施した後に行います。サッカー体験の事例からタスク分析を検討していきます。まず指導者として重要なことは、活動をとおして達成したいゴールは何かを参加者と共有することです。今回は競争をすることが目的ではなく、１つのミッションをチームワークで達成することが活動の目標です。目標設定を伝えることで成功体験の在り方が可視化されます。タスク分析にはこうした活動の目標設定も含まれます。

　またルールの変更や身体条件に合わせたスキルを指導する場合、言葉だけではなく指導者が自ら見本を実践すること（モデリング）は効果的です。口頭での説明を行うか、またはモデリングで説明を行うか、を検討することもタスク分析において重要です。またサッカー体験では、参加者同士がそれぞれの役割（ドリブル、パス、シュート、スローイング担当）や順番を決めるなどの選択肢を提供することも指導・進行方法としてタスク分析に含まれます。参加者にリーダーシップをもつ機会を作ることは、より活動の幅を広げることにもつながります。そしてミッションを失敗した際に個人およびチームの改善点を考える機会は、日常生活で身体的な制限に直面したときに対処できる力として身に付いていきます。タスク分析で重要なことは、方法の選択肢を増やすことで参加者の状況に合わせて身体活動の幅を広げることです。

4 慢性疾患のある子どもの身体活動を支援する上で必要な配慮と対応

(1) 病院内学級でのスポーツ活動を実践する上での配慮

　慢性疾患のある子どもの中には、免疫が低い子どももいます。免疫が低い子どもが感染症に罹患すると重症化、原病の悪化、治療の延期につながります。病院内で活動を実施する場合、指導者やスタッフは感染症に対する抗体の有無を確認する血液検査が必要となります。また検査結果上、抗体値に達していない場合はワクチンの接種を必要とします。

　感染症をもちこまないためにも、スポーツ活動を実施する際は参加者も指導者も手洗いを徹底すること、および使用する用具は新品のものを準備しましょう。活動後はアルコール性のウェットティッシュなどで使用した用具を拭いて消毒します。施設によっては、子どもと接触する上でマスクの着用を求められることもあります。さらに日常生活の活動レベルが低い子どもは代謝機能が低いため、体温調整が難しい子もいます。子どもに暑いか、寒いかをこまめに確認しながら、室内温度の調整を気にかけましょう。

○車いすの対応

　日常的に車いすを使用している子どももいます。自力で車いすを動かすことは、筋力の強化や自立心を育みます。子どもが自分で車いすを動かすことができる場合、ドアの開閉やエレベーターの乗降、また後ろに下がる際には後方の確認を支援しましょう。

　車いすで移動する際に確認することが3つあります。1つ目は、必ず子どもに「移動を手伝ってもよいか」「車いす動かすね」と声かけをしましょう。子どもが準備できていない中、急に動かすと転倒につながる可能性があります。2つ目はフットレスト（足置き）が上がっていないか確認しましょう。「フットレスト」が上がった状態で移動すると、降ろしている足を怪我する可能性があります。「フットレスト」を下ろして両足を乗せてから移動をしましょう。3つ目は子どもがしっかり着席していることを確認してからブレーキを外しましょう。移動して定位置についたら必ず両方のブレーキを止めましょう。子どもと一緒にブレーキを確認することで転倒防止を強化することができます。

　子どもは夢中になると前のめりで活動に取り組みます。活動中の配慮としては転倒を防止するため、必ず活動前にシートベルトを装着しているかを確認しましょう。シートベルトがない車いすの場合、写真のように厚手の布で腹部を覆います。そして車いすの持ち手の両サイドに布を結びつけて固定します（写真2）。また長時間、同じ体勢で座り続けた場合、褥瘡が生じてしまいます。褥瘡とは、接触部分の皮膚や皮下組織が圧迫された箇所が血行不全になって、周辺組織が壊死する状態を指します。活動時間が長く、同じ姿勢でいる場合、休憩時間に子どもに座る位置をずらしたりすることも声かけ

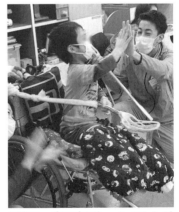

写真2　車いすにシートベルトがない場合の固定方法

していきましょう。
○点滴の対応
　点滴台を持って参加する子どもに対して配慮することは、転倒および点滴が抜けないようにすることです。点滴台を持って参加する子どもがいる場合は必ずスタッフ1名が付き添いましょう。点滴台を移動する前に点滴の管が地面についていないか、足の付近に管がぶら下がっていないかを確認しましょう。足元に点滴の管があるとつまずいたり、点滴が抜けたりする危険性があります。また点滴台を子どもの代わりに押して移動をする場合、子どもの進むペースに合わせて移動しましょう（写真3）。その際は点滴やカテーテルを挿入している側に点滴台を置いて移動させます。子どもが動くスピードが速い場合、焦らずゆっくり歩くことを子どもに声かけしましょう。

写真3　点滴台の移動支援の様子

　また点滴台にポンプの機械が付いている場合、機械の充電が必要となります。体験中に電源をつなげると子どもの可動域が小さくなってしまいます。コンセントの位置を確認し、体験時に充電しないで済むよう、待機時間に充電をしておきましょう。

5　慢性疾患のある子どもが実践できるスポーツ活動

　最後に病院内学級で実践しているその他のスポーツ活動を紹介します。
○スナッグゴルフとディスクゴルフ
　スナッグゴルフは、元PGAツアープレイヤーのテリー・アントンとウォーリー・アームストロングによって6年の歳月を費やして開発された、「やさしく」「正確に」「どこでも」「誰でも」ゴルフの基本を学ぶこと・教えることができるスポーツです（写真4）。スナッグとは英語で「くっつく」という意味です。ターゲットやボールはすべてマジックテープ素材でできており、ボールをターゲットにあてるとくっつきます。ゴルフはサッカー同様、廊下を生かしてコースゲームを行ったり、ターゲット板を使って点取りゲームもできます。

 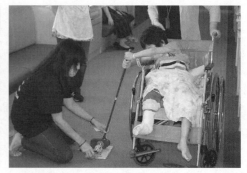

写真4　スナッグゴルフの用具と実践

第4章　子どもが運動を楽しむためには

　ディスクゴルフは、ゴルフとルールは同様です。ゴルフボールの代わりにフライングディスク（フリスビー）を使用し、バスケット型の専用ゴールに投げるレクリエーション・スポーツです（写真5）。当活動で使用するフライングディスクは、スポンジ製のディスクであるため、軽くて投げやすいです。また万が一子どもにぶつかっても衝撃が小さく、室内でも安全に実施することができます。

○ラクロス

　ラクロスで使用するスティック（クロス）は子ども用のサイズがあります。ボールは硬いため、留置しているカテーテルやシャントの箇所にあたった場合、強い衝撃を与えてしまいます。ラクロスを行う場合は、子どもたちが横一列に並び、シュートや指導者とのパスの練習をします。ゲームとしては、サッカーで使用しているゴールポストを用いて、点取りゲームをチーム対抗ですることも可能です（写真6）。

写真5　ディスクゴルフの様子

　病院内学級でのスポーツ活動を提供することは、国内でも新しい取り組みとなります。現在、病院内学級では体育の授業も実施されており、より病弱・身体虚弱の子どもへの体

写真6　ラクロスでシュートの練習

育を充実化していくことが必要となります。身体条件や環境条件に制限がある中でスポーツをとおして成功体験を積み重ねることは、子どもが自分の病気や身体条件を理解し、多様な可能性を切り開く力を育みます。本章で述べた病弱・身体虚弱の子どもへのスポーツ活動の計画をはじめ、提供する上での注意点や配慮を基に、今後、学校体育や地域社会の中に病弱・身体虚弱の子どもがスポーツに参加する機会が増えることを期待します。

コラム　こんなときどうする？

Q 消化器系疾患のあるＡくんは中学１年生です。15分に１回、トイレに行き、ゲームの途中で抜けてしまうことが多いです。最近は便意があるにもかかわらず我慢して途中で抜けることを避けてしまいます。Ａくんの発達段階を考慮した上でどのような身体活動を提供したらよいか、また必要な配慮はどういったことでしょうか？

A 次のことを計画、また配慮していきましょう。
- 15分以内に１ゲームが終わる活動を計画すること
- こまめに休憩を入れることで、トイレに行けるタイミングを作ること
- 指導者がランダムなタイミングでメンバーの入れ替えを行うことで、トイレで不在時でもＡくんが順番を懸念する必要がなくなり、戻ってきたら再度参加できる状況を作ること

〈参考文献〉
- Lynn Anderson & Linda Heyne, Therapeutic Recreation Practice: A Strengths approach, Venture Publishing, Inc., 2012
- 服部祥子『生涯人間発達論：人間への深い理解と愛情を育むために』医学書院、2000
- Marcia Jean Carter & Glen. E Van Andel,『Therapeutic Recreation: A Practical Approach』Waveland Press, Inc, 2011
- Judy A Rollins, Rosemary Bolig, Carmel C. Mahan,『Meeting Children's Psychosocial Needs: Across the Health-Care Continuum, PRO-ED, Inc., 2005
- スナッグゴルフジャパン事務局　http://snaggolf.jp

4.5 聴覚障害

1 はじめに

　聴覚障害がある子どもたちに体育や運動を指導するときに、ちょっとした教材や教具を取り入れることで、子どもたちが授業を受ける際の助けになります。また、聴覚障害の子どもたちだからこそ授業などで気を付けなければならないこと、配慮が必要なことがあります。

　ここでは、聴覚障害の子どもたちが通う、聾学校（聴覚に障害をもつ子どもたちが通う特別支援学校）の授業で実際に用いられている教材教具の紹介や、私が授業中に気を付けていることなどを述べながら解説していきます。その中には、私が聾学校に赴任する以前から用いられている教材もあります。諸先輩方のお知恵を拝借しつつ、さらに視覚に訴える教材を日々の授業の中で模索し、これからの子どもたちの指導に生かしていきたいと考えています。

2 基本的な配慮

(1) 視覚をさえぎる物をなくしましょう

　聴覚に障害がある子どもは、話し手の口元や手話、身振り手振りをよく見ています。聴覚を活用すると同時に、目で見て話を理解しようとするからです。このようなときに配慮が必要なことは、視覚をさえぎる物がないようにすることです。話し手が太陽を背に立つと、子どもたちは、太陽が眩しくて、話し手を見られません。そこで話し手は、太陽に顔を向けた場所で話す必要があります。太陽の眩しさについては、屋内である体育館や武道館でも同じことがいえます。ただし、体育館や武道館の窓には暗幕がついていることが多いと思います。これをぜひ、活用してください。眩しくて生徒が額に手をかざしたり、眉間にしわを寄せる姿はなくなるはずです。

太陽光が眩しくないように暗幕を使用

　また、風が吹き、砂が舞うようなグラウンドで話すときは、できれば倉庫や管理棟など、砂塵を避ける場所を探します。しかし、そのような場所がない場合は、話し手は、風上に向かって立つ（話し手が顔に風を受ける形になります）ようにしましょう。くれぐれも、子どもたちが目を閉じながら話を聞く状況は避けましょう。

(2) **雨天時の活動では、補聴器の管理に気を付けましょう**

　最近は補聴器の性能もよくなり、防水のものもみられるようになりました。しかし、子どもが装用している大半の補聴器は水分に対する強度は高くありません。そこで気を付けたいのは、体育の授業中の突然の降雨や、夏の授業で大量の汗をかく場合です。自分から補聴器を外す子どもがいる一方で、授業に夢中になり外す判断が遅くなる子どももいます。指導する側が一声かけることで、補聴器の故障を回避することができます。子どもが補聴器を外した場合、なくさないように管理にも気を付けましょう。更衣室が近くにない場合は、密封された容器にお菓子袋に入っていたシリカゲルを再利用し入れたものなど、安価で簡単に準備できます。管理と乾燥の一石二鳥が期待できます。

補聴器管理用容器

　体育の授業は屋外で行うことが多いため事前に天気予報を確認し、天候の変化や気温などにも気を付けるようにしましょう。このほか、体育館は音が反響しやすく、グラウンド付近に交通量の多い道路がある場合、車の音で聞き取りにくくなることも頭に入れておきましょう。

(3) **板書を工夫しましょう**

　聾学校の体育館、武道館の壁には、必ず大きな黒板やホワイトボードが設置してあります。グラウンドやプールには移動式黒板があります。私は、黒板などが設置されていない中庭やテニスコートには、小さなホワイトボードを持ち歩くようにしています。またプールなどの水の中では磁気ボード（マグネットペンで絵や文字を描くことができる）も利用します。板書をするのには理由があります。今日の授業内容・目的・練習の流れや練習計画（大きな項目は２～３つ、その練習時間の目安などを書く）、１つひとつの技のポイント、注意点を書き示し、子どもたちが授業に見通しをもち、学習内容に対応できるようにするためです。さらに、技のポイントや意識する点を具体的かつ簡潔に書くことで、目標が明確になり、活動への積極性や自主性が高まります。また、グループ学習などでは、お互いの意見を交換する際、確認しあう点が具体化されることで、お互いにアドバイスをする点が明確になります。可能な限り板書計画を立て、見てわかるように工夫しましょう。

(4) **集合・解散の回数が多いと、子どもたちは疲れます**

　特にグラウンドなどの広い場所では、広範囲にいる子どもたちへ、身振り手振りでは正確な情報を伝えることはできません。説明するために、集合させようにも、子どもたちは簡単に集合できません。特に活動に集中して取り組んでいる場合にはなおさらです。「集合！」と大きな声を出し、両手を広げて合図を送る私の姿になかなか気付きません。やっと気がついた子どもがいると、その子どもが周囲の子どもたちを呼び、気付かせながら集合することになります。時間がかかり、子どもたちの移動の負担も増えます。これでは、子どもたちのやる気を削いでしまいます。

第4章　子どもが運動を楽しむためには

　そこで、授業の始めに、本時の授業内容の流れを説明する中で、練習の組み立て、1つひとつの練習についてポイントと練習時間を板書などで示します。説明するたびに集める必要はなくなります。また、掲示物があれば、子どもたちがいつでも自分で技のポイントを確認することができます。

(5)　タイマーを活用しましょう

　(4)で示した練習時間を大型タイマーで表示します。大型タイマーの活用は、単なる時間の把握に止まらず、子どもたちの取り組みに対する集中力を高める上で大いに効果があります。私たちも集中すると時間が経つのを忘れたり早く感じることがあります。大型タイマーがあることで、子どもたちは遠くからでも時間を把握することができます。実際タイマーを利用すると、あと何分で何回できるかなど、練習の最後まで積極的に取り組む姿勢が多く見受けられるようになりました。

　もし大型タイマーがない場合は、あの時計で何時何分までとか、今から何分間というように具体的に指示しましょう。終わりがみえない時間設定は、集中力を欠き、だらだらしてしまう要因になります。

大型タイマーの使用

(6)　大切なことやポイントの数だけ指を立て話しましょう

　大切な内容やポイントを伝えるときは、左手の指を伝えたい内容やポイントの数だけ立てます。例えばポイントが3つある場合、「1つ目は」と言いながら左手の人差し指を右手の指で指し示しましょう。「2つ目は」と言いながら中指、「3つ目は」と言いながら薬指を指すと、生徒ははっきりと認識できるはずです。この表現方法は手話表現の1つなのですが、手話を知っている生徒はもちろん、手話を知らない子どもたちに対してもとても有効です。

(7)　目と目を合わせ、理解できているか、理解しようとしているかを確認しましょう

　聾学校で勤務を始めた当初、とても感動したことは、子どもたち全員が私の顔を見て話を聞いてくれることでした。その集中力に驚くことが多かったことを思い出します。理解できているか理解できていないかは目の輝きや表情から察することができました。最近は人工内耳を装用している子どもが多くなりました。聴覚をよく活用し、子ども同士の会話も増え楽しそうな様子です。その反面複数の子どもたちに話しかけているときに、話の内容が聞いてわかるからなのか、目と目を合わせず下を向いて話を聞いている子どもを見かけます。会話においては表情や動作から伝わる感情表現など、視覚的に得られる情報も大切だと思います。話し手の伝えたい内容と聞き手の受け止め方に温度差が出てきてしまうと感じています。

　聴覚障害の有無に関係なく、目と目を合わせて相手の話を聞くことの重要性を、私自身再認識させられています。

3　実際の授業では

(1)　集団の動かし方

　体育の授業では、学習活動をより能率的かつ安全に行うことができるように集団行動をとり入れ、整列や点呼を行う場面が多くあります。ここで気を付けなければならないことは、基準者から順番に番号を発声しても前後左右にいる子どもたちはわからないということです。番号を言わせるのではなく、基準者に挙手してもらい、基準者を中心に一人ずつ順番に列の増減を行っています。もちろんこのやり方では全員同時に動くことはできませんが、混乱することなく集団行動ができるようになります。

　年度初めの体育の授業の1時間で集団行動を扱いますが、子どもたちは簡単に身に付けられます。体育祭や運動会の体育的行事で、200人近い子どもたちを集めるときはもちろんのこと、林間学校や修学旅行など、人通りの多いところや路地などで安全に集合させたい場合、大いに役立ちます。もし通常学級の中に聴覚障害の子どもがいる状況ならば、その子どもを基準者、もしくは前列の基準者に近い場所に立つように配慮するとよいでしょう。

　また右向け右は「1・2」、回れ右は「1・2・3」のように数をカウントさせて、そのリズムを指で示したり、板書をして示すと生徒の動きは格段に向上します。

(2)　取り扱う教材（1つひとつの種目）の導入時に、経験の有無を確認する

　バスケットボールやバレーボール、サッカーなどは中学校や高校の授業で扱うことが多いと思います。またテレビなどで視聴する機会もあります。このような種目を扱う場合は、子どもたちはすでにイメージをもっているので、授業は進めやすいと思います。しかし最近の聾学校では生徒数減により集団スポーツを行うことができない場合があることも想定しておきましょう。またハンドボールや剣道、柔道などを扱う場合、経験したことがないのはもちろん、見たことがないという子どもも大勢います。このような種目の導入時には、試合の映像を視聴することで、種目のイメージをもたせるとよいと思います。

　なお私が子どもたちにビデオを視聴させる場合、女子のものを参考にします。男子は筋力に頼ったパワープレーが多く、またファウルも多いので、技術を見たいときの参考になりにくいからです。

(3)　手旗の活用

A．審判を行うときに笛と手旗を同時に使いましょう

　バスケットボールやサッカー、ハンドボールなど、動きの活発なゴール型スポーツでは、子どもたちは審判の笛の音が聞き取れないため、ゲームを途中で止めることが困難な場合があります。笛の合図と同時に手旗を振って視覚的な合図を送ると、この動きを見

手旗を用いて審判を行う様子

た子どもは、瞬時に動作を止めることができます。しかし対象の子どもが背を向けていたり、下を見ている場合は伝わらないので、審判は笛を吹き、手旗を振り続けながら、ボールに近づく必要があります。

B．徒競走（かけっこ）のスタートの合図では

「位置について」「ヨーイ」「ドン（ピストル音）」。運動会シーズンになると地域のあちこちの学校からピストル音とともに、子どもたちの大きな歓声が聞こえてきます。徒競走では前傾姿勢になり、顎を引いて前方の斜め下を見ながらスタートすることで推進力のある走り方ができます。

聴覚に障害がある子どもは、スタートラインに立つと顔を上げピストルを凝視します。ピストルの紙雷管が破裂するときにわずかに出る煙でスタートの合図を確認するためです。

聾学校ではスタートの合図に手旗を使います。走者の２から３メートル前方に立ち、「ヨーイ」で旗を下に降ろし（地面近くまで降ろします）、「ドン」で勢いよく上にあげます。もし手旗がない場合は、１から２メートルの距離にしゃがみます。「ヨーイ」で両手を地面近くで広げ、「ドン」で勢いよく手を打ち鳴らすとよいです。

なお最近は充電式のピストルで、紙雷管の破裂と同時にピストルの先の電球が光る物があります。しかしこのピストルを使用する場合も注意が必要です。スタートラインに立つ子どもたちから光が見えるようにピストルの方向を調整しましょう。

手旗を用いたスタートの合図

先が光るピストル

(4) **目印の活用**

バスケットボールの指導では、ドリブルからのジャンプシュートの導入段階で、左右の足の位置を示すために目印を用い、足の運び方を具体的にわかりやすく示します。ただし実際にドリブルをしながら行うと、どうしても目印が気になるため、下を向く癖がついてしまいます。ボールは持たせずに、あくまでも足の運びの習得のときに用いるようにします。

バレーボールのスパイクでの足の運び方、陸上競技の跳躍における踏切板手前の足の運び方など、動きを意識させるために目印を活用できる場面は沢山あります。

目印の活用

(5) 1つひとつの動作を体感させながら、一連の流れのある動作につなげる（具体例：跳び箱の授業においての指導）

　跳び箱の授業では、踏切板の両足着地の部分にチョークで丸印を付けます。その地点に両足で立ち、両手を跳び箱についてジャンプさせましょう。踏切板のばねの反発力の大きさを体感させることができます。

　次に跳び箱の着手部位にチョークで印を付けます。踏切板に立ったまま、着手部分に手を伸ばします。跳び箱が高く大きくなればなるほど、遠くへ着手することを体感させます。これにより力強い踏切と身体全体の遠方への跳躍を意識させることができます。

踏切板の反発力を体感

　着地では、走高跳用の厚手のマットと体操用の薄いマット両方を用いて着地をさせ、クッションの厚さと身体への衝撃の大きさを体感させます。そして衝撃を減らすためには着地の際に膝を曲げるとよいことに気付かせます。技術的な事を口頭で伝えて形だけ真似させるよりも効果的な指導ができます。

着手部分の確認

　このように跳び箱を跳ぶという一連の動作から、1つひとつの場面を抜き取り、実際に体験させることで、具体的な動作のイメージをつかませることができます。

(6) リズムを意識させると、ぎこちない動きが少なくなる

　サッカーでのボールの扱いやバレーボールのスパイク、剣道の素振りなど、動作の基本の型を初めて経験させるときには、リズムで覚えさせると習得が速くなります。具体的には、サッカーのトラップ・構えて・パスを、「1・2・3」のリズムで覚え、頭の中で数えたり口ずさみながら行うと動きのタイミングがわかりやすくなります。トラップ・パスを「1・2」で行う場合は、トラップしたボールを完全に止めるのではなく、身体の前方に送り出すようにすれば、1・2・3の場合の2の構えが必要なくなるので「1・2」のタイミングでも慌てずにパスをつなぐことができます。

(7) タブレット型端末を活用し、自分の動きをフィードバックさせる

　聴覚に障害がある子どもに対して、動作中のアドバイスは伝わりにくいことがあります。そこで技術習得に必要なアドバイスは、動作後に行うことになります。しかし子どもたちに言葉だけで伝えても、場面をイメージすることはなかなか難しく、技に変化が現れるのに時間がかかるのが現状です。そこで練習場面にタブレット型端末を活用し、個々に

第4章　子どもが運動を楽しむためには

見せながらアドバイスしたり、グループで意見を出し合ったりさせることで、「このときにここを意識する」などの具体的な場面の改善点を把握できます。子どもたちの上達の速さに驚くことは間違いありません。

タブレット型端末で撮影

録画を再生しグループで話し合い

(8) 水泳の指導

　水泳の授業では補聴器を外します。聴覚が活用できなくなるため、他の種目以上に視覚的な配慮や手厚い指導が必要になります。指導者が複数いると、グループごとに指導者を配置して、一人はプールサイドで全体を監視し、もう一人はプールの中で実技指導を行うことができます。また聾学校でもバディを取り入れ、指導者の目だけでなく、子ども同士が相手の安全を随時確認し合うようにしています。水中に顔をつけた状態で平泳ぎなど手足を動かずタイミングを指導する際には、柔らかい筒製の網棒を使い、身体を軽くたたくことでタイミングを伝えています。

網棒で軽くたたいてタイミングを伝える

(9) ダンスの指導

　聴覚に障害をもつ子どもたちも音楽を聴きます。ダンスなどの身体表現を好む様子は、健聴の子どもたちと何ら変わりません。本校の体育の授業でも約1か月、体育祭で行うマスゲームの練習を行い披露しています。子どもたちは覚えるのが早く、休憩時間もお互いに向き合って、練習する姿があちこちでみられます。子どもたちが覚えるときに、手助けになるのがダンスの内容を表にしたものです。個々に確認しながら練習することができます。またリズムをとるときに太鼓を

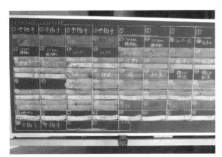
ダンスの内容を表にする

139

使用することも 1 つの方法です。聾学校では、昔からリズムのある動きを指導するときに太鼓を利用してきました。

⑽ **集団スポーツでの指導**

　聴覚に障害をもつ子どもたちの場合、目の前の動きを凝視するあまり、周囲の動きを把握しにくい傾向にあります。ゲームに集中すればするほど、ボールを中心とした狭い空間に多数の子どもが集まってしまったり、パスを出すタイミングがつかめなかったりします。そこで自分の視野がどのくらい広いかを 3 人 1 組で体験させたり、左右交互に動くロープにぶつからないように走り抜けたりすることで、視野の広さに気付かせます。

3人1組で視野の広さを体験

ロープにぶつからないように走り抜ける

⑾ **新しい世界（感覚）を体験する**

A．バランスボールの活用

　平均台の授業の前に取り入れます。平均台の高さに慣れない生徒は、初めから平均台に乗せると高さに対する怖さが記憶に残りなかなか次の段階に進めなくなります。そこで、バランスボールを導入し、不安定なボールの上に座ったり、うつ伏せになって乗ることで、楽しみながら身体を使ってバランスをとる感覚を意識付けたり、重心の位置を確認し

バランスボールで感覚付け

たりします。バランスボールは大きさにより、自分に合った強度を調整できます。前後左右にマットを敷いたり 3 人 1 組で 2 人が補助をするなど、安全にも配慮します。バランスボールを導入してから、平均台上での体重移動に対して、子どもたち同士で手を差し出して補助をする回数も減りました。

B．ラート

　本校では国立大学法人筑波技術大学から体育の先生を講師に迎え、年に一度ラートに取り組んでいます。新しい運動を取り入れる新鮮さに加え、前回り後回りなど、通常の体育の授業で取り扱えない動きを子どもたちに体感してもらうことができます。

　2 時間枠の授業の中で、ラートに慣れることから始め、側転、後転、前転へと進めてい

第4章　子どもが運動を楽しむためには

きます。過去２年間、中１から専攻科の生徒を対象に行いました。講習後のアンケートでは、興味関心をもつ生徒がほぼ100％近くおり、後転など今まで体験したことのない感覚を楽しんだり、連続技に挑戦したりと、時間の許す限り取り組む子どもたちの姿がとても印象的でした。

4　おわりに

ラート

【陸上競技部顧問として苦心したスタート練習】

　聴覚に障害をもつ子どもたちの聞こえ方は個々で大きく異なります。子どもの中には、補聴器を装用することでスタートのピストル音が聞こえる生徒もいます。しかし聾学校に通うほとんどの子どもは補聴器を装用しても音が明瞭に聞こえなかったり、ピストル音と蝉の声や風の音の区別がつかない、ピストル音と人の話し声の区別がつかないなどがあります。それぞれの聞こえに対応することは至難の業です。さらに雨天時は、補聴器が壊れるので外すことになります。

　スタート練習では、ピストルを使い反復練習を行うことで、号砲のタイミングを身に付けるようにしています。しかし大会に参加するとスターターごとに若干タイミングが異なります。またセット（昔の「ヨーイ！」）で腰を上げた状態になりますが、選手全員が静止するまでの時間を待つことになり、練習していたタイミングとずれることも多く、子どもの様子を見ていると、レースに集中する以前にスタートのピストル音が聞こえるかという精神的な負担がかなり高いように思えます。

　顧問の私も毎大会、各レースで選手の勝ち負けよりも選手が無事にスタートできるかどうかを心配しているのが現状です。私が経験した例をあげます。

○立派な競技場（観客スタンドが高く、400ｍすべて高い壁で囲まれている）での400ｍのスタート時、一番外側のレーンでスタート。ピストル音が高い壁に跳ね返り、増幅された反響音が補聴器を装用している耳から入り、大きな音が脳へ伝わり、選手がめまいを起こし倒れてしまいました。

○別の競技場では100ｍのスタート地点に観客スタンドがあり、ピストルの音が聞こえやすいのですが、200ｍのスタート地点はスタンドが低く芝生席になっているため、音が逃げてしまい聞こえにくい状況です。さらにスタート時点で強い雨が降り出し、補聴器を外さざるをえなくなりました。この選手は雨が地面を叩く音で２度フライ

陸上競技用、光刺激スタートシステム

グをしてしまい、高3最後の大会は、失格で終わりました。

○競技場の隣に飛行場があり、200m決勝のスタートのピストル音とほぼ同時に隣の飛行場から聞こえるヘリコプターのプロペラ音が重なりスタートがスムーズに行えず、力を出し切れずに終わりました。

「スタートの合図を心配することなくレースに集中したい」「スタートで出遅れないようにスタートしたい」という子どもたちと指導者の願いから、陸上競技大会における光刺激スタートシステムが日本で開発されました。開発・普及活動にわずかですがかかわれたことに感謝しています。そして、平成29（2017）年には、日本陸上競技連盟（JAAF）でこのスタートシステムが公式に認可されました。現在は日本に1セットしかありませんが、今後の普及に期待したいと思います。子どもたちの願いが早く叶えられますように。

〈参考文献〉
- 関東地区聾教育研究会編集「ろう教育はじめの一歩―その理論と実践―」聾教育研究会、2000、pp.98－102（岡本三郎）
- 筑波大学附属聴覚特別支援学校・高等部「聴覚障害生徒の力を育むために―筑波大学附属聴覚特別支援学校（聾学校）高等部の実践」聾教育研究会、2014、pp.96－103（岡本三郎）
- 「きこえにくい子のためのサポートブック　きこえのＱ＆Ａ」千葉県聴覚障害教育ネットワーク推進連絡協議会（ウサギネット）、2014、p.28（岡本三郎）

第4章　子どもが運動を楽しむためには

コラム　こんなときどうする？

Q　体育の授業でグループによる話し合い活動をしていますが、聴覚に障害をもつA君はチームメイトの話し合いに参加できません。その原因は何でしょうか。また、対応策としてどのようなことが考えられるでしょうか。

A　原因：①集合の体形がバラバラな状態で、A君からチームメイトの顔が見えません。②チームメイトがバラバラに発言するので、誰が何を発言したかわかりません。③何を話しているのか内容がわかりません。

対応策：①チームメイトが扇形や一重の円陣を組み、全員の顔がA君から見えるように集まります。②手をあげてから発言します。③ホワイトボードや黒板に発言内容をまとめて書きます。

ホワイトボードを囲んでの話し合い

Q　ダンスの授業中、聴覚に障害をもつBさんはなかなか動きを覚えることができません。その原因は何でしょうか。また、対応策としてどのようなことが考えられるでしょうか。

A　原因：①音楽の音が小さくて聞こえません。②曲の途中でリズムが変わる回数が多く、リズムを把握できません。③動きが速く覚えられません。

対応策：①音の聞こえ方には個人差があるので一概にはいえませんが、音量を上げることでリズムを感じることができます。また、ドラムや太鼓などの楽器で演奏されている曲を選べば、重低音の振動でリズムをとることができます。②曲の途中でリズムやテンポが変わる曲を避けるか、リズムの変わり目に合図を送るとわかりやすいです。③予め曲全体を表に表し、曲の流れとダンスの動きがわかるようにします。

曲の流れとダンスの動きの表

143

4.6　視覚障害

1　視覚に障害のある子どもの運動

視覚特別支援学校の体育で取り扱われている運動の種類は、⑴普通校の種目とほぼ同じもの、⑵ルールを工夫したもの、⑶視覚障害者独自のものの3つに分けられます。

⑴　普通校の種目と同じもの

個人種目なので1対1で基本運動を教え、身に付けさせることができます。音源（手ばたきや声）で方向をサポートしたり、ロープやタッピング棒などで情報を与えたりします。

○陸上競技：短距離走、長距離走、幅跳び、高跳び、ボール投げ、砲丸投げ
○水泳
○マット・トランポリン
○柔道
○縄跳び：短縄、長縄
○スキー：アルペン、クロスカントリー
○スケート
○ダンス：創作ダンス、フォークダンス、ヒップホップ

⑵　ルールを工夫したもの

ボールが空中を飛び交うバスケットボールやバレーボールは安全面を考慮するとシュートやサーブなどの基本運動しかできません。ゲームを楽しむためにネットの下をボールが転がるようにルールを工夫した種目があります。ボールが転がってくる音で判断したりボールの中に音が出る工夫をしたものを使ったりします。

○バレーボール　→　フロアバレーボール
○野球　→　グラウンドソフトボール
○卓球　→　弱視卓球、サウンドテーブルテニス
○サッカー　→　ブラインドサッカー、ロービジョンフットサル
○テニス　→　ブラインドテニス

⑶　視覚障害者独自のもの

○ゴールボール

2　安全への配慮

⑴　環境整備

視覚に障害のある子どもが自分自身で安心して動くことができるように環境整備が大切

です。視覚特別支援学校では廊下に机やロッカーなどの備品が一切置いてありません。体育館、グラウンドやプールへの移動は子ども自身でできるように動線の約束事を決めます。例えば体育館の場合は「壁際の緑色のフロアを通行し、ステージ側のバレーボールコートのエンドラインに整列すること。」などです。バレーボールのネットが張りっぱなしであってもぶつかりません。フロアの足触りを変えたりぶつかって危ない箇所には緩衝材を設置したりしています。フロアバレーボールの審判台には手作りで緩衝材を付けています。支柱カバーは市販のものです。

　ラインの色はフロアの色と同化しないようにコントラストがはっきりするテープを貼っています。テープの真ん中には凧紐が入っていて手や足で触るとわかるようにしています。

　眩しさを感じる子どもの場合、晴れた日は体育館の中でも窓から差し込む自然光が眩しすぎることがあります。そのときは暗幕を閉めて照明をつけて均一の照度が保てるようにします。個人個人には遮光眼鏡をかけて対応させます。

フロアバレーボール審判台

支柱カバー

(2) 積極的な声がけと明確な指示

　視覚に障害のある子どもは体育館の中のどこに誰がいるのか詳細に把握できません。教員から積極的に声がけをして安心感を与えることが大切です。音を頼りに情報を得ようとしている子どもにとってはまわりに大勢の子どもがいて騒いでいる場合、情報量が多すぎて不快に感じることがあります。教員の表情を読み取ることは難しいので声の抑揚や強弱をつけて話します。

　言葉による指示は明確にします。「もっと前へ」と指示するよりも「あと３歩前へ」とか「１時の方向に２ｍ前へ」という方がわかりやすいです。クロックポジション（正面を12時の方向）で方向を教えてあげるとわかりやすいです。食事のときも使えます。

(3) 補助具

　運動する際に眼を保護するためにアイシェード、フェイスガードや保護用眼鏡を着用する子どももいます。アイシェードはどこからも光が入らず真っ暗です。弱視の子どもは透明なスキーのゴーグルを着用すれば怖がらずにすみます。

アイシェード

　水泳のときは真っすぐに泳ぐことが難しいのでたまに右手でコースロープを確認しながら泳ぎます。壁との距離もわからなので衝突を防ぐために、あと1mくらいでプールの壁に着くときにタッピング棒で頭を叩いて合図します。網膜剥離の危険性がある子どもの場合は肩か背中を叩きます。タッピング棒は釣り竿に形を整えたプルブイなどを付けた手作り品です。

タッピング棒

　手引きの必要な視覚障害者と歩くときはガイドの肘のあたりをつかんでもらいますが、陸上競技で伴走をして走る場合は伴走ロープを使うと走りやすくなります。1mくらいの長さのロープを輪っかにしたものです。長さ、太さは使う人の好みです。伴走をする場合は2人3脚の要領で走る人のリズムに合わせます。伴走者が引っ張ることはしてはいけません。ゴール手前から声をかけゴール地点を過ぎたらゆっくり止まれるようにします。

伴走ロープ

3　視覚障害者スポーツ

　全国の視覚特別支援学校で行われている視覚障害者スポーツの中からフロアバレーボール、サウンドテーブルテニス（以下、STT）、ゴールボールの3つのスポーツについて具体例をあげていきたいと思います。フロアバレーボールは2017年から全国盲学校の大会が開催されています。STTは毎年、全国障害者スポーツ大会が開催されています。ゴールボールはパラリンピックの種目の1つです。

(1) フロアバレーボール

　フロアバレーボールは全盲、弱視、晴眼者がそれぞれの見え方を活かして一緒にゲームを楽しむことができます。
　ネットの下をボールが駆け抜け、スピード感あふれるスポーツです。戦術も工夫するこ

フロアバレーボール

146

第4章 子どもが運動を楽しむためには

とができます。ルールを簡素化することが容易にできるので普通校との交流会などで実施しやすいと思います。

＜ルール＞

○コートの大きさ

　バレーボールと同じで18ｍ×９ｍです。

○ライン

　ラインテープは幅５ｃｍ白を使うことが多いです。競技場内に他の色のラインテープがある場合はフロアの色と似たテープで隠します。

○ネット

　ネットは床面から30ｃｍ持ち上げて張り、ボールはネットの下を転がして通します。フロアバレーボール専用の支柱、ネットが販売されていますが、一般のバレーボールの支柱やネットを使うことも可能です。サイド・バンドの他にセンター・バンドも付けます。

○ボール

　弱視プレーヤーの見やすさを考慮して白色のボール（モルテンMTV５FV）を使用します。ボールは日本フロアバレーボール連盟のHPから注文できます。

○チーム構成

　チームは前衛プレーヤー３名、後衛プレーヤー３名の計６名で構成されます。前衛プレーヤーはアイマスクもしくはアイシェードを着用しなければなりません。

○前衛プレーヤーの基本動作

　前衛プレーヤーはネット際で両腕を広げ、しゃがんだ姿勢で構えています。ボールが身体のどの部分にあたっても反則にはなりません。転がってきたボールを片手で押さえたら、もう片方の手の握り拳でボールを打ちます（スパイク）。

○後衛プレーヤーの基本動作

　後衛プレーヤーはボールを見てプレーするのでボールをキャッチして止めてはいけません。両手を組んだレシーブの形か握り拳にした片手で転がってくるボールをヒットするようにレシーブ、トス、スパイクをします。

○サーブ

　サーブはコート後方のサービスゾーン内（３ｍ幅）にボールを置き、主審の笛の後に自分のサービス番号を告げてから打ちます。サービス番号は１番から６番までローテーション順に基づいて決められています。前衛プレーヤーも同じ場所からサーブを行い、自分でネットまで走って戻ります。自分で戻れない場合は後衛プレーヤーがフロントゾーンまで手引きすることができます。前衛プレーヤーがサーブをする場合は審判の吹笛の前に後衛プレーヤーがセンター・バンドの位置でサーバー以外の前衛プレーヤーがサイド・バンドの位置で声や拍手による方向を指示することができます。サーブが打たれた後、ボールがネットを越えるまでは声や音を出してはいけません。ボールが転がってくる音を聞くためです。

○ラリー

相手からのサーブが正しく行われたらレシーブ側は3回までのプレーで相手側へ打ち返さないといけません。レシーブ側のしゃがんで構えている前衛プレーヤーに最初にあたった場合はブロックとみなされ、数には数えません。

○留意点

ボールを渡す場合は声をかけてから手渡しをするか、バウンドをさせるか、転がします。普通校から進学してきた生徒はボールを投げて渡すことがあたり前になっています。授業の最初に注意をしておきます。

ラリー中はベンチも声を出してはいけません。「誰がどんなプレーをしたのか？」「誰が得点したのか？」などボールがデッドになったときにゲームの状況を説明しフィードバックできるようにします。

(2) サウンドテーブルテニス（以下、STT）

転がると音が出るボールをラバーのないラケットでネットの下を通るように打ち合います。生涯スポーツとして幅広い年齢層のプレーヤーが楽しんでいます。日本だけで行われているスポーツです。

＜ルール＞

○テーブル

コートの大きさは一般の卓球台と同じ、長さ274cm、幅152.5cm、床上76cmです。

打球の落下を防ぐためにエンドフレームと60cmのサイドフレームが取り付けてあります。フレームの幅は1cm、高さは1.5cmです。普通の卓球台に段ボールなどをガムテープで貼りフレームの代わりにします。ボールを転がす競技なので継ぎ目のない一枚板のテーブルを使います。エンドフレームの外側の中央に突起物がありセンターの位置がわかります。

○ライン

センターの位置を示すセンターラインとサイドフレームの先端を結んだサービスラインがあります。手で触れてラインがわかるようになっている台もあります。ラインは1cmでライトハーフコートに含まれます。

ネットの張り方

○ネット

ネットは板上4.2cmの空間を空けてたるまないように水平に張ります。

○ボール

直径40mmのボールの中に小さな金属球が4個入っているので転がると音がします。

○ラケット、ボールの打ち方

木質で硬く平坦でなければいけません。ボールを打

ラケットの持ち方、ボールの打ち方

つ音がするようにラバーは貼っていません。形はシェイクハンド用でもペンホルダー用でもかまいませんがシェイクハンド用の方が打球面が広く、コーナーに来たボールも打ちやすいです。打ち方は自由ですがバックハンドで打つ方が方向がコントロールしやすいです。

○ゲーム

プレーヤーはアイマスクを付けます。

挨拶の後にトスを行います。ジャンケンは声に出して相手に何を出したかわかるようにします。

試合が始まったらベンチや応援席から声を出すことはできません。静かな中で試合が行われます。

○サーブ

主審の「プレー」のコールのあと、10秒以内にサーバーは自分のライトハーフコートにボールを静止させ「行きます」の声をかけます。レシーバーは5秒以内に「はい」と返事をします。サーバーは「はい」のあと、5秒以内にサーブを相手のライトハーフコートに打ちます。

○ポイント

ボールが自分のエンドラインに着く前に打ち返さないと相手のポイントになります。

自分の打ったボールがエンドラインにあたった後、テーブルの上に一瞬でも残れば自分のポイント、テーブルの外に飛び出した場合は相手のポイントになります。強く打つ場合はエンドフレームに対して直角に打つ必要があります。

サイドフレーム

ボールを打つときに打った音を消してしまうくらいテーブルをこすったり叩いたりした場合は「ホールディング」の反則になります。

(3) ゴールボール

イギリス発祥のパラリンピックの正式種目です。ロンドンパラリンピックでは女子が金メダルを獲得しました。アイシェードを着用した1チーム3名のプレーヤー同士が鈴の入ったボールをお互いに転がしあい相手ゴールに入れて得点を奪います。試合中はボールの音が聞こえなくなってしまうので観客も静かにしていなければなりません。

＜ルール＞

○コート

バレーボールと同じ大きさ、18m×9mです。3mごとにラインが引かれていてオリエンテーションエリア、ランディングエリア、ニュートラルエリアの3つのエリアが分かれています。

○ライン

幅5cmのラインテープの下に凧紐を通します。触るとわかるようになっています。

○ボール
　重さ1.25kg、周囲76cm。大きさはバスケットボールとほぼ同じですが重さは2倍です。中に鈴が入っているので転がすと音が出ます。1個25,000円ほどです。
○ゴール
　高さ1.3m×幅9mです。
○ハイボールの反則
　投球するときは自分たちのゴールから6mまでにボールを少なくともワンバウンドさせないといけません。
○ロングボールの反則
　投げ出されたボールはセンターラインを挟んだ6mの中でもワンバウンドしなければなりません。
○アイシェードタッチ
　試合中は審判の許可がでないとアイシェードに触ってはいけません。アイシェードを上げて覗いていると判断されます。
○10セカンド
　相手から投げられたボールがディフェンス側の選手に最初に触れた瞬間から10秒以内にセンターラインを超えるように攻撃をしなければなりません。
○ボールの投げ方
　投げ方は自由です。選手は片手で投げます。回転して勢いをつけて投げたりします。ボールが大きく重いので授業では両手で持ってサイドから投げたりもします。小さい子どもは両手で股の間から転がします。リオパラリンピックではブラジルの女子選手が相手に背中を向けて股の間から投げていました。
○ボールの止め方
　本格的に競技をしている選手は下の写真のような形で全身を使ってボールを受けます。セービングといいます。この受け方はお腹への衝撃が大きく、また顔面にあたる可能性があります。とても痛いです。授業では腰を落としての伸脚の姿勢やしゃがんだ姿勢で脚でボールを受け止めるようにしています。

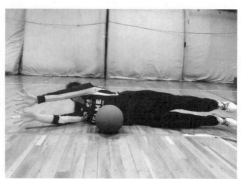

第4章　子どもが運動を楽しむためには

○その他

- 味方同士のパスや移動攻撃、フェイントや速攻など戦術があります。
- 盲ろうの生徒がゴールボールを行う場合は生徒の後ろに教員がいてボールが転がってくる方向に移動させる合図を決めて参加しました。右に２歩動いてほしい場合には右肩を２回叩くなどです。
- 日本ゴールボール選手権は障害の有無を問わないので晴眼者も参加することができます。もちろんアイシェードをつけて戦います。
- ルールが単純なので初心者もすぐにゲームを楽しむことができます。ゴールボール体験会が各地で開催されています。

〈参考文献〉

- 鳥山由子監修、青松敏明、青柳まゆみ、石井裕志、鳥山由子編著『視覚障害学生サポートガイドブック』株式会社日本医療企画、2005
- 鳥山由子『視覚障害指導法の理論と実際—特別支援教育における視覚障害教育の専門性—』ジアース教育新社、2007
- 日本フロアバレーボール連盟『フロアバレーボール競技規則』2008年４月改定
- 日本盲人会連合　日本視覚障害者卓球連盟編『サウンドテーブルテニス　ルールブック　2011年度版』

第5章
インクルーシブ体育

インクルーシブ体育

　本章では、通常のクラスの中で障害のある子どもへの対応と工夫といった観点から、障害のある子どもへの配慮は、現在、学校ではどのように扱われているのかということや、障害のない子どもへの教育指導の在り方、指導の具体例などをあげていきます。

1　「インクルーシブ体育」とは何か

　「インクルーシブ体育」とは、平成6 (1994)年にユネスコが採択したサラマンカ声明以降、インクルーシブ教育システム構築に向けた世界的な流れの中、実践されてきた体育、保健体育の授業を指しています。

　まず、サラマンカ声明では、「特別なニーズ教育における原則、政策、実践に関するサラマンカ声明」の中で以下の5項目が宣言されています。

- すべての子どもは誰であれ、教育を受ける基本的権利をもち、また、受容できる学習レベルに到達し、かつ維持する機会が与えられなければならず、
- すべての子どもは、ユニークな特性、関心、能力および学習のニーズをもっており、
- 教育システムはきわめて多様なこうした特性やニーズを考慮にいれて計画・立案され、教育計画が実施されなければならず、
- 特別な教育的ニーズをもつ子どもたちは、彼らのニーズに合致できる児童中心の教育学の枠内で調整する、通常の学校にアクセスしなければならず、
- このインクルーシブ志向をもつ通常の学校こそ、差別的態度と戦い、すべての人を喜んで受け入れる地域社会をつくり上げ、インクルーシブ社会を築き上げ、万人のための教育を達成する最も効果的な手段であり、さらにそれらは、大多数の子どもたちに効果的な教育を提供し、全教育システムの効率を高め、ついには費用対効果の高いものとする。

　また、平成4 (1992)年に国連アジア太平洋経済社会委員会が決議した「アジア太平洋障害者の十年」の最終年にあたる平成14(2002)年には、日本の主唱により、この「十年」が10年延長され、「インクルーシブでバリアフリーかつ権利に基づく社会に向けた行動課題」が採択されています。さらに、平成13(2001)年には、国際連合総会において、「障害者の権利及び尊厳を保護・促進するための包括的・総合的な国際条約」決議案が採択されています。

　現在、日本は平成19(2007)年にこの条約に署名、平成26(2014)年に批准したことを受け、国内では法整備の1つとして、平成27(2015)年「障害を理由とする差別の解消の推進

第5章　インクルーシブ体育

に関する法律」、通称、「障害者差別解消法」を定め、平成28（2016）年から施行されています。この法律を受けて、学校現場には合理的配慮が求められており、この「合理的配慮」の在り方が、インクルーシブ体育の中枢と考えてよいでしょう。

　また、本章では、学校現場でのインクルーシブ体育について触れていますが、体育や保健体育の学習指導要領上の目標には、「生涯にわたって心身の健康を保持増進し豊かなスポーツライフを実現する」とあります。この目標の達成は、学齢期での学びが、どのようにもち越され生涯にわたり繰り広げられていくのかにかかっています。ですので、学齢期以降も、障害のある児童生徒が成人し、地域や社会の中で、インクルーシブ体育がどう実践されるのかということも大切です。具体的に考えるなら、例えば、就職した会社でスポーツ的なレクリエーション活動が行われたときに、インクルーシブ体育での学びはどう活用できるでしょうか。例えば、結婚した障害のある人に、子どもが生まれ家庭をもち、子どもが地域の学校に通うようになり運動会を見に行ったとき、保護者としてインクルーシブ体育での学びを基盤として、運動会にどうかかわるでしょうか。

　このように、インクルーシブ体育の視点は、学齢期を過ぎたあとにも様々な場面で影響することが想像できます。これは、サラマンカ声明にある「インクルーシブ社会」を築くことにつながります。さらには、スポーツが文化として根付き、共生社会実現の具体として、その役割を担うためにも、インクルーシブ体育は、まず、学校体育での授業実践をとおして、多様な気付きや価値の広がりを伝えていく必要があります。

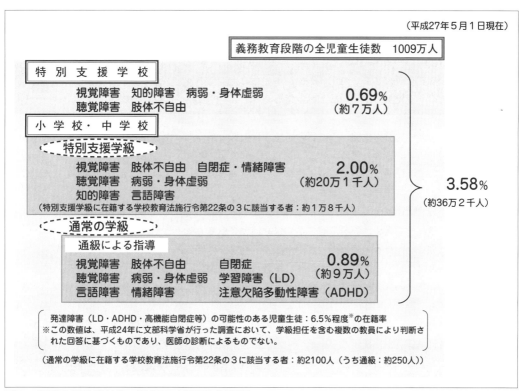

図1　特別支援教育対象の概念図（義務教育段階）

2　通常のクラスの中にいる「障害のある子ども」の現状

　障害のある学齢期の子どもの現状は、図1より義務教育段階では全体の3.58％であり約36万人となります。この人数に含まれていない、「発達障害の可能性のある児童生徒」は6.5％とされ、合算すると約10％、義務教育段階の全児童生徒数は、1,009万人ですので、100万人を超える子どもが、特別支援教育の生徒が対象だということがわかります。

　そこで、このインクルーシブ体育では「小学校・中学校」の"特別支援学級"と"通常の学級"について取り上げながら、通常のクラスの中にいる「障害のある子ども」の現状について具体的にみていきましょう。

3　小学校・中学校における「障害のある児童生徒」の指導

　「インクルーシブ体育」に取り組むために、義務教育段階では、どのように「障害のある児童・生徒」の指導がどうあるべきか、小学校や中学校で学習活動の法的な裏付けとなる、学習指導要領をみながら考えてみましょう。

⑴　学習指導要領に示される「障害のある児童生徒」の指導

　小学校・中学校の学習指導要領（平成29(2017)年3月）には、「障害のある児童生徒」の指導は、いずれも全体にかかわる「総則」の中で表1のように述べられています。

表1　学習指導要領総則における障害のある児童生徒に関する記述

小学校学習指導要領（中学校は「生徒」として筆者加筆）
第1章　総則
第4　児童（生徒）の発達の支援
2　特別な配慮を必要とする児童（生徒）への指導
⑴　障害のある児童（生徒）などへの指導
ア　障害のある児童（生徒）などについては、特別支援学校等の助言又は援助を活用しつつ、個々の児童（生徒）の障害の状態等に応じた指導内容や指導方法の工夫を組織的かつ計画的に行うものとする。
イ　特別支援学級において実施する特別の教育課程については、次のとおり編成するものとする。
㋐　障害による学習上又は生活上の困難を克服し自立を図るため、特別支援学校小学部・中学部学習指導要領第7章に示す自立活動を取り入れること。
㋑　児童（生徒）の障害の程度や学級の実態等を考慮の上、各教科の目標や内容を下学年の教科の目標や内容に替えたり、各教科を、知的障害者である児童（生徒）に対する教育を行う特別支援学校の各教科に替えたりするなどして、実態に応じた教育課程を編成すること。
ウ　障害のある児童（生徒）に対して、通級による指導を行い、特別の教育課程を編成する場合には、特別支援学校小学部・中学部学習指導要領第7章に示す自立活動の内容を参考とし、具体的な目標や内容を定め、指導を行うものとする。その際、効果的な指導が行われるよう、各教科等と通級による指導との関連を図るなど、教師間の連携に努めるものと

第5章　インクルーシブ体育

　　　する。
　　エ　障害のある児童（生徒）などについては、家庭、地域及び医療や福祉、保健、労働等の
　　　業務を行う関係機関との連携を図り、長期的な視点で児童（生徒）への教育的支援を行う
　　　ために、個別の教育支援計画を作成し活用することに努めるとともに、各教科等の指導に
　　　当たって、個々の児童（生徒）の実態を的確に把握し、個別の指導計画を作成し活用する
　　　ことに努めるものとする。特に、特別支援学級に在籍する児童（生徒）や通級による指導
　　　を受ける児童（生徒）については、個々の児童（生徒）の実態を的確に把握し、個別の教
　　　育支援計画や個別の指導計画を作成し、効果的に活用するものとする。

　この総則を図1の概念図と重ね合わせて整理すると、「ア」については、対象となる児
童生徒全体にかかります。「イ」については、特別支援学級（以降「支援級」）、「ウ」は、
通級による指導（以降「通級」）、「エ」は、全体を俯瞰したのち、支援級、通級への働き
を強めています。
　この学習指導要領の特徴は、「イ」「ウ」が明記されたことです。支援級や通級につい
て、前回の学習指導要領に示された「教師間の連携に努め」るだけでは、効果的な指導を
行うことが難しかったことがわかります。
　そして、この「イ」「ウ」に共通するのは、「自立活動」です。支援学級では、「自立活
動を取り入れる」とし、通級でも「自立活動の内容を参考とし」と示されています。特別
支援学校学習指導要領では、自立活動の内容が、表2のように示されています。

表2　自立活動の内容

特別支援学校小学部・中学部　学習指導要領　第7章　自立活動
第2　内容
1　健康の保持 　⑴生活のリズムや生活習慣の形成に関すること。⑵病気の状態の理解と生活管理に関すること。 　⑶身体各部の状態の理解と養護に関すること。⑷障害の特性の理解と生活環境の調整に関すること。⑸健康状態の維持・改善に関すること。
2　心理的な安定 　⑴情緒の安定に関すること。⑵状況の理解と変化への対応に関すること。⑶障害による学習上又は生活上の困難を改善・克服する意欲に関すること。
3　人間関係の形成 　⑴他者とのかかわりの基礎に関すること。⑵他者の意図や感情の理解に関すること。⑶自己の理解と行動の調整に関すること。⑷集団への参加の基礎に関すること。
4　環境の把握 　⑴保有する感覚の活用に関すること。⑵感覚や認知の特性についての理解と対応に関すること。⑶感覚の補助及び代行手段の活用に関すること。⑷感覚を総合的に活用した周囲の状況についての把握と状況に応じた行動に関すること。⑸認知や行動の手掛かりとなる概念の形成に関すること。
5　身体の動き 　⑴姿勢と運動・動作の基本的技能に関すること。⑵姿勢保持と運動・動作の補助的手段の活用に関すること。⑶日常生活に必要な基本動作に関すること。⑷身体の移動能力に関すること。⑸作

業に必要な動作と円滑な遂行に関すること。
6　コミュニケーション
(1)コミュニケーションの基礎的能力に関すること。(2)言語の受容と表出に関すること。(3)言語の形成と活用に関すること。(4)コミュニケーション手段の選択と活用に関すること。(5)状況に応じたコミュニケーションに関すること。

　この自立活動の内容は、人間として基本的な行動を遂行するために必要な要素と、障害による学習上または、生活上の困難を改善・克服するために必要な要素となっています。そして、児童生徒、それぞれの障害の状態や発達段階に応じた課題に対応できるように示されています。

　まとめると、小学校・中学校学習指導要領には、障害のある児童生徒への指導が、通常のクラスの場合、支援級や通級の場合に分けて示されています。支援級や通級での指導については、自立活動の内容を踏まえ指導することが必要であることがわかります。この自立活動が教科等の学習を支える役割を果たし、人間として調和のとれた育成を進めてゆく必要があります。

(2)　教科としての「障害のある児童生徒」の指導

　ここまでは、体育や保健体育ではなく、学校全般でのインクルーシブ教育が問われていました。そこで、教科として体育や保健体育が「インクルーシブ」の視点を、目標や内容の取扱いではどのようにとらえているのか、学習指導要領「解説」の中で用いられる「障害」についてまとめ、教科としての「障害のある児童生徒」の指導について考えを深めましょう。

①　目標にある「体育や保健の見方・考え方」について

　「体育や保健の見方・考え方」とは、小学校・中学校の学習指導要領体育・保健体育の目標冒頭の文章です。この目標の解説には「体力や技能の程度、年齢や性別、障害の有無等にかかわらず、運動やスポーツの特性や魅力を実感したり、運動やスポーツが多様な人々を結び付けたり豊かな人生を送ったりする上で重要である」と述べられています。

　このことは、アダプテッド・スポーツ科学の考え方とも重なる部分です。子どもの体力低下については、歯止めがかかりつつあるものの、体力水準が高かった昭和60年頃と比較すると依然として低い状況が続いています。こういった、体力水準の低い児童生徒も、運動やスポーツの面白さや楽しさに触れ、実感する必要があることを示唆しています。

　すなわち、「障害のある児童生徒」も含め、小学校、中学校での体育や保健体育の指導は、すべての児童生徒の指導と同じように、実施されなければなりません。そして、すべての人が、運動やスポーツの魅力や特性に触れ、実感できるようにしなければならないことを冒頭に示しているのです。

②　指導計画の作成における「障害のある児童生徒」の指導

　小学校・中学校の学習指導要領には、陸上競技や球技など、それぞれ各教科の内容が示されたあとで、目標を達成するために「指導計画の作成と内容の取扱い」について説明が

あり、障害のある児童生徒の指導について以下のように書かれています（表３）。

表３　指導計画の作成と内容の取扱いの内容

第３　指導計画の作成と内容の取扱い　１　指導計画の作成（小：(6)／児童　中：(3)／生徒）
障害のある児童（生徒）などについては、学習活動を行う場合に生じる困難さに応じた指導内容や指導方法の工夫を計画的、組織的に行うこと。

この内容は、個々の児童生徒によって学習活動を行う場合に生じる困難さが異なることを指摘しています。この困難さに応じた指導内容や指導方法を教科として工夫することが必要です。具体的な困難さとして、見えにくさ、聞こえにくさ、道具の操作の困難さ、移動上の制約、健康面や安全面での制約、発音のしにくさ、心理的な不安定、人間関係形成の困難さ、読み書きや計算などの困難さ、注意の集中を持続することが苦手であることなどをあげています。

この具体的な困難さについては、上記の例示にとどまらず、図２のように検討されています。大切にしたいのは、これらの困難さが、体育や保健体育の学習活動を行う場合に生じていることに気付かなければならないということです。

これまでの示し方

小学校学習指導要領　**総則**
個々の児童の障害の状態等に応じた指導内容や指導方法の工夫を計画的、組織的に行うこと。

（小学校学習指導要領解説）
総則編

□**障害別**の配慮の例を示す。

弱視：体育科におけるボール運動の指導、理科等における観察・実験の指導
難聴や言語障害：国語科における音読の指導、音楽科における歌唱の指導
肢体不自由：体育科における実技の指導、家庭科における実習
LD（学習障害）：国語科における書き取り、算数科における筆算や暗算の指導
ADHD（注意欠陥多動性障害）、自閉症：話して伝えるだけでなく、メモや絵などを付加する指導　など

改善の方向性

小学校学習指導要領　**総則**
各教科等
□総則に加え、**各教科等別に示す。**

（小学校学習指導要領解説）
総則編における障害種の特性に関する記述に加え、各教科等編において
□学習の過程で考えられる**困難さ**ごとに示す。
【困難さの例】　※教科等の特性に応じて例示

《情報入力》
見えにくい
聞こえにくい
触れられない　など

《情報のイメージ化》
体験が不足
語彙が少ない　など

《情報統合》
色（・形・大きさ）の区別が困難
聞いたことを記憶することが困難
位置、時間を把握することが困難　など

《情報処理》
短期記憶※1**、継次処理**※2**や同時処理が困難**
注意をコントロールできない　など
※１：一度見たり聞いたりして短い時間の間憶えること
※２：１つ１つ順々に問題を処理していくこと

《表出・表現》
話すこと、書くことが困難
表情や動作が困難　など

図２　各教科等の障害に応じた配慮事項

また、この内容では、困難さに応じた指導内容や指導方法の工夫を計画的、組織的に示すことが求められています。この工夫を示すためには、対象となる児童生徒の実態を的確に把握することが必要になります。例えば、学習上の配慮事項や学力、基本的な生活習慣

といった内容をまとめた「個別の指導計画」を作成し、翌年度に引き継ぐことも、組織的、計画的に行うことにつながります。

「個別の指導計画」とは、指導を行うためのきめ細かい計画であり、児童生徒一人ひとりの教育的ニーズに応じて、指導目標や指導内容・方法を盛り込み、単元や学期、学年ごとなどに作成されます。これに対して、「個別の教育支援計画」は、他機関との連携を図るための長期的な視点に立った計画です。一人ひとりの障害のある子どもについて、乳幼児期から学校卒業後までの一貫した長期的な計画を学校が中心となって作成します（図3）。

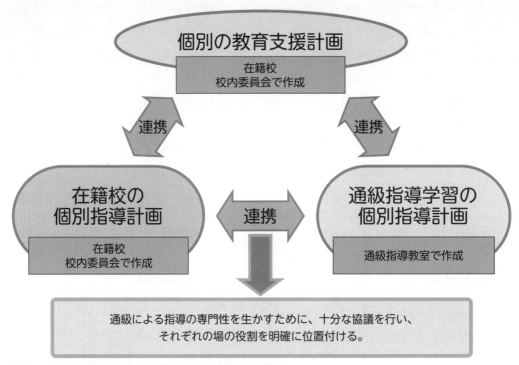

図3　個別の教育支援計画および個別の指導計画の関係

他にも、障害の状態、発達や経験の程度、生育歴については、医療機関や保護者など、第三者からの情報が大切になります。教師が実際に支援している児童や生徒の状態を理解するため、様々な角度から情報を収集し、総合的に整理・解釈してゆくアセスメントを実施することも必要になるでしょう。

対象となる児童生徒の実態が的確に把握できた上で、その実態に配慮した「行い方の工夫」を考えることになります。この工夫の意図に基づき、具体的な手立てを示し、対象となる児童の活動を促し、参加を保障することが大切になるのです。

(3)　学習指導要領と「障害のある児童生徒」の指導

このように小学校、中学校の学習指導要領には、障害のある児童生徒を指導することが明記されています。学習指導要領は、法的な拘束力が伴う文章ですから、配慮したうえでの指導には法的な義務が発生します。

体育や保健体育では、障害のある児童生徒の指導を行う際に、障害を病気・外傷やそのほかの健康状態から直接的に生ずる個人的問題としてとらえる考え方、いわゆる「医学モデル」でとらえ、障害のある児童生徒への指導を躊躇し、踏みとどまることがあります。例えば「弱視の児童生徒」は、「見えにくい」ので、テニスは「できない」と考えてしまうということです。

障害は、医学モデルとしてとらえるだけでなく、「社会モデル」としてとらえることが求められています。この社会モデルとは、「障害者が日常生活または社会生活で受ける制限は、心身の機能の障害のみならず、社会における様々な障壁と相対することによって生ずるもの」という考え方です。このモデルに沿って考えれば、「弱視の児童生徒」は「見えにくい」ので、"一般的な硬式テニスボールを用いた"テニスを"屋外で"は「できない」が、"音の出るブラインドテニス用ボールを用いた"テニスを"屋内で"は「できる」と考えることができます。この例では、活動の用具や場を配慮することになります。この社会モデルについては、図4「国際生活機能分類（ICF）」として、それぞれが互いに関係し作用する、相互作用の関係にあることが示されています。

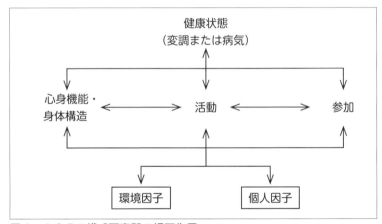

図4　ＩＣＦの構成要素間の相互作用

例えば、ブラインドテニスでラリーができるようになった、すなわちその活動ができたことで、ブラインドテニスの大会に参加するようになる、という影響を与えるかもしれないというモデルです。そのことが健康状態にも影響を与える可能性があることが、このモデルから読み取ることができます。

学習指導要領に示されている、学習指導上の困難は、この社会モデルでのとらえ方を踏まえて示されています。さらには、障害者の権利に関する条約では、インクルーシブ教育システムで確保されなければならない「合理的配慮」の提供も、このようなICFの視点に立ち、個人因子と環境因子なども踏まえて、個々の幼児児童生徒の実態を把握することが求められています。

小学校や中学校で「インクルーシブ体育」に取り組むためには、まず、何をするように法的に示されているのかについて、理解を深めておくことが必要になります。

⑷　インクルーシブ体育の評価

　実践された体育や保健体育の授業で何を学習したのか、評価は行われなければなりません。評価は、障害の有無にかかわらず、児童生徒の指導の過程や結果を記録する指導要録に記載され、卒業後の指導や外部に対する証明となるための原簿です。

　インクルーシブ体育での学習も、小学校、中学校の学習指導要領の目標を達成するために「知識及び技能」「思考力・判断力・表現力等」「学びに向かう力、人間性等」の観点から評価されることになります。

　特に、小学校では、⑵に示している「体育や保健の見方・考え方」という目標が達成されるために、インクルーシブ体育での実践がどのように効果的であったかを評価する必要があります。観点別評価でとしては、「知識及び技能」において「苦手な児童への配慮」が示され、「学びに向かう力、人間性等」において「意欲的でない児童への配慮の例」が示されています。この「苦手」に対しては、学習活動の実施を促すために必要な配慮が示されており、「意欲的」に対しては、学習活動への参加を保障する配慮であると考えられます。

　また、中学校では、観点別評価としては「学びに向かう力、人間性等」にある、「一人一人の違いを認めようとする意欲」や「一人一人の違いを大切にしようとする意欲」といった共生の観点から、インクルーシブ体育での実践が、どのように効果的であったのかを評価することができます。

　学習指導要領の改訂以前から、「障害のある児童生徒に係る学習評価の考え方は、障害のない児童生徒に対する学習評価の考え方と基本的に変わるものではないが、児童生徒の障害の状態等を十分理解しつつ、さまざまな方法を用いて、一人一人の学習状況を一層丁寧に把握することが必要であること。」と述べられています。

　この内容から、評価について総合的に考えると、小学校では、活動の実施という観点から「知識及び技能」を、参加という観点から「学びに向かう力、人間性等」を評価することになると考えられます。そして中学校では、この活動と参加が、どのような共生や参画につながったのかという観点から「学びに向かう力、人間性等」を評価することになります。

　さらに、これらの評価は、ICFの視点に立ち、環境因子や個人因子の具体例として整理され、実施された合理的配慮や支援の1つとして記録され、個人の指導計画にも反映されることが大切です。

　今後、国などが示す評価の資料も参考に、さらに具体的な児童生徒の評価をすることになります。共生や参画といった観点別評価が、重要になることを踏まえておきましょう。

4　「インクルーシブ体育」に取り組む

　障害のある児童生徒がもつ「困難さ」をどのようにとらえるのか。その視点については、本書の「どんな子どもたち」という部分で、様々な障害について学ぶことができたと思います。「子どもの運動を知る」という部分で、体力テストの工夫やアセスメントツー

ルの活用として学び、「困難さ」の具体的な把握に努めています。

　その上で、本章で示したとおり、障害のある児童生徒の運動（遊び）に対して、行い方を工夫することが大切になります。例えば、活動の場や用具、補助の仕方に配慮するなど、「困難さ」に応じた手立てを示すことが必要でした。

　この「困難さ」に対して、活動の実施を促し、参加を保障する配慮をICFの視点に立ち、障害の有無を超えたインクルーシブ体育の実践が必要です。

　そこで、ここからは具体的な「配慮」について様々な場面をとおして考えていきましょう。「配慮」を考えるにあたっては、具体的な 授業場面 を設定します。授業場面には、困難さに気付いている場面を設定してあります。その場面に対面したときに、教師や指導者がとるべき行動や声掛けを、意図すること としてまとめました。その上で、行うべき配慮や具体的な授業の工夫を 配慮・工夫 として述べています。

　ここで取り上げた事例はほんのわずかであり、特に発達性協調運動性障害のある子どもを対象としたガイドを参考に整理しました。このような実践が積み重なり子どもの発育・発達が保障される体育や保健体育の実践が、どこでもなされることを願っています。

(1) **障害のある子どもへの配慮**

　ここでは、上記で示した、通常の学級にいる発達障害の可能性のある子どもへの配慮の実践例をあげます。

【① 小学校低学年で運動遊びに「困難さ」のあるAさん】

授業場面

　運動遊びの授業の中で、長縄に取り組んでいます。Aさんが困っています。Aさんは、運動が全般的に苦手で、特に縄に合わせてジャンプすることや縄をくぐることが、苦手と話しています。

意図すること

○Aさんとの会話を重ね、困難な運動課題を特定する

「どんな動きや運動が難しいかな」

　→ 縄をよく見ていると跳ぶことを忘れてしまう。

「運動する場所で違いはあるかな」

　→ グランドで晴れていると眩しい。

「誰か助けてくれる人や声をかけてくれる人はいるかな」

　→ 友達が声をかけてくれる。でも引っかかると友達に悪いなぁと思う。

◎特定された困難さ

⇒縄をよく見て跳ぶようにと言われ、縄を見ることに集中している。さらに光刺激に強く反応する。ジャンプすることはできる。友達との関係もよい。だが、失敗することに強

163

い忌避感があり、自信を失う傾向にある。

配慮・工夫

- 体育館へ移動し、明るさの調整ができる環境で実施する。
- 縄を使用せず、かけ声で一斉に跳ぶ練習をしてタイミングが取れるようにする。
- 友達やクラスメイトと手をつなぎ跳ぶタイミングが合うようにする。
- 縄を使用する場合、最初は1～3回を目標としそのあとも目標回数を限定する。
- 授業の最後に成功体験で終わるように展開する。

【② 小学校低学年で水遊びに「困難さ」のあるBさん】

授業場面

プールの授業で、浮く遊びを行っています。Bさんは、顔をつけることはできるのですが、伏し浮きにチャレンジすることができず困っています。

意図すること

○Bさんとの会話を重ね、困難な運動課題を特定する

「どんな動きや運動が難しいかな」

→ 力を抜いて浮くことがわからない。身体を真っすぐにしているつもり。

「運動する場所がプールだと違いはあるかな」

→ 顔を水につけることは家のお風呂や洗面所ではできる。でも、プールでは足が沈んでしまう。

「誰か助けてくれる人や声をかけてくれる人はいるかな」

→ 水の中では一人。不安になる。

◎特定された困難さ

⇒力を抜くことや、真っすぐのイメージがわかない。広いプールになると、一人ぼっちで沈んでしまうのではという不安が強い。

配慮・工夫

- 人形や模型などで具体的な伏し浮きのイメージをもたせる。
- 力の入り方を、グラフや数値化し共有する（クラゲ浮きは「0」など）。
- 伏し浮き時に手を引くなどして、身体の一部に触れ不安の除去に努めながら推力をもたせ沈まないようにする。
- プールの床面にプレートやリングなどの沈む目印を置く。
- チューブやひもを用い、伏し浮きの形ができたら引っ張り推力を得られるようにする。

【③ 小学校中学年で鉄棒運動に「困難さ」があるCさん】

授業場面

鉄棒運動の授業で、補助具を利用した逆上がり運動を行っています。Cさんは、補助の台を上ることはできるの

第5章　インクルーシブ体育

ですが、お腹が身体から離れてしまい、回転することができず困っています。

意図すること

○Cさんとの会話や運動の観察から、困難な運動課題を特定する

「どんな動きや運動が難しいかな」

　→ お腹が鉄棒にあたるのが怖い。痛そう。足を蹴り上げようと力を入れると、腕がつっぱってしまう。

「運動する場所に違いはあるかな」

　→ グランドなので、手を放して落ちたら痛そうだと思って緊張する。

「誰か助けてくれる人や声をかけてくれる人はいるかな」

　→ 休日に親が一緒に練習してくれる。みんなに見られているところで繰り返しできないと恥ずかしい。

◎特定された困難さ

⇒鉄棒に接触することや補助具やグランドに接触することに抵抗があることから、痛みに敏感で、硬いもの（地面、板）に対しても恐怖感がある。視線を気にする。しかし、保護者の協力も得やすい。

配慮・工夫

- 「布団干し」を行うことで、お腹に鉄棒があたる感覚を養うようにする。
- お腹の接触部分に、鉄棒カバーなどを取り付け、衝撃をやわらげる。
- 「ダンゴムシ」を行うことで自分の身体を繰り返し、身体を引き付けて支持姿勢を繰り返し行うようにする。
- タオルなどの補助具を用いて、身体が鉄棒から離れないようにする。

【④　小学校高学年でボール運動に「困難さ」があるDさん】

授業場面

　ゴール型ボール運動の授業で、バスケットボールを行っています。シュートできる位置に移動するのですが、パスを受けてシュートを打つことがうまくできません。シュートを打とうとすると、パスのボールをうまくキャッチができなくなり困っています。

意図すること

○Dさんとの会話や運動の観察から、困難な運動課題を特定する

「どんな動きや運動が難しいかな」

　→ シュートのためにゴールを見上げると、パスされたボールから目が離れてしまうため、うまくキャッチできない。ゴールの近くまで、走って移動することはできている。

「運動する場所に違いはあるかな」

　→ 外のコートで行うと、ゴールが小さく見える。

165

「誰か助けてくれる人や声をかけてくれる人はいるかな」
　→ チームメイトからは、パスの時やシュートのタイミングで声をかけてくれたり、アドバイスをしてもらうことが多くある。シュートを決めたい。

◎特定された困難さ
⇒顔が上下動するとボールから目が離れ、予測してキャッチすることに難しさがある。空間にある対象の大きさや距離が把握できにくい。

配慮・工夫
- キャッチまでボールから目を放さないように伝え指導する配慮をする。
- コート内のシュートの入りやすい位置に目印をつけるなど、目安の位置を把握できるように工夫する。
- 特定の位置から、どのようなフォームや力の入れ方、リリースでシュートをするとゴールができるか確認し、ボール保持からシュートまで、正確な距離や位置関係にとらわれなくてもスムーズにシュートが打てるように配慮する。

【⑤　中学校で球技を行うことに「困難さ」のあるEさん】

授業場面

　ベースボール型ボール運動の授業で、ソフトボールを行っています。Eさんは、小学校のときから、投げられたボールを打つことが難しく、中学でも相手チームがゆっくり投げたボールがバットになかなかあたらず困っています。小学校ではティーボールを経験しており、止まったボールを打つことはできています。

意図すること
○Eさんとの会話や運動の観察から、困難な運動課題を特定する

「どんな動きや運動が難しいかな」
　→ 投げられたボールが、どれくらい自分に近いのか、バットが届く位置なのかわからない。同じ速さのボールが続くとバットにあたりやすい。

「運動する場所に違いはあるかな」
　→ 室内で行ったとき（雨天）、ボールの飛んだ場所でヒットやアウトが決まるゲーム（野球盤方式）は行いやすかった。

「誰か助けてくれる人や声をかけてくれる人はいるかな」
　→ ピッチャーをチームメイトがやっていると、打ちやすい。自分にあわせてあてやすいボールを投げてくれる。

◎特定された困難さ
⇒ボールの空間把握に難しさがあり、バットスイングを調整しボールを打つことが困難である。ソフトボールには興味があり、ヒットはうれしいが、ゲームに参加できているか

第5章　インクルーシブ体育

不安である。あてやすい軌道のボールがあるが、相手チームが投げることは難しい。

配慮・工夫
- バッティングティーを使用することが可能なルールをクラス全体に設定する。
- バッティングティー使用の有無については、仲間と相談し話し合う活動を入れる。
- グランドにヒットゾーンを設けるなどルールを変更し、積極的な活動ができるようにする。
- 自らが積極的に動けるように、バッティングの方法を選択させるためのルール変更をする（例　相手チーム投手：3ストライク　自チーム投手：2ストライク　ティー：1ストライク）選択させ、挑戦し認め合う雰囲気を作る。

【⑥　中学校で武道を行うことに「困難さ」のあるFさん】

授業場面

武道で柔道の授業を行っています。受け身や足さばきなど、一人で行う稽古はスムーズですが、対人で組み合い、対人での打ち込みや約束練習になると、動きが硬く技がスムーズにかからず困っています。

意図すること
○Dさんとの会話や運動の観察から、困難な運動課題を特定する

「どんな動きや運動が難しいかな」
　→　一人で練習をしていると、相手のことを考えなくてよいので力をどれくらい入れたらよいのか、あまりに気にかけなかった。しかし、相手がいると自分が相手を投げるため、力を入れすぎて相手にけがをさせてしまうのではないかと心配になる。
「運動する場所に違いはあるかな」
　→　柔道場であれば問題ないが、隣のペアが近かったりすると緊張してしまう。
「誰か助けてくれる人や声をかけてくれる人はいるかな」
　→　ペアになる人からは、「大丈夫だよ」といわれる。でも、技をかけたあとで痛そうにしているときがあった。

◎特定された困難さ
⇒自分の力をコントロールすることが難しく、状況に応じて力を出すことが困難である。また、タイミングを合わせて身体を動かすことはできるが、対人関係への不安があり、技を相手にかけるということにやや抵抗を感じている。

配慮・工夫
- 組み合わずに対人で向き合い、「取」と「受」を明確にし、「取」に合わせて「受」が、動くことを段階的に行う。
- フラフープを持って対人で向き合い、「取」の動きによって「受」が異なる受け身を行う稽古をするなど、補助用具を介し相手に力を伝える感覚に慣れる。
- 技の流れの中で、力を入れるタイミングをイラスト化したり、車の「アクセル」と「ブ

167

レーキ」に例えて指導者が声をかけて力を入れるタイミングを身に付ける。

- 「受」になる人が、投げられたあと、主観的に痛みを数字で伝え（例えば、5段階で"非常に痛い：5"と"全く痛くない：1"）即座に相手にフィードバックできるようにする。

⑵　障害のない子どもへの配慮

　障害のある子どもに対して、どのような配慮をするのかについて、ここまで述べてきました。これは、障害のある子どもとない子どもがともに学ぶ教育が展開される中で、体育授業が展開され、障害のある子どもにみられる「困難さ」に対してどのように配慮するのかを考えるということでした。

　ここでは、障害のない、いわゆる通常学級に在籍する子どもへの配慮について考えてみます。

①　「ズレ」や「まさつ」について

　インクルーシブ体育では、「ズレ」や「まさつ」をとおして、仲間との共感的理解を深めていき、そのことで自然に安定した関係ができあがり、運動以外の場面においても相手を強く意識することなく一緒に自然に行動することができるといわれます。

　こういった子どもたち同士の「個性理解」や「共感」「共振」といった関係性の構築は理想であり、求められるインクルーシブ体育の姿です。

　ただ問題は、現在の日本が社会的に抱える、生産年齢人口の減少や絶え間ない技術革新といった予測困難な時代に向け、学校教育が成熟社会にどう寄与するのかです。

　中央教育審議会（中教審）は、学習指導要領改善に関する答申として「2030年の社会と、そして更にその先の豊かな未来において、一人一人の子供たちが、自分の価値を認識するとともに、相手の価値を尊重し、多様な人々と協働しながら様々な社会的変化を乗り越え、よりよい人生とよりよい社会を築いていく」ことを冒頭に述べています。この内容を踏まえて、学習指導要領の改訂は進みました。この中教審答申では、2020年の東京オリンピック・パラリンピックは多様性の尊重や多様な人々がともに生きる社会の実現に向けて、他者への共感や思いやりを子どもたちに培っていく契機としなければならないと述べられています。

　ここで述べられている現状についてよく考えてみると、現在の子どもが置かれている現実として、東京オリンピック・パラリンピックを契機としなければ、他者への共感や思いやりを培うことができないという現状があるということです。すなわち、インクルーシブ体育の理想は実現されなければなりませんが、共感や思いやりを培うことができていない社会の中で、実践を重ねること、そのこと自体が「ズレ」や「まさつ」を生じているのです。

　共生社会の構築という、大きな目標に向かって、社会の現状そのものに、「ズレ」や「まさつ」がある中で、学校、そしてその中の1つの教科として、体育、保健体育は、どう変わろうとしているか。それが、現代におけるインクルーシブ体育の課題です。

　少子高齢化社会の中で、子どもが減り、将来的に一人ひとりの子どもにかかる負担が大きくなる社会構造があります。障害のある子どももその負担を背負う一人です。しかし、

第5章　インクルーシブ体育

このことは既存の人権の考え方から2つの問題がみえてきます。1つは「障害者を治療・厚生・保護等の客体とみなす障害者観が根深く存在していたことによって、権利主体として障害者を位置付けることが等閑視されてきた」こと、もう1つは「近代法が想定していた平等とは、様々な属性に基づいて人々が異なる取り扱いを受けることを否定するもの」であるということです。

すなわち、理想とするインクルーシブ体育であげられる「ズレ」や「まさつ」は、社会や教育といった構造的な課題に挑戦するものであることを踏まえるべきと考えます。

ですから、まずここで考えなければならない、インクルーシブ体育を進めるためにすべき、障害のない子どもへの配慮は、「障害をさりげなく伝える」ということです。障害のない子どもにとって、障害のある子どもが同じ学級の一員であり、担任がその子どもだけを特別に扱っているようにみられないような自然な様子をとおして共感や思いやりを育くむことが求められます。

② 合理的配慮について

ここで述べる合理的配慮は、インクルーシブ教育システム構築に必要なものであり、図5に述べられています。

インクルーシブ教育システムの構築に必要な要件
① 障害のある者が<u>一般的な教育制度から排除されないこと</u>
② 障害のある者に対する支援のために<u>必要な教育環境が整備されること</u>（基礎的環境整備）
③ 障害のある子どもが、他の子どもと平等に「教育を受ける権利」を行使するため、<u>個々に必要とされる適当な変更・調整（合理的配慮）が提供されること</u>　など
※「インクルーシブ教育システム」と必要な要件は、<u>平成18年に国連で採択された「障害者の権利に関する条約」</u>において初めて提唱された、新しい概念である。

図5　インクルーシブ教育システム構築事業について

この合理的配慮が提供されるにあたり、障害のない子どもへの配慮として考えなければならないのは、まず、同じ学習環境でともに学ぶ取り組みを行っても「安心・安全の保障」ということです。学校災害での対応も含めて、すべての子どもを守る学校体制づくりが重要です。

次に、「学習の質の保障」という観点です。障害のある子どもに対して、様々な配慮がなされる一方で、障害のない子どもが本来学ぶ学習も同様に実施されなくてはてはなりません。

⑶ **配慮を行う上での留意事項**

障害の有無にかかわらず、インクルーシブ体育が実践されるために、以下の2点について留意しておきましょう。

① 変更や代替の安易な実施とならないこと

例えば弱視の生徒が、ゲームに参加することが難しいと判断し、記録係や得点係といっ

た役割分担を実施するような場合です。この場合は、弱視という状況に対して、見学するということは、安易であることは想像できます。ですが、例えば、肢体不自由のある生徒が、陸上競技や走運動でゴールテープを持つ係や順位を伝える係など役割分担による代替を配慮として実施する場合はどうでしょうか。参加しているようで、同じ学習課題であるとはいい難く、同じ場所で学習を行っているものの偏った学習機会を与えてしまう可能性があります。ともに学ぶということは、学習活動のねらいを踏まえた配慮となることを忘れないようにしましょう。

② 子どもの負担や心理面での配慮をすること

例えば、弱視の生徒が、球技のゲームに参加する場合、ボールがどこからくるかわからない恐怖心を感じたり、ゲームで全くボールに触らず「参加できていない」という思いをさせることを指します。授業が怖い、体育やスポーツが自信を失わせる場にならないよう配慮が必要です。他にも、例えば先ほど取り上げたソフトボールでティーボールを使用する場合も配慮が必要です。打てないのだから、打てるように用具を変更することは、必要な配慮です。ですが、その子どものみに特別ルールを用いてゲームを行う配慮をするということは、周囲の子どもに対して、「ずるい」「なんで○○だけ？」といった感情を生じさ

コラム 「こんなときどうする」

Q 肢体不自由のあるＧさんが、ソフトバレーボールの授業に参加します。Ｇさんは、校内を歩いて移動します。上肢の麻痺はほとんどなく、書字や物の操作に問題はありません。バレーボールの授業でもチームの一員としてゲームに参加することを希望しています。ですが、バレーボールのサーブしたボールが、なかなか入りません。Ｇさんの指導について、インクルーシブ体育を、どのように実施していきますか。

A コートの後方から入らないため、前方にサーブラインを設け実施することは、必要な配慮です。ですが、Ｇさんのみにこの特別ルールを作ることは、心理的な負担をかける可能性があります。そこで、「前からサーブしてもよい」というルールは、クラス全員を対象として考えます。その上で、「サーブは２回チャレンジできる」とし「１回目に失敗した場合は自分の判断で前に出てサーブをしてよい」というルールを設定します。このことで、Ｇさんだけでなくサーブが苦手な生徒も前に出てサーブを行うことができます。このように、特定の生徒だけでなく、生徒全員に配慮したルール設定を行うことが大切です。

第5章　インクルーシブ体育

せ、心理面での負担が生まれる可能性があります。

　ここでは、ルールを変更することもスポーツの楽しみ方の1つであるという理解がもてるよう学習機会を設けることが大切になります。このような学習機会が設けられず、ゲームを行うことで生じる「ズレ」や「まさつ」は、二次的に子どもを心理的に傷つけたり、負担を強いることになる可能性を忘れないようにしましょう。

5　インクルーシブ体育の授業実践

　ここでは、インクルーシブ体育の視点から授業実践を試みた授業例を取り上げます。

(1) 小学校での実践

① 学校の様子

　神奈川県に所在するA小学校で生徒数は、350名程度で支援級に在籍する生徒は、20名程度です。

　この学校の特徴は、まずボールの種類が多彩であることやバランスボールを体育館の舞台下に収納する（写真1）といった、児童の活動ニーズに合わせて教材を豊富に準備していることです。特に、支援級在籍児童が、体育授業で積極的に参加できるよう、事前にスモールステップを踏み授業に取り組める工夫を行っていました。

写真1　体育館床下のバランスボールの収納

　例えば次の交流級の授業で平均台を用いた運動を行うことがわかった段階で、支援級の先生方は写真2のように、3種類の平均台を並べ、安全性を確保しさらには、ソフトマットを敷き最後にジャンプして遊ぶ楽しみを加え授業を行います。このように授業を準備し、実践することで、児童の体育への苦手意識を軽減し、授業への参加と活動の保障を行っています。

写真2　平均台に慣れるための工夫

② 授業の様子

　小学3年生30名を対象とした、跳運動、幅跳びの授業でのことです。2名の支援級在籍男子生徒が本授業に出席していました。

　準備運動を終え最初の課題は、ジャンプドリルでした。ジャンプドリルは図6のように設定された3つのエリア「パラシュート」「バウンディング」「ハイタッチ」の3つエリアで構成され、それぞれ1分間のローテーションで行われました。それぞれのエ

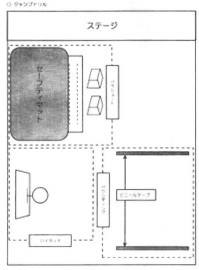

図6　ジャンプドリルの配置図

171

リアを担当した教員が絵などを用いて場の設定や跳び方を視覚的にサポートし、児童全体に理解を促しています。

支援級児童を見ていると、うまくできない場面もみられますが、繰り返しチャレンジする全体の雰囲気の中で、支援級児童の失敗が目立つことはありませんでした。

その後、ステージを前にして整列し、ホワイトボードと学習カードを用いて、めあての確認を行います。どうすれば、より跳べるかが今回の学習課題でした。ですが、メインティーチャーから「今日の授業は、どこが課題でしょう」と、やや具体性に欠く発問に対し対象児童が困っている様子がありました。

先生の質問する内容の意味の理解が難しい場合に、通訳的な役割をサブティーチャーが行います。「先生は、ここ（学習カードを指し）の記録をどうやったら抜くことができるかな？って聞いているんだよ」と、通訳することで、対象児童の不安感をなくしました。

めあてに沿って話し合いを行うため、このように支援級担当教員が、学習課題や発言のタイミングなどを促すなど話し合い活動に介入し意見交換が行われたことで、対象児童はスムーズに何を学ぶべきかを確認しています。

グループでの練習を行ったあとで対抗戦を行います。対抗戦はロングマットに跳躍し、授業オリエンテーション時に記録した自身の記録に対して、±5cmを±1点として、グループでの合計得点を合算して競う内容でした。対象児童は、どうやったら自身が遠くへ跳ぶことができるのか、自分で工夫し得点を獲得することができており周囲の児童からも声をかけられていました。

③　実践例から学ぶ

この学校の実践例で優れているのは、まず「困っている場面の判断を迅速に行う」ということでした。全体指導時には、集団から一歩引いて支援級担当教員は観察していますが、学習カードの課題を書くタイミングでどういう感じなのか近づいて観察し、何もしていない様子があれば「どうしたの」と声をかけています。

また一人で交流級に行って授業を受けることができる児童がいる場合には、体育では、傍につきすぎず、離れて観察し、言語活動で困っている場面で近づき支援するようにしていました。例えば、一人で交流級に参加できる児童は、運動に自信があり、身体を動かすことにはあまり抵抗がないものの、話し合い活動など、苦手な場面での支援が必要になります。このように「困りそうだな」という場面を予測し支援することが、良い実践につながります。

2つ目は「一緒に動いていることが、できることではない」という理解があることです。

支援級の児童が体育で一緒にラジオ体操を行ったときのことです。最初はマネをして動くことができると思っていましたが、支援級でラジオ体操を行った際に、なかなか実施しない様子に気が付き、「何となくできている」様子に混ざっているため、きちんと見られると行うことを躊躇することがわかりました。この授業でも、一緒に行うことで、ミスが目立たなくなりますが、正確に動くことができているのかということについて観察するこ

第5章　インクルーシブ体育

とを忘れません。一緒に動いているというだけで判断しないという理解が必要です。

　3つ目は「子どもを見極める」ということです。

　支援級教員全員で授業後に、児童を個々に観察した結果を話し合っています。その際、普段の遊びの様子を重ね合わせて話し合うことで、児童の得意不得意を見極めています。例えば、走るのが得意でも鬼ごっこのルールがわからず、誰が鬼で、誰を追いかけるのかわからない児童がいるといったことがわかってきます。この遊びを観察することで、生徒一人ひとりのできることや苦手なことが見えてくるので、授業に生かしやすくなります。鬼ごっこのときの逃げ足が速かった児童は、測定のときよりも早い様子がみられ、その後、リレーの選手になることがありました。授業ではなく、遊びで発揮される力を観察することは子どもの姿を見極めることにつながります。

　最後は「教材をすり合わせ「補い」「伸ばし」自信をもたせる」ということです。

　上記でも触れましたが、所属学年で実施している実技に合わせる工夫をしています。例えば反復横跳びのやり方がわからない児童がいました。そのやり方を支援級で身に付けた上で、学年の体育に入ります。そのことで、回数はともかく、一緒に行うということはできています。もう1つは、動きの不器用さを補うために、身体のいろいろな部分を使う活動を行うことです。例えば匍匐前進をしてみたり、走って壁にタッチして戻るといった、動きづくりの活動を行っています。このように、教材をすり合わせ、基本的な動きを行うことで、児童の力を補い、伸ばし、さらには自信をもたせることにつながっています。

　まとめると、この実践からインクルーシブ体育の授業の質を高めるために、「困っている事を迅速に見抜く」「交流級の授業との連絡を充実」「できる事に着目する」ということがわかります。

⑵　高等学校での実践

①　学校の様子

　東京都に所在するB高等学校で生徒数は1学年240名程度で3学年を合わせると700名を超えます。

　学力的にも高く大学に進学する生徒の割合が多いものの、体力的に問題を抱えている生徒もみられ、特に運動を苦手だと感じる生徒がいます。例えば水泳の授業でもバタ足で「膝が曲がっている」という指摘をしても、理解できない生徒もみられます。また、バスケットボールの授業でも、レイアップシュートのステップ位置がわからずシートを利用することで、できるようになった生徒もいました。

　また、ボールの種類が豊富で、球技系種目のアレンジを豊富にすることができ、生徒が球技種目に参加しやすくしていました。特に、メーカーが同じで見た目は変わりませんが、実はやわらかい素材のボールであったり、瞬発性が抑制されているなど、様々なボールをそろえています。他にも室内で使用可能な用具

写真3　体育館におく色シート
（左が黄色、右が赤）

173

や、初めての生徒でもそのスポーツが楽しめる用具も準備されています。他にもホワイトボードが多く準備されており、色シート（写真3　黄色一歩目、赤でジャンプ→シュートなど）などが準備され、言葉ではなく見てわかるように工夫して取り組む準備がされています。

② 授業の様子から

高校3年生15名（男女合同）を対象とした選択必修授業のバスケットボールです。準備運動とウォーミングアップを行います。いつも行う準備運動のあと、コートまわりを使用して、ランニングと多様なステップとスキップを行います。ステップワークやスキップの種類を多く行うことで、コーディネーションを兼ねた動きづくりを実践しています。

ステップやスキップが合わない生徒に対しては、教員の声かけ、指示をしています。教員は、集団と並走し内側から全体に声掛けを行っています。

動きにやや不器用さのある生徒や、動きにぎこちなさがある生徒がみられます。特に女子生徒は、ウォーミングアップのクロスステップなども苦戦する様子がみられます。次にシュート練習を行い、ゲームに入ります。ゲームは男女混合のチームです。

ゲームを始める際に、体調の悪い生徒が見受けられました。そのとき、「見学か、審判か？」を生徒に尋ねていました。すると、「審判をやります」と選択する生徒がみられました。

この試合を行っている際に、隣のコートでバレーボールの授業を行っている生徒が授業中に「先生やわらかい方のボールはどこですか？」と声をかけてきました。見た目では区別できないため、担当教諭に相談していました。

バスケットボールの練習、試合の実施中、生徒の動きは活発であり、まったく動かない生徒やボールがもらえない生徒がみられませんでした。試合は2試合行われ、いずれも複数得点が入って終了しました。

③ 実践例から学ぶ

この学校の実践例で優れているのは、まず「疎外感のない道具を使用」です。この授業実践を行った教諭は、特別支援学校での勤務経験があり障害のある生徒の体育・スポーツとアダプテッド・スポーツに関する知識と技術を高いレベルで有していました。

高校の授業で、特定の生徒だけがアダプテッドされた道具を使用すると疎外感や拒否感を感じます。そこで、メーカーが同じで見た目は変わらないのですが、実はやわらかい素材のボールであったり、瞬発性が抑制されているボールを準備することで、生徒自身が疎外感を味わうことがないよう、工夫し、体育への抵抗感を少なくしています。個別での対応は大切ですが、その対応が「一人への特別な配慮」になると、インクルーシブではなくなってしまいます。

2つ目は「視覚的にわかる指導」です。ボディーイメージが乏しいため、左右がわからないという生徒が多いことから、正面ではなく同じ方向で示すことを心がけています。授業でも、同一方向で一緒に動くなど、身体の動きが視覚的にわかる指導を大切にしています。

第 5 章　インクルーシブ体育

　3つ目は「見学を少なくする工夫」です。授業でも、役割を作って見学を少なくする工夫をしていました。そのためには、例えば審判ができるようにルールの理解を全員に課すなど、体育理論の内容も重要になります。生徒の心には、授業に「参加したい」という気持ちがあることを尊重する工夫につながります。

　最後に「成功体験をもたせる」ことです。シュート練習でも入った際に常に褒めており、小さな成功したことを褒めるように心がけていました。スモールステップで、生徒が「できる喜び」を感じられるように伝えることが大切です。このことは、「見学を少なくする工夫」とも共通し、「誰かの役に立っている、私にもできることがある」といった自己有能感につながります。

　まとめると、この実践からインクルーシブ体育の授業の質を高めるために、「疎外感のない道具の準備」「視覚的な工夫」「できることを増やす」ということが大切であることがわかります。

〈参考文献〉
- 国立特別支援教育研究所データベース「サラマンカ声明」
  http://www.nise.go.jp/blog/2000/05/b1_h060600_01.html（最終アクセス　2017年 6 月30日）
- 文部科学省「障害者施策をめぐる国内外の動向」
  http://www.mext.go.jp/b_menu/shingi/chukyo/chukyo0/toushin/05120801/003.htm
  （最終アクセス　2017年 6 月30日）
- 文部科学省「特別支援教育の対象の概念図」（義務教育段階）
  http://www.mext.go.jp/a_menu/shotou/tokubetu/__icsFiles/afieldfile/2017/02/21/1236746_01.pdf
- 国立特別支援教育総合研究所『特別支援教育の基礎・基本（新訂版）』ジアース教育新社、2015、p.35、59
- 文部科学省中央教育審議会「体育・保健体育、健康、安全ワーキンググループにおける審議の取りまとめ」
  http://www.mext.go.jp/b_menu/shingi/chukyo/chukyo3/072/sonota/__icsFiles/afieldfile/2016/09/12/1377059_1.pdf
  （最終アクセス　2017年 6 月30日）
- 文部科学省中央教育審議会「特別支援教育部会における議論の取りまとめ」
  http://www.mext.go.jp/b_menu/shingi/chukyo/chukyo3/004/siryo/__icsFiles/afieldfile/2016/07/29/1374814_5.pdf
  （最終アクセス　2017年 6 月30日）
- 文部科学省「小学校、中学校、高等学校及び特別支援学校における児童生徒の学習評価及び指導要録の改善などについて（通知）」2010年 5 月11日
- 宮原資英『発達性協調運動障害　親と専門家のためのガイド』スペクラム出版社、2017
- 草野勝彦他『「インクルーシブ体育」の創造』市村出版、2007、p.13
- 中央教育審議会、「幼稚園、小学校、中学校、高等学校及び特別支援学校の学習指導要領等の改善及び必要な方策等について（答申）」2016年12月21日
- 中邑賢龍、福島智『バリアフリーコンフリクト』東京大学出版会、2012、p.50
- 国立特別支援教育総合研究所『インクルーシブ教育システム構築に向けた児童生徒への配慮・事例』ジアース教育新社、2014

第6章
障害児の体育の歩みと今後の展望

6.1 戦前から昭和期における障害児の体育

本項の戦前および戦後における特別支援教育における体育に関する記述は主に北野与一「日本心身障害者体育史」不昧堂出版（1996）によりました。

1 知的障害特別支援学校の体育・スポーツ

明治23(1890)年長野県松本尋常小学校に落第生のための学級が能力別編成の一環として設けられました。これがわが国の特別支援学級のおこりであり、知的障害児教育の始まりといわれています。ただし当時は学力向上政策がとられ、体操科は疎外されており、子どもたちの体育指導には限界がありました。特別学級教育の中で遊戯運動、歩行練習および手指運動が時折なされる程度でした。

大正期から第二次世界大戦の間に、特別支援学級教育は劣等児や学業不振児の救済教育から知的障害児そのものの適応教育へと変化します。教育の指針も学力向上志向から、生活指導、職業指導重視へと変化しました。

体育においては健康で働ける身体をもった自立できる人間の育成が目標となりました。内容は遊戯主体で個別化、興味化、反復化、模倣化、直観化、生活化、総合化といった指導指針がとられました。しかし、十分な質と量が確保されたわけではなく、他教科と抱き合わせで行われることも多くありました。

戦後、主要な教育目標は健康に働ける人間の育成となり、体育も健康生活の訓練、運動能力の向上、体力増進、集団参加による社会性の育成、心理的安定が目標となります。内容的には小・中学校の教材を準用しつつも各学校、教師が独自性のある教材を模索する状況でした。具体的には集団遊びや合同体操、ボール遊びや自転車乗りなどがありました。指導方法としては遊びを手段とする遊び型、反復練習中心の鍛練型、劣った能力を直接高めようとする矯正型、日常学校生活をとおして目的を達成しようとする生活型などがありました。

その後、体育は教育の基礎的領域として位置付けられます。「健康」と「働ける身体」の理念は維持されつつも体育の目標は身体的活動能力の向上、社会適応力の養成、個人衛生上の態度習慣の形成とされました。このころの特徴的なものとしては自転車乗りや整列・行進の採用、訓練的指導の導入などがありました。

知的障害特別支援学校では児童生徒の障害の重度重複化傾向が顕著となります。この影響もあり、教育目標も自立論の問い直し、発達保障論への注目がみられました。体育においても発達論的運動プログラムの展開やからだ学習、養訓的体育学習あるいは、遊びに関する学習や指導など新しい指導形態が模索されました。

第6章　障害児の体育の歩みと今後の展望

このように知的障害児の学校体育は職業に就き、働くための健康な身体作りが主要目標であり、視覚障害や聴覚障害の学校でみられた課外活動への発展はあまりみられませんでした。

2　肢体不自由特別支援学校の体育・スポーツ

肢体不自由児のための最初の学校は昭和7（1932）年につくられた東京市立光明学校です。第2次世界大戦前には肢体不自由児のための学級が14学級ほどあり100人程度が在籍しているに過ぎませんでした。学校で教育するというより救護施設で生活する方が一般的だったためだと考えられます。そうした救護施設の中の1つで、大正10（1921）年設立の柏学園は肢体不自由療育事業の嚆矢といわれ、近代的肢体不自由児教育の先駆的役割を果たしました。

肢体不自由児の就学免除や、就学しても体操免除児童が多数存在する中、柏学園の体操科では治療体操や保健体操が、運動機能回復の手段として位置付けられていました。治療体操では治療体操法、マッサージ法および練習治療法の3法を併用していました。これらは戦後の肢体不自由児体育にも継承されたものです。このほかにも無意識に歩行練習ができ、かつ体力向上にもなるように遠足や旅行、散歩などの体育的諸活動も意図的に行われていました。

一方、東京市立光明学校では体操科を治療体操科と呼び、障害の治療を主としつつ、障害のない部分にも運動を施すことによって全人的発達を目指す教科としていました。教材としては矯正体操、治療的運動、保健運動などが行われていました。昭和12（1937）年度には病類別・疾患部別の運動要目が編成され、教材作成の基本とされました。指導の実際では児童の情緒的・心理的特性の配慮と、学習・治療の継続性や自信や希望を与えるような方法がとられました。

戦後昭和30（1955）年ころまで、普通学校に就学した肢体不自由児の多くは体育の時間は身体運動の軽減もしくは免除の取り扱いを受けました。肢体不自由児施設内の特別支援学級の体育では機能訓練を体育の代替とするかもしくは、普通校に準拠した内容の体育でした。普通校内の特別支援学級では機能訓練や情操教育を重視した体育が実施されました。体育と機能訓練を結び付けて1つの教科とする方法の素地はこの時期に作られました。教材内容はこの時期、体操型と野球型の教材から障害に応じた改変や開発が始まり、漸次拡大、多様化していきました。こうした体育の指導は運動禁止群、軽度運動群、運動の制限のない群に分けられ、障害種別、程度、部位、能力が考慮されました。運動会などの体育的行事も行われるようになりましたが、運動クラブや課外活動は低調でした。

その後体育は、機能訓練と結び「体育・機能訓練」の一教科として位置付けられます。障害の軽い児童生徒は体育の時間が多く、障害の重い児童生徒は機能訓練により時間を割いていました。教材内容は障害のない児童生徒が行っているものを変えたもの、体力向上を目指したものなど、幅広く、多様に実施されました。昭和45（1970）年前後から、わずかです

が体育系の課外活動を行う学校がありました。これは全国身体障害者スポーツ大会参加を契機としたものです。しかし、肢体不自由児の学校は通学にかかわる時間的制約、障害内容の多様性、施設設備の条件などから課外体育が活発に行われる環境ではありませんでした。

　1970年代以降は肢体不自由児の学校においても障害の重度化・多様化が大きな課題となります。こうした状況に対して学習指導要領を弾力的に対応できるようになりました。体育の目標も重度障害児の存在を考慮し、生命の維持、生きる力の増進とともに、発達保障の考え方をも取り込んでいきました。軽度障害の子どもの体育は球技中心の傾向が強くみられました。重度障害者に関しては「遊び」が主な内容でした。

3　病・虚弱特別支援学校の体育・スポーツ

　病・虚弱児の体育は大正期から第2次世界大戦前までは体操、遊戯、散歩、遠足、海水浴など自然環境を生かした内容でした。これらはいわゆる保養所のようなところ（休暇集落）に滞在する形で実施され、個別指導、漸増性付加・漸進性の原則、衛生的良習慣の形成、精神衛生などを重視した指導が行われました。小学校令時代は開放学校や特別学級で病・虚弱児の教育は行われました。内容は教授要目に準拠しながらも内容を精選し、量を軽減したものでした。教育・養護・訓練または、運動・栄養・休養の三位一体の総合的指導が昭和初期まで続きました。しかし、軍事体制が強化されていく中で、そうした方法はすたれ、人的資源の確保を重視した軍国主義的思想が席捲するようになります。

　国民学校令下で体操科は体練科に変わり、文部省は身体虚弱児をも人的資源として活用しようとしました。生徒を健康度によりグループ化し、多様な栄養物を補給させるとともに身体諸活動を増加させ積極的に鍛錬しましたが、虚弱児の健康を阻害することになりました。

　戦後になり、病・虚弱児教育の中心は身体虚弱児と結核性疾患の児童生徒でした。体育では免除（禁止）、制限（軽減）、奨励の方式がとられ、健康の回復が目標となりました。疾病や障害の程度、安静度や健康度に応じて個別目標が掲げられ実施されました。

　その後、ぜんそく児への対応や1960年代から増えてきた腎臓関連疾患、心疾患や筋ジストロフィー、重症心身障害児、肥満児、心身症、登校拒否児など多様な児童生徒に対応するようになりました。体育の目標はそれぞれの時代の学習指導要領のとおりですが、その基底には「健康の回復」が常にあったといえます。

4　聴覚障害特別支援学校の体育・スポーツ

　聴覚障害特別支援学校は視覚障害特別支援学校と分離するまでは、両者は、同じ学校の指針の下、体育・スポーツも実施されていました。例えば、京都盲唖院と楽善会訓盲唖院ではそれぞれ1880年代に体操科を教育課程の中に位置付け、体操、遊戯、美容術などを実施しました。京都盲唖院では障害に応じて、貫輪器[1]や単語図絵運動[2]など独自の教材が使われました。楽善会訓盲唖院では一般の小学校の教材内容に準じる形の教材が使われて

180

第6章　障害児の体育の歩みと今後の展望

いました。

　大正期に入り、大正デモクラシーの影響を受け、職業教育偏重の教育理念から児童の全人的・創造的な発達が重視されるようになります。その中で体育は人格陶冶の手段として位置付けられるようになりました。一方では、聴覚障害特別支援学校の体育にも少しずつ軍事色がみられるようになります。例えば京都盲唖院では教練が体操の内容となったり、当時兵式体操の一部とされていた器械体操や柔軟体操が行われるようになりました。

　大正12(1923)年に「盲学校及聾唖学校令」が出されます。これにより体操科では小中学校に準じる形で教育内容を設定することが求められるようになりました。課外活動ではテニス、陸上競技、相撲、バレーボール、野球、卓球、剣道、弓道などが活発に行われました。当時、聴覚障害特別支援学校の指導は、口話法教育の影響を受けており、これが課外活動の活発化と相まって、一般校とのスポーツ交流が盛んに行われるようになりました。このことがさらに聴覚障害特別支援学校での課外活動を活性化させます。このような状況の中で大正7(1918)年には日本ろうあ協会東京部会の東京野球大会、昭和元(1926)年には社団法人日本ろうあ協会主催第1回ろうあ者体育競技大会、昭和8(1933)年の第1回京阪神聾唖陸上競技大会、昭和13(1938)年、全国ろうあ者陸上競技大会などが実施されるようになりました。しかし、国民学校令が出されて以降は、教育内容も戦時色の濃いものとなり、課外活動は停滞しました。

　戦後、昭和23(1948)年以降、聴覚障害特別支援学校の義務教育化が年次進行します。戦後間もなくは健康や体力の増進を図ることを主として体育が行われました。昭和26(1951)年には『聾学校教育課程小学部篇』が財団法人青鳥会から出され、各校の教育課程編成が進みました。昭和32(1957)年には聴覚障害特別支援学校小学部・中学部学習指導要領一般編が出され、体育も一般学校体育に準じる形で実施されるようになりました。昭和40(1965)年には一般の小・中・高等学校と同等な目標が掲げられた上で聴覚障害児や重複障害児に対する配慮点に触れられるようになります。その後の学習指導要領改訂では障害の多様化に柔軟に対応できるようなったり、生涯教育、生涯スポーツの考え方が反映されました。

　課外活動では軟式野球、バレーボール、陸上競技、卓球などが盛んに行われました。これらを受け、地区体育連盟が全国的に結成されました。昭和38(1963)年には全国聾学校体育連盟が結成されます。以降、同連盟主催の全国聾学校陸上競技大会や全国聾学校卓球大会が開催されました。このほかに聴覚障害特別支援学校のスポーツ発展に影響を与えたものにデフリンピックや奥田体育賞会[3]による生徒・教員に対する表彰（1971年～1980年）などがあります。

5　視覚障害特別支援学校の体育・スポーツ

　わが国の特別支援学校の種別の中で最初にできたのは視覚障害と聴覚障害の特別支援学校が統合された形のものでした。学制の中では「廃人学校」と称され、明治10(1877)年京

都に京都盲唖院が、明治11（1878）年に大阪に大阪模範盲唖学校が、明治12（1879）年には東京に楽善会訓盲院がつくられました。これらの学校では「体操」が教科として導入されるまでは業間体育が一般的だったのですが、これがのちに「体操」へとつながっていきます。

　明治33（1900）年、改正小学校令で盲唖学校は「小学校に類する各種学校」とされました。明治40（1907）年には文部省訓令6号で、師範学校附属小学校に盲・聾児の特別学級の設置と研究が要請されて以降、盲聾学校が地方にもつくられるようになりました。この当時、実施されていたのは綱引きや、相撲、重量堤挙などの遊戯や徒手体操、盲生体操法、唖鈴体操、器械体操などの体操、美容術⁽⁴⁾などでした。京都盲唖院と楽善会訓盲院では1880年代に体操科を教育課程の中に位置付けました。そして、京都盲唖院では明治35（1902）年に、楽善会訓盲院では明治43（1910）年に全課程において体操科が設けられました。

　これらの学校では明治33（1900）年以降、教員や施設が充実していきます。これ以降明治16（1883）年の国民学校令が公布されるまでは体育では健康の増進、作法・歩行訓練を含む生活習慣の養成、健康状態の改善と職業適性向上のための体力づくり、情緒面・精神面の陶冶など全人的陶冶が目標とされました。そして授業の中で、盲人野球、盲人卓球、円周走、鉄線走⁽⁵⁾などが実施されていました。京都盲唖院では柔道も取り入れられていました。これらの競技は課外活動でも盛んに行われ、大正14（1925）年には点字大阪毎日主催で関西盲学生体育大会が開催されました。この大会は昭和3（1928）年から全国盲学生体育大会となり、生徒はこの大会を目指して活動を活性化させました。しかし、国民学校令公布後は体操科が体練科となり、校友会は報国会組織となり、体育も課外活動も軍事色の強いものとなっていきました。

　第2次世界大戦後は教育課程が学習指導要領として公示され、拘束力を増す中、運動教材としては陸上競技や徒手・器械体操、盲人野球、盲人バレー、盲人卓球、ダンス、相撲、柔道、水泳、バスケットボール、サッカーなどが定着し、実施されました。課外活動は昭和25（1950）年前後から昭和35（1960）年前後までは全国大会を目標に盛んに行われました。しかし、長く続いた陸上競技と野球の全国大会が1960年代初めに相次いで中止となりました。これは学生数の減少、それに伴う経済的負担の増加、特殊ルールに伴う審判や場所の確保の困難さが原因でした。これらの大会は中止となりましたが、昭和40（1965）年から開催される全国身体障害者スポーツ大会の中で視覚障害者のスポーツは徐々に復活しました。

〈注〉
⑴　輪の中にボールを投げてとおすもの。
⑵　物の名前と一致する絵札にボールを投げあてるもの。
⑶　全国障害者スポーツ大会、関東聾学校体育連盟会長、全国聾学校体育連盟会長を歴任した奥田実が聾学校の体育の奨励のため、退職金を寄付して設立したもの。
⑷　姿勢や歩行を矯正することを目的とした体操。
⑸　盲人野球は現在のグランドソフトボール、盲人卓球は現在のサウンドテーブルテニス

第6章　障害児の体育の歩みと今後の展望

の原型と考えられる。円周走は全盲者のためのランニング方法。グランドの中央部に鉄棒を固定し、この鉄棒に輪を上下２個取り付ける。輪にはロープを結び、このロープの一端に握りやすい取っ手をつけておく。この取っ手を握り、ロープを張った状態で鉄棒のまわりを回るもの。鉄線走は、全盲の人が鉄線の助けを借りて直線を走る方法。直線走路の高さ70〜80cmのところに直径５mmくらいの鋼製ロープを緩みなく張っておく。ロープには移動パイプがとおしてあり、これを持って走る方法。

〈参考文献〉
• 北野与一『日本心身障害者体育史』不昧堂出版、1996

6.2 特殊教育から特別支援教育、そしてインクルーシブ教育へ

　わが国の障害児教育は前項でみたように、障害種によってそれぞれ独自に発展してきました。昭和53(1978)年には、教育上特別な取り扱いを要する児童生徒の教育上の措置において、障害児の就学免除および就学猶予が廃止されます。そして、翌年「学校教育法養護学校における就学義務及び養護学校の設置義務に関する部分の施行期日を定める政令」により、すでに義務化していた盲学校、聾学校に加え養護学校が義務教育の対象となりました。ここにおいて障害のある子どもたちは、盲・聾学校や養護学校、特殊学級など特別の場、つまり障害のない子どもたちとは分離された状況での教育が義務化されたことになります。

　この時期、世界に目を向けてみると、バンク・ミケルセンらが提唱したノーマライゼーションの理念をもとにしたムーブメントが盛んになっていました。そんな中、昭和46(1971)年には国連総会で「精神遅滞者の人権宣言」が採択されます。そして、昭和50(1975)年には「障害者の権利宣言」が国連総会で採択されました。これらを理念で終わらせることなく実現するために昭和56(1981)年を「国際障害者年」と指定しました。障害児教育に関しては「すべての障害のある児童を通常学級へ」という統合教育に向けた世界的な動きがあり、原則分離の教育形態が障害児教育の基盤となった日本との考え方の違いが明白になり、こうした状況が非難されるようになります。

　昭和57(1982)年には、「障害者に関する世界行動計画」が公表され、各国の課題の1つに障害のある子どもに対して通常教育に匹敵する教育を保障することが指摘されました。平成元(1989)年には「子どもの権利に関する条約」において障害を理由とする差別の禁止と障害のある児童の権利が明記されました。わが国は平成6(1994)年にこの条約を締結しました。条約には可能な限り統合された環境での教育が保障されるべきであると明記していながら、わが国においては原則分離の教育形態が維持されました。条約締結の前年に、学校教育法施行規則が改正になり、通級制度が開始されます。これは統合教育推進のための制度で、小中学校の通常の学級に在籍する軽度の障害のある児童生徒を対象とし、一定時間の特別な指導場所（通級指導教室）で障害に応じた指導を行う教育形態のことです。

　しかしながら、原則分離の教育形態は維持されたため、平成10(1998)年と平成16(2004)年に、日本政府は国連児童の権利委員会から、児童の一般的権利の確保とともに、障害のある児童のデータ収集のシステムの発展と、さらなる統合の促進を勧告されました。

　「21世紀の特殊教育の在り方に関する調査協力者会議」「特別支援教育の在り方に関する調査協力会議」などでの議論を経て、平成18(2006)年、学校教育法施行規則改正により通

級制度の弾力化および翌年4月からの特別支援教育の開始が決定されました。通級制度の弾力化では学習障害（LD）や注意欠陥多動性障害（ADHD）、自閉症など当初対象とならなかった児童生徒も対象となりました。

不十分ながらわが国でようやく特別支援教育が成立した頃、世界ではインクルーシブ教育という新たな理念が注目を集めるようになっていました。インクルーシブ教育とは障害の有無に関係なくともに学ぶ教育の在り方で、障害のある人が教育制度一般から排除されることなく、自己の生活する地域で初等中等教育の機会が与えられること、そして、個人に必要な合理的配慮が提供さることが必須とされています。

統合教育やメインストリームという考え方は障害の有無により子どもたちを分け、障害のある子どもを障害のない子どもたちの教育方法に合わせていこうとする考え方でした。したがって、体育の授業であれば障害のある子どもは障害のない子どもと同じ時空間を共有していることに違いはないけれども、障害のない子どもと同じやり方では授業に参加するのが難しく、得点係や見学を余儀なくされてしまうということが生じてしまうことがありました。これに対してインクルーシブ教育は障害の有無によって子どもたちを二分することなく、それぞれの子どもたちに必要な支援（合理的な配慮）を提供することによって、支援が必要な子どもも、支援の必要ない子どもたちと同様に授業に参加できることを理想とする考え方です。その具体的な方法に関しては本書の第5章で詳しく述べられています。

この考え方に大きな影響を与えたのが平成6（1994）年の「サラマンカ宣言」です。この年の6月7日から10日にかけ、スペインのサラマンカに92カ国の政府および25の国際組織を代表する300名以上の関係者が集まり、インクルーシブ教育に関する会議が開催されました。この宣言では、インクルージョン（inclusion）の原則、「万人のための学校」、すべての人を含み、個人主義を尊重し、学習を支援し、個別のニーズに対応する施設に向けた活動の必要性の認識を表明しています（第5章154ページ参照）。その後わが国では、表に示したような動きが国内でみられ、インクルーシブ教育が推進されています。

表　障害児教育の変遷（インクルーシブ教育まで）

年	宣言・条約・法令等の名称	備考
平成6（1994）年	サラマンカ宣言	インクルーシブ教育の提唱（ユネスコ・スペイン共催）
平成17（2005）年	特別支援教育を推進するための制度の在り方について（答申）	盲・ろう・養護学校を特別支援学校へ（日本：文部科学省）
平成18（2006）年	学校教育法施行規則改正	通級制度の弾力化、平成19（2007）年4月から特別支援教育の開始（日本）
	障害者の権利条約	日本は平成19（2007）年に調印（国際連合）
	特別支援教育を推進するための制度の在り方について（答申）	盲・ろう・養護学校を特別支援学校へ、交流及び共同学習の活用について（日本：文部科学省中央教育審議会）
平成19（2007）年	改正学校教育法（平成18（2006）年）により盲・聾・養護学校について特別支援教育制度開始	特別支援教育が正式に実施される（日本）

平成22(2010)年	特別支援教育の在り方に関する特別委員会	インクルーシブ教育理念の方向性を示す（日本：文部科学省）
	障害者自立支援法	発達障害の明確化（日本）
平成24(2012)年	共生社会の形成に向けたインクルーシブ教育システム構築のための特別支援教育の推進（報告）	障害者の権利条約に基づいたインクルーシブ教育システムの理念（日本：文部科学省）
平成25(2013)年	障害を理由とする差別の解消の推進に関する法律（障害者差別解消法・障害者差別禁止法）	平成28(2016)年の施行予定、特に「合理的配慮不提供の禁止」（日本）

〈参考文献〉

- 高橋純一、松﨑博文『障害児教育におけるインクルーシブ教育への変遷と課題』人間発達文化学類論集19、2014、pp.13－26
- 竹内まり子『特別支援教育をめぐる近年の動向―「障害者の権利に関する条約」の締結に向けて』調査と情報684、2010、pp.1－12
- 上田征三、金政玉『障害者の権利条約とこれからのインクルーシブ教育』東京未来大学研究紀要7、2014、pp.19－29
- 八幡ゆかり『わが国におけるインクルーシブ教育のあり方―統合教育の歴史的背景を踏まえて―』鳴門教育大学研究紀要27、2012、pp.65－79
- 後藤邦夫編『特別支援教育時代の体育・スポーツ　動きを引き出す教材80』大修館書店、2016

6.3 インクルーシブ体育の課題

　インクルーシブ体育を実践していく上での課題についてみてみましょう。ここではインクルーシブ体育の実践理論の体系化、学校における体制づくり、教員に求められる資質について述べます。

　第一はインクルーシブ体育の実践理論の体系化です。インクルーシブ体育に関する研究ははじめられたばかりで、実際に行われたインクルーシブ体育の事例研究は少しずつ蓄積され始めているものの十分とはいえません。例えばインクルーシブ体育の効果について障害のある子どもとない子どもの双方にどのような効果があるのかは教員の目から見た経験的なレベルで言及されることが多いのですが、子どもたちの変化のエビデンスを示した調査研究は極めて少ないのが現状です。

　また、障害の内容や程度、教材内容、学年、子どもたちの障害受容のレベルによってインクルーシブ体育の効果は一様ではないことが考えられます。例えば、木村（2016）によれば弱視の子どもで、障害受容が十分でない子の場合、特別な配慮を受けたがらず、できるだけ他の生徒と同じように扱われたいと思っている子どもがいることを指摘しています。加えて、障害のない子どもにとっては授業の中での運動量の確保や勝敗に対する向き合い方など障害のある子どもと一緒の体育の中で納得し、主体的に参加しているかどうかが重要です。

　インクルーシブ教育にはすべて完全にインクルードするフルインクルージョンという考え方と、部分的にインクルードするパーシャルインクルージョンの考え方があります。体育の目標、各授業の目標と子どもたちの実際の変化を見極めつつ、いずれの考え方で体育の授業を構成するのかも考える必要があるでしょう。

　草野ら（2007）はインクルーシブ体育における教師や子どもの変化の段階を整理しています。不安や戸惑いを覚える段階、「ズレ」や「まさつ」を感じる段階、創造的挑戦に意欲的になる段階、共感、共振を経験する段階、「共に生きる」を自然に実感する段階の5段階論です。インクルーシブ体育における不安感や思い通りに授業がいかない現実は、誰しもが経験することで、その迷いや不安、困難自体を生かすことが創造的な授業を生む土台となるとしています。インクルーシブ体育の現場から明らかになった実践理論であり、実際に授業で困難を感じている指導者にある種の安心感と道標を与えてくれるものといえます。

　障害のある子どもの実際は非常に多様です。それぞれの状況に応じた適切な配慮によりインクルーシブ体育の効果が実現されるはずです。そのためにも実践理論の体系化が必要

といえます。

　2つ目の課題は学校におけるインクルーシブ教育（体育）のための体制づくりです。障害のある児童生徒が障害のない児童生徒と一緒に体育の授業を受ける場合、特別支援教育支援員の配置が必要となる場合が考えられます。場合によっては医師や看護師との連携が必要となる場合も考えられます。インクルーシブ教育に関係する人たちの校内委員会などをもち、体育担当者もそこに参加し、日常的に情報交換しておく必要があります。

　最後は教員に求められる資質です。まずはインクルーシブ体育の必要性、目的、効果を認識しておくことが重要です。その上で体育の授業の中でインクルーシブな状況をどう設定し、生かすかを明らかにしておかなくてはなりません。そして、授業に臨むときには障害のある子どもの特徴を把握することです。その際、その子どもは「○○障害だからこうだ」とういう障害の枠に子どもをはめ込むのではなく、その子の日ごろの様子から行動や発達の特徴を理解することが大切です。その上で授業の単元や教材の内容から障害のある子どもをどう参加させ機能させるかを考え、必要な支援を見極める力が重要です。

〈参考文献〉
- 木村敬一『インクルーシブ教育における視覚障害生徒のスポーツ活動を阻害する要因とは何か』教育学雑誌52、2016、pp.15－28
- 草野勝彦、西洋子、長曾我部博、岩岡研典『『インクルーシブ体育』の創造―「共に生きる」授業校生の考え方と実践―』市村出版、2007

［編者・執筆者一覧］

〈編　者〉

藤田　紀昭（ふじた・もとあき）

　日本福祉大学教授。博士（社会福祉学）。専門はアダプテッド・スポーツ科学。スポーツ庁「地域における障害者スポーツ普及促進に関する有識者会議」座長。（一社）日本体育学会アダプテッド・スポーツ科学専門領域代表。（公財）日本障がい者スポーツ協会技術委員会育成部会長。著書に「パラリンピックの楽しみ方」（小学館）、「障害者スポーツの環境と可能性」（創文企画）などがある。

齊藤まゆみ（さいとう・まゆみ）

　筑波大学准教授。専門はアダプテッド・スポーツ科学。アダプテッド体育の視点をもつ教員・スポーツ指導者の養成、パラスポーツやデフスポーツの競技力向上に関する教育・研究と実践に携わっている。（一社）日本体育学会理事、アダプテッド・スポーツ科学専門領域評議員、（公財）日本障がい者スポーツ協会科学委員会委員等。

〈執筆者〉 ＊執筆順

藤田　紀昭	前掲	第1章1.1、第6章
齊藤まゆみ	前掲	第1章1.2
綿引　清勝	東京都立南花畑特別支援学校主任教諭	第2章2.1
佐々木高一	筑波大学附属桐が丘特別支援学校教諭	第2章2.2
三室　秀雄	東京都教職員研修センター教授	第2章2.3、第4章4.3
山田　洋子	東京都教職員研修センター教授	第2章2.4
岡本　三郎	筑波大学附属聴覚特別支援学校教諭	第2章2.5、第4章4.5
中田ちずか	筑波大学附属視覚特別支援学校教諭	第2章2.6、第4章4.6
松原　　豊	筑波大学教授	第3章3.1
澤江　幸則	筑波大学准教授	第3章3.2
杉山　文乃	筑波大学特任助教	第3章3.2
土井畑幸一郎	筑波大学大学院生	第3章3.2
村上　祐介	金沢医科大学助教	第4章4.1
松浦　孝明	筑波大学附属桐が丘特別支援学校主幹教諭	第4章4.2
北野　華子	NPO法人 Being ALIVE Japan理事長	第4章4.4
内田　匡輔	東海大学教授	第5章

■イラスト　　磯崎　陽子

これからのインクルーシブ体育・スポーツ

― 障害のある子どもたちも一緒に楽しむための指導 ―

平成29年12月15日　第1刷発行

編　著　　藤田紀昭・齊藤まゆみ

発　行　　株式会社 ぎょうせい

〒136-8575　東京都江東区新木場1-18-11
電　話　　編集 03-6892-6508
　　　　　営業 03-6892-6666
フリーコール 0120-953-431

URL：https://gyosei.jp

〈検印省略〉

※乱丁、落丁本は、お取り替えいたします。　　©2017　Printed in Japan
印刷　ぎょうせいデジタル㈱

ISBN 978-4-324-10383-8
(5108362-00-000)
〔略号：インクルーシブ体育〕